終らない物語

片渕須直

フリースタイル

終らない物語／目次

装幀　平野甲賀

終らない物語

二歳十一か月の記憶

記憶をさかのぼってみる。どんどんさかのぼってみる。

自分の場合、まちがいなく『わんぱく王子の大蛇退治《おろちたいじ》』にたどり着く。

昭和三十八年七月封切。この映画を見たとき、自分は三歳に達していない。自分の人生全体の中でももっとも古い記憶といってよい。

記憶はかなり鮮明に残っている。

映画館は、同居していた母方の祖父が経営していた駅前の劇場だ。

防音のために分厚くクッションが張られた扉を開けると、黒い暗幕がある。それをくぐらないと客席にたどり着けない。ほこり臭い暗幕のにおい。

引率してくれた大人は上映プログラムをよく確かめなかったのか、どうせ年端もいかない子どもに見せるのだからそれで構わないと思ったのか、入場するといきなりクライマックスシーンが始まろうとしていた。

アカハナが震えている。ギザギザの山の向こうから巨大な影が姿を現し、甕《かめ》を薙ぎ倒す。タイタン坊が何かを放り上げる。すると飛ぶ馬に乗ったスサノオがそれを摑み、敵に向かう。クシナダが可憐な声で「スサノオ！」と見送る。

今、同じ映画を見直しても、「ここから見始めた」という感覚がある。ヤマタノオロチの死骸が川となるラストも、光の中に現れる「おかあさま」も覚えていて、ああ、はじめから見たかったな、と自分はしょぼくれるのである。

そんなふうに二歳十一か月の記憶を維持していられるものなのだろうか。

この記憶は本物なのだろうか。

その後、同じ映画がテレビ放映されたとき、「そういえば思い出したこと」として記憶が反復され、つまり記憶のコピーがどんどん上書きされていったためかもしれない。

さもなければ、その後にも「映画を冒頭から見ることができない」というしょぼくれ体験が何度もあって、その折々に『わんぱく王子』のことが思い返されて記憶が補強されていったのかもしれない。

不思議なもので、この情けない幼児には、人生最初の記憶の「与え手」である大塚康生さん、月岡貞夫さんに「弟子入り」してしまうという運命が待っている。

そして、ずっと後になって自分が監督することになる映画『アリーテ姫』の、巨大な敵が崩壊して川になるというクライマックスも、こんな幼児記憶が作り出したものなのかもしれないと思ってしまう。

そんなふうに映画は観た人の人生の一部となってゆくものでもある。

「映像そのものではなく、『記憶』をお持ち帰りいただく」

そう思って映画を作ることにしている。

誰かの記憶の底に棲みついたものが、いつか花を咲かせることだってあるかもしれないのだから。

魂を塗り替えられる

何か子どもには理解できない「協定」なるものがあって、祖父の映画館では東宝の映画はかからなかった。東映、大映、松竹、日活のものはかかるというのに。東宝の怪獣ゴジラには小学校の講堂や公会堂で催される映画上映会くらいでしかお目にかかれなかった。怪獣の中の怪獣であるゴジラが縁遠い、というところで自分はやはり真ん中ではなく端っこの存在なのだな、と感じられてしまっていた。

そのかわりに東映長篇動画はかなり見た。昭和三十八年『わんぱく王子の大蛇退治』から四十三年『アンデルセン物語』まではたしかに見ている。ただ、『太陽の王子　ホルスの大冒険』はなぜだかこの当時に見ていない。チャンバラ映画が廃れ、ヤクザ映画が台頭するのが気に入らなかった祖父が映画館を畳んでしまうのはもう少し先のことで、どうも単に間が悪かっただけなのかもしれない。そのあと、『長靴をはいた猫』だけは見ていて、子ども時代に体験した東映漫画映画はそこでおしまいになる。

子どもだった自分の中に強く印象されたのは、『わんわん忠臣蔵』『少年ジャックと魔法使い』『サイボーグ009』『長靴をはいた猫』だった。東映出身スタッフが作った『九尾の狐と飛丸』もここに加えてもいい。

『わんわん忠臣蔵』のジェットコースターと、『長靴をはいた猫』の魔王の城は同系列に並べて記憶されていた。舞台装置自体がメカニカルでトリッキーなところを喜んでいたのだった。

あとの『少年ジャックと魔法使い』『サイボーグ009』『九尾の狐と飛丸』には共通点があるように感じる。これら全部に、ヒロインが魂を入れ替えられ、別人格になって主人公に襲い掛かってくる表現があった。これには子ども心に根源的とも思える恐れを抱いた。

『少年ジャックと魔法使い』の意地悪な小悪魔キキーは、魔女の悪魔製造機の産物であり、最後に機械が逆転されると、以前とはまったく異なる善意の少女に生まれ変わる。『サイボーグ009』では、ブラックゴーストに捕獲された003が再改造され、009たちに襲いかかってくる。『九尾の狐と飛丸』の主人公の幼なじみの少女・玉藻は、悪魔・九尾の狐が敵を逃れて潜伏するために隠れ蓑としてまとった架空の人格に過ぎず、主人公は実在しない少女の魂を取り戻すために戦おうとする。

人格が簡単に失われてしまう描写に、まだ幼く未発達だった自分のアイデンティティが悲鳴を上げてしまったのかもしれない。

思えば、『アンデルセン物語』で赤い靴を履いた女の子が自分の意思に反して踊りが止まらなくなったこと、『ガリバーの宇宙旅行』で人形かと思ったお姫様の仮面が割れ、中から生身の女の子が現れたこと。これらにも同じように心を揺るがされていたような気がする。

そんなふうに、当時見た東映長篇の中で、記憶に焼きついている場面はすべて「アイデンティティ」の問題に関わっているようだった。

自我を奪われ、別の自我を貼りつけられる。

「自分自身」をさほど明確に抱けていない幼児期の自分には、そうしたものが最大級の衝撃だったようなのだった。

ふたつの名前

では、幼い日に見たそれらの東映長篇がその後の自分の中で大きな位置を占め続けていたかといえば、まったくそんなわけでもなかった。申し訳なくも、幼稚園児には、毎週のテレビでおなじみの『鉄腕アトム』や『鉄人28号』のほうが重要だった。

小学生の中頃には、プラモデルを作ったりする子どもになっていて、アニメーション一般への特別な思い入れなどまったく存在しなくなっていた。

中学に入る頃にはプラモデルに入れあげる率が高くなっており、模型雑誌を買い込むようになっていて、そんな中で「大塚康生」という名前に出くわした。「ホビージャパン」や「タミヤニュース」に記事を書いていた「ＭＡＸ模型の大塚康生」さんとして。大塚さんの記事や、大塚さんが関わって発売された模型の箱の中に入っている解説書を読むと、カナダで生産された規格型軍用トラックのメーカーによる細部の違いだとか、ダッジの¾トン車のバリエーションだとか、北アフリカでロンメル将軍が鹵獲《ろかく》して使っていたイギリス製の装甲指揮車だとか、そんな世界に引き込まれてしまう。おもしろいのかどうか自分でもよくわからない。戦闘機でも航空母艦でも戦車でもない、軍用トラックなどという脇役としか思えないものに異常に入れあげるマニアックさは、ある種の謎めいた巨人の仕業のようでもあった。

そんな中学生だった頃には、テレビでマンガなんかはあまり見なくなっていた。ただ、『巨人の星』がおもしろかったので、その余波ということで『侍ジャイアンツ』くらいは見ようとしていた。そんなつもりで、初めて見た『侍ジャイアンツ』にはひっくり返った。なんと破天荒に人間が動くのだろうと思わされた。それが、アニメーションが作る「人間の動き」というものに気持ちを注ぐようになった最初だった。「テレビで放映されているマンガは誰が作っているのだろう」などという興味をそれまでまったく持っていなかったのだが、このときばかりはクレジットタイトルから「作画監督・大塚康生」という名前を覚えた。

まったくうかつな中学生だったのだが、模型雑誌に寄稿する「大塚康生」と、テレビマンガの「大塚康生」が同じ名前だとすら気づいてなかった。受け止める側としてあまりに次元が違いすぎたのかもしれない。

中学では担任が小型映画が趣味で、16ミリのボレックスなんかを持っていて、映画作りにつきあわされることもあった。この頃からは、映画って映画館で見るものではなくカメラを回して作るもの、というアタマになっていった。

高校に入ると、生徒会行事の記録映画を作る視聴覚委員会という集まりに首を突っ込んで、ほとんど三年間を8ミリカメラを振り回すことに費やすことになった。

この視聴覚委員会の二年先輩で、当時としてはまだ珍しくもアニメーションにマニアックな人がいて、卒業後にときどき部室に遊びにくるときに「ファントーシュ」などという雑誌を携えてきたりした。「へえ、アニメーションの専門誌ってあるんだ、珍しいなあ」と、ページをめくっていて、「大塚康生」という名前を紹介するページに行き当たった。この「大塚康生」というアニメーターの人は、副業でプラモデル・メーカーもやっていると書かれていた。

ユリーカ！

「あの」大塚康生は、「この」大塚康生と同じ人だったのか！

思えば、MAX模型から発売されていたジープのプラモデルにはマンガじみたキャラクターが乗っていた。あれはそういうことだったのか。分裂していたふたつの顔が劇的に統合されたような不思議な気分がこみ上げてきた。

高校三年生になった四月、その大塚という人が中核的スタッフとなって制作されるテレビマンガがNHKで始まる、という話を知った。『未来少年コナン』という題名だった。放送開始の日の朝に新聞のラテ欄で新番組紹介をながめたことも覚えている。ロボノイドとコナンが競走する絵が添えられていた。

その夜はテレビの前で、番組が始まるのを待ち受けることになった。軍用車両のプラモデルの人と『侍ジャイアンツ』の人が同じ人だと自分の中で結びついた、というそれだけのことに縁を感じて。

番組の第1話が始まり、終った。

ひざを抱えて座っている自分がいる。

今見たものは……何か見覚えがなかっただろうか？　頭の中をひっくりかえして探してみた。

どういう経路をたどったのか、突然それが幼い日に見た東映の長篇動画の気分と共通していたことに気がついた。「漫画映画」などという、その後の日々でキイワードになってゆく言葉すらその夜、頭の中に点灯していた。

またしても劇的な統合が行なわれ、以前の自分と今現在の自分とが直結されてしまっていたのだった。

あいまいだった自分が生きてきた道に一筋何かが通ったような気持ちを抱いた。

『漫画映画』の作り方・自習篇

とはいえ、高校三年生が始まった春の時点では別にアニメーションなんかを志していたわけでもなくて、その頃の自分にとっての映像は、実写ドキュメンタリーとして存在していた。

視聴覚委員長という立場になって生徒会長から委託されたのは、七月に開かれる文化祭の計画から実行までの全過程を8ミリで撮影し、文化祭前夜に編集して当日に上映するという、スケジュールのきついなんともチャレンジし甲斐のある企画で、思えば同級生でもあるこの生徒会長が自分にとって最初のプロデューサーだったことになる。

謄写版のゲーハー輪転機がガーガーとうるさく藁半紙を吐き続ける生徒会室をはじめ、学校中のあらゆる場所で、ほんとうに日夜、8ミリカメラを回し続けた。文化委員の活動開始時刻に合わせて始発電車にも初めて乗ったし、授業に出ずに一日編集に費やして眼精疲労で目が開かなくなったりもしたし、アフレコ・ダビングで徹夜になったりもした。

せっかく出会った『未来少年コナン』もそれどころでなく、「受験生ブルース」をときどき口ずさんだりしながら、受験勉強ですら度外視して、「生徒会長、文化委員長、視聴覚委員長の現役合格は絶対にありえない」という本校生徒会のジンクスに安心して身をゆだね、ひたすら記録映像を撮り続けていた。

そこからどう経路をたどったものだか、学年の後半には真似事のようなアニメーションを作るようになっていたのだから不思議だ。

高校の物理化学研究室には、のちに剣玉世界一でギネスブックに記載されることになる鈴木一郎助手という方がいた。鈴木さんは分子運動の動きをセルアニメで制作していたりもして、セルの代わりにOHP（オーバーヘッド・プロジェクター）用の透明シートで代用しているのをのぞき見てなるほどと思ったり、二つ穴の事務用穴あけパンチを使ってレポート用紙に穴を開けて、プラバンに筆の軸二本を接着してタップを作ったり、本棚のガラス戸をはずして下に蛍光灯をおいて透写台がわりにしてみたり、そんな試行錯誤に明け暮れた。自己流ながら、適当に作画もやっていた。受験勉強以外のことにはとことん熱心だった。

受験期をこうまで勉強せずに過ごしているとは、まったく将来の進路を語る資格もないものだが、漠然と「NHKの『自然のアルバム』のカメラマンって、フクロウの巣のある森にカメラとともに何か月も籠ったり、いい仕事だよなあ」くらいに憧れていたところから、受験シーズン到来の頃には「映像を仕事にするならアニメーションだな」にまで変わっていた。

翌年の夏、電車の中で、自分より一代前の生徒会長とばったり出会って、「片渕はさあ、どこの予備校行ってるの?」と聞かれてしまった。この先輩は二浪中だった。

実は、こちらは申し訳なくも、映画学科のある大学に現役入学してしまっていたので、そう告白して、「裏切り者」呼ばわりされた。

間際になって赤本片手にわずかに張ったヤマすら全部外れたというのに、入学させてくれるとはずいぶん度量の広い大学もあったものだと思う。

いわゆるアニメブームが訪れていた時期で、アニメーション手作りに関する我が知識の源になったものも含めて、アニメーションの関連書籍は盛んに出版されていた。その中に日本アニメーションが出版した『未来少年コナン・愛蔵版』という本があった。この本に『コナン』第8話の絵コンテが全篇載っていた。これは目から鱗だった。アニメーションの映像表現が構成される以前にある「絵コンテ」という前段階で、こんなふうに表現を仕込んでいたということを初めて知った。それを描いた宮崎駿なる人の存在も初めて知った。

アニメーションの講座がある大学に自分が入ったときには、そんな状態だった。

入学した映画学科は一年生ではまだアニメーションの授業もなく、あいかわらずのフジカ・シングル8だとか、ENGとか、16ミリのキヤノン・スクーピックだとか、アリフレックスなんかを振り回したりするばかりで、同級生が監督する実写映画の助監督をして「遊んで」いる時間が長かった。埃臭いステージに据えられた実写の撮影セットの陰、その上に吊るされた荷重《にじゅう》の上の暗がりが居心地よかった。

アニメーションの授業なんて四年間に二コマ、二年で「アニメーションI」、三年で「アニメーションII」があるっきりだった。

その二コマの担当講師が池田宏師、月岡貞夫師だった。

基本的な知識くらいは仕入れておかなくてはと、『日本アニメーション映画史』などという書物を買い込んでいたので、『空飛ぶゆうれい船』とか『もぐらのモトロ』だとか、『西遊記』『わんぱく王子の大蛇退治』『狼少年ケン』などのことは辛うじて付け焼き刃で知っていた。

池田さんの授業は示唆に富んでいた。

「画面のブレには『フリッカー』『ジッター』『ストロービング』があって……その原理的違いは、あとは自分で調べなさい」

「遠近法による奥行きの出し方は？　こう線を引いたときのこととここの関係は？　ほら、方程式を思い出せ。……どうなる？　あとは自分で考えなさい」

と、肝心なことは絶対に学生が自分自身で考えるように仕向けられていた。学生の側がちゃんと立ち向かえるならば、こんな有益な教育法はない。

月岡さんの授業はたいへんおもしろくて、一年間を費やして、東映動画時代にいかに自分がイタズラしたかが話された。

「夜中に人を脅かすにはね、セルの薄紙をびりびりっと裂いてミイラ男みたいに顔に貼りつけてね、そこへちょっと赤インクを染み込ませるんだ。そうやって、徹夜で仕事してる撮影の部屋の窓に外から張りついてね……」

「その頃から、撮影は夜中までやってたんですか?」

「そう。だけど、全然気がついてくれなくて、いつまでも張りついてるの、そのうちわびしくなってきてねえ」

月岡さんのイタズラ好きは『日本アニメーション映画史』で読んでいた。被害者列伝には若き日のりんたろうさんや吉田茂承さんの名があり、共犯者のほうには大塚康生さんの名前が挙がっていた。話を聞くだけで、歴史的雰囲気に浸れた。

結局、大学でもアニメーションの作り方を身につけるためには自習するしかなかった。

法学部出身の父親からは「お前の学問には専門書がないのか」と呆れられ、しかし、『未来少年コナン』の絵コンテが勉強になるとはわかっていたので、多摩市の山の中にある日本アニメーションまでときどき出かけていって、絵コンテを売ってもらったりした。多摩スタジオでまだ『赤毛のアン』を作っていたから一九七九年の終りくらいのことだったと思う。

いつの間にか、片渕がそんなあたりに興味を持っている、と、池田さんに気づかれてしまっていた。そのうち、じゃあ、宮崎の『新ルパン』の最終回、あれを教材に使ってやろうか、といいだされた。それがまた、「ビデオを見て全篇の映像を覚えてから、コンテ採録しなさい」というヘビーな課題だった。

「あれは、『空飛ぶゆうれい船』のあのシーンのあのカットとあのカットを裏にして……」と、池田さんは、戦車のシーンのコンティニュイティのことをクスクス笑っておられた。

その次は、「ものはついでだ。じゃあ、宮崎を呼んで、話でも聞くか」ということになった。宮崎さんは「さらば愛しきルパンよ」を終えて、津和野に休暇旅行中だから、帰ってきたら教室に来てもらおう、と。

それが一九八〇年十月だった。

ホームズ試験

一九八〇年の当時、映画学科映像コースの池田ゼミ二年生は、男三、女四の七人くらいだったはずだ。

学外から人を呼ぶということで、他学年にも声をかけて大きめの教室を用意していたのだが、いざ宮崎さんが来る当日になってみると、その大きめの教室が結構満席になってしまった。どうもどこかで話が広まったらしく学外からも人が入ってきていたようだった。

その存在を知るようになって二年目にしてご本人に初めてお目にかかった宮崎さんは、まだ三十代だったはずで、ワイシャツにセーターという姿は学生とあまり変わらず、なんだかわれわれの親戚のお兄さんが来たみたいな感じだった。まあ、そういうことでいえば、月岡さんも守衛から学生と間違えられて学内の駐車場に駐めるのを拒まれていた。昭和十年代生まれのあの世代の方がそういう年齢感の頃だった。

宮崎さんはまだ人前に出慣れていなかったようで、映写スクリーン前でチェリーに百円ライターで火をつけようとして、禁煙の表示が出ていることに気づいて慌てて黒板で揉み消し、またいつの間にか煙草に火をつけて吸っていたり、ひじょうに緊張しておられた。テレコムのレイアウト用紙に話すべきことをメモして持参されていて、それを元に話された中身は、「津和野は旅行案内の写真に紹介されたとおりの風景ではない。写真とは適宜フレームで切り取ったものだ」というような話だった。

その場はいったんお開きにして、ゼミの二、三年生だけでゼミ室に宮崎さんを招いて延長戦も行なった。今度は「『スター・ウォーズ』の主人公側の戦闘機が尖っているのは、フロイト的な理由があって……」という話がされた。こちらも調子に乗って、池田・宮崎揃い踏みという前で「『どうぶつ宝島』の海はなんで黄緑色にしたんですか?」などと質問してしまい、おふたり顔を見合わせて苦笑、などという一幕もあった。『どうぶつ宝島』では美術の土田勇さんが夕日の海の色を茶色に描いてきて、故郷の新潟の海はこんななのか、と冗談をいった、などという話もされた。

本来、池田さんのプランでは宮崎さんを先頭に、往時の東映動画のベテランたちを連続的に招いて話をうかがう、ということになっていたはずだったが、どういうわけか、初弾の宮崎さんが終るとそれっきりになってしまった。翌年の冬には、『タイタンの戦い』の宣伝のために来日したレイ・ハリーハウゼン氏を同じ大きめの教室に招いたりはしたのだが。

そんなことがありつつも、なにげない学生生活がそれからも続いた。なにげないといっても自分にとってのそれは、今は安達瑶と名乗って小説家になっている同級生が監督する映画を手伝って、普通車をタクシーに見せかけるべく簡易改造したり、SF的な核シェルターだとかマザー・コンピューターだとかが要るといわれ、作り物を作ったり大道具装飾をやったりすることだったりした。埃臭い荷重の上、熱いライトの横は居心地良かった。安達ことYはその後、市川崑さんの助監督になった。

ほぼ一年くらい経った一九八一年九月だったと思うのだが、自宅まで池田さんから電話がかかってきた。

「宮崎が新作のテレビシリーズを始めるのにシナリオライターを必要としてるというのだけど、プロのライターじゃないまったくの新人に書かせたい、と。去年、うちの学校に来たときシナリオを勉強してる学生もいると知って帰ったので、何人かテストしたいといってる。アナタ、シナリオ書いたことある？」

ありません、と、正直に答えた。

ふだんから三つ揃いの背広を着て歩く鎌倉族紳士の池田さんは、実は海千山千だった。

「それは書いたことあることにしなさい」

はあ。

「いいから。それでシナリオ・コースの学生に交ざって行きなさい。今まで書いたシナリオを見せろといわれたら、学校に提出済みなので手元にありません、と言い張ればいいから」

はあ。で、それはどんな作品なのでしょう？

「何か、登場人物が全部犬でシャーロック・ホームズをやる、とかいってたな」

それは……『どうぶつ宝島』みたいなことでしょうか？

「それはわからない。詳しいことは先方で聞きなさい」

『カリオストロの城』まで作った人が『どうぶつ宝島』に戻るのか？　とにかく企画自体が意味不明だった。

ということで、脚本コースの学生四、五人に便乗して高円寺のテレコムを訪れることになった。一緒に行くのは同学年のひとりを除いて全然知らない下級生ばかりだった。

「さらば愛しきルパンよ」にも登場していた永田ビルに入ると、畳敷きの部屋に通され、こういうものをやろうとしているわけなのだけど、と宮崎さんと作画監督諸氏の描いたストーリーボードを貼ったスクラップブック二冊を見せられた。脚本コースの学生たちが持参したシナリオは普通の人間ドラマみたいなものばかりなので、どう判断したらよいのかわからない、ともいわれた。

「二週間くらい時間あげるから、原稿用紙十枚くらいで各自ストーリーを作ってきてください。それで判断します」

結局、そういうことになった。

自作の脚本を持参できていないこちらとしては、まあ、願ったり叶ったりの展開ではあった。

「合格者はテレコム社内に新設される文芸部に採用します」

といわれて二週間くらいの猶予をもらったのだが、何を書くべきか考えなくてはならない。中学生くらいからＳＦとかを好んで読むようになる前はミステリーも結構読んでいて、というより、家の本棚に親の本が並んでいて、シャーロック・ホームズものはそれなりに読んでいた。うーん、何がいいのだろう。自分の印象で記憶に残っているお話は……。

「吸血鬼」。これは最初に読んだシャーロック・ホームズ。小学生の頃、母親が図書館からポプラ社の子ども向きの版を借りてきてくれて、読書感想文を書いた記憶あり。だけど、いきなり吸血鬼では変化球すぎるのではないか。

「踊る人形の秘密」。これはおもしろい。絵暗号はおもしろいけど、どうやって話にしたものだろう？

「六つのナポレオン」。これもおもしろい。石膏のナポレオン像を次々にぶち壊してゆく話だ。うちにも子どもの頃、石膏製の「考える人」があった。ロダンが造形した考える人像の顔立ちは、どこかうちの祖父（あの映画館を経営していた）に似ているような気がしていたのだが、祖父が死去してしばらくしてから「考える人」も棚から落ちて砕け散った。そんなことが記憶に小さな糸を残している。

これでいくか。だけど、石膏像はなしで。そうだ、クマのぬいぐるみにしよう。中に黒真珠が隠してあることを知らずに、女の子が持ち歩いている……。

クマの名前は「ウィニー」に即決してしまった。ウィニー・ザ・プーではない。時代が逆転してしまうようだが、その名はウィンストン・チャーチルに由来している。「青い紅玉《ルビー》」のポリィのぬいぐるみは、ハインラインの短篇ＳＦ「大当りの年」に登場するクマのぬいぐるみから名前をとったのだった。

ポリィのたからもの

二〇〇九年十月二十二日、「第七回文化庁全国フィルムコミッション・コンベンション『アニメーション meets ロケーション〜ヒットアニメに学ぶロケハン術〜』」という催しで、まだ封切り前の『マイマイ新子と千年の魔法』をタネに話す機会を与えてもらった。

そういう場では「アニメーションでなぜロケハンなんですか?」と、たずねられるのが普通のことだとして、こちらへの質問はちょっと違っていた。

「なんで、そんなにまで膨大に資料を集め、調べなくちゃならないのですか?」

というのもわれわれのやったことを端的に見せるにはそれが一番だろうと、自前のパソコンを持ち込んでその中身を開いて見せ、取材ノートを公開してみたからだったのだが、そうした画像がプロジェクターで映し出されると、ちょっとしたどよめきを起こしてしまったりしていた。

でも、そこで開いて見せたのは、西暦一九五五年の山口県防府市と西暦九七四年の周防国府を生み出すため、実際やったことのほんの一部に過ぎなかった。例えば、貴伊子が三田尻駅へ乗ってきた列車の東京発車時刻だって知ってるし、彼女が寝台車でなく特二等のリクライニングシートで一晩過ごしてきただろうことも答えられる。貴伊子が引っ越してきた家の台所のガス冷蔵庫の中で種火がチロチロ燃えているところを描くために、当時の取説図を手に入れたりもした。けれど、それもまだわずかな一部に過ぎない。

なんでそんなに？　という質問への答えはふたつあるかもしれない。

ひとつは、「ひとつの世界を作ろうとするのだから、それくらいは」。

もうひとつは、「とにかく眺めのよいところにいるのが好きなので」。

限られた視野からしか垣間見えないもどかしさ。広い範囲を鳥瞰できてその一部を切り取ることができる自由。そうしたものが自分の中にいつもあったのかもしれない。

催しが終ったあとになって、もうひとつたずねられた。

「そういうことって、いつから始められたんですか？」

いつから？　いつからだったのだろう。

それこそ一九八一年、『名探偵ホームズ』のときにすでにそうだったかもしれない。宮崎さんが「Iford」という地名をコンテに書いておられたのに向かって、「いや、それEyfordです」とかいっている自分がいたような気がする。『名探偵ホームズ』のお話を考えろといわれて、結果的にコナン・ドイルの全ホームズを読み、パスティーシュ本も手に入る限り読み、シャーロキアンの書いた本なんかも、あの頃読んでいたのだった。

ともあれ、そうした本の山は徐々にできていったのであって、試験である最初の一本は「六つのナポレオン」を元ネタに絞って進めていた。ナポレオン像はクマのぬいぐるみに替えて。出発点となるモチーフはそんなふうに定めるとして、その先はどう展開させていったものかと考えていた。

脚本専攻ではないとはいえ、曲がりなりにも映画学科の学生である以上、シナリオの基礎の基礎くらいは教育を受けてはいた。のではあるが、頭への血の巡りが悪いというか、教わった内容がよくわかっていなかった。

シナリオの教科書は、コンストラクションを作るには、まず「大箱」を並べてカタチを作り、その大箱の中に「中箱」「小箱」と作ってゆくのだと語る。これを箱書きというのだが、要するに、まず漠然とストーリーの全体像を想定し、少しずつストーリーを細かくしてゆく、という方法なのだけれど、方法論自体に何か飛躍があるような気がしてよくのみ込めない。なんではじめから結末までの全体像が作れてしまうのだろう？

そういうときに思い出したのが、なぜか『宇宙戦艦ヤマト』だった。松本零士さんがストーリーを構成したときのノートを出版物か何かで見たことがあった。松本さんは、ストーリーのどあたまで必要なことを箇条書きで書き出し、さらに続けてその後に起こる出来事を箇条書きで書き連ねておられた。冒頭からひとつずつものごとを決め、足場を定めたら次へ進んでゆく。この方法には、ストーリーの全体がふわふわ不定形に定まらないまま進めなくてはならない不安感がなかった。

ならば、自分のホームズのお話にも冒頭部をまず作ってやることだろう。コクヨの大学ノートを一冊買ってきた。

アーサー・コナン・ドイルはシャーロック・ホームズもののほかに、『失われた世界』などといったSFも書いていた。『ジュラシック・パーク』の原典といおうか、あれと同じようなことを二十世紀初頭を舞台に行なうお話なのだが、ギアナ高地に今も棲息する恐竜を探しにいった探検隊は最後に一匹のプテラノドンを捕獲してロンドンに連れ帰ってくる。それが逃げ出して、ロンドン上空を飛びまわり、そののち南米の空を目指して帰ってゆく。そういうラストだった。

『名探偵ホームズ』の話を考えろといわれて、シャーロック・ホームズだけから取材するのも芸がない。同じ著者が書いたものなのだし、このロンドン上空を飛びまわるプテラノドンも引用してしまえ、という気になった。プテラノドン型の飛行機を造り出し、ロンドン上空を陽動飛行して人の目をひきつけているあいだに、モリアーティ教授が黒真珠を盗み出す。ついこのあいだ絵コンテ丸暗記をさせられた装甲ロボット兵が新宿の街を飛び回る『新ルパン三世』最終回と少し似てしまうのは芸が足らないところだが、とりあえずこれでトップシーンはできた。

宝石とぬいぐるみを抱いた女の子とはどう関連づければよいか。手っ取り早いのは、女の子をスリ師にしてしまうことだ。シャーロック・ホームズの頃のロンドンに浮浪児がウジャウジャいたのは、「四つの署名」にも書いてあったことだったし。女の子がモリアーティから宝石を掏ってしまい、それをぬいぐるみに隠す。

スリ師の女の子とホームズの出会いは？　女の子がホームズの財布を掏り取る。いや、間抜けなのはワトソンのほうだ。ワトソンの財布を掏り取る。ホームズがすぐに掏り返す。

「その指使いはどこで習ったの？」

「とうさんに。もう死んじゃったんだけど」

ホームズは彼女が人の財布を掏ることを糾弾しないで、ただその技術を評価する。ホームズと女の子（そろそろポリィという名前も決めた）のあいだの微妙な距離感はおもしろい。だが、やれやれ、女の子の父親は、台詞のなりゆきで死なされてしまったぞ。

モリアーティに気づかれ、翼手竜型飛行機で追跡される。ホームズはプロトベンツでロンドン地下鉄のトンネル内に逃げ込み、追手をまく。テレビなのだから前半のおしまいには盛り上がりが必要だくらいのアタマはあった。

そうして結末までたどり着いたストーリーを携えて、総武線緩行電車で高円寺に向かった。黄色い電車の中で考えた。題名がいる。原稿用紙に「ポリィのたからもの」と書き込んだ。その日は制作に提出して終り。

数日後、また呼び出しがあって、宮崎さんの前に引き出された。

「『ポリィのたからもの』？　うーん。『炎のたからもの』？」

「あ、バレましたか」

手っ取り早く『カリオストロの城』の主題歌題名をひねって使っていたのだった。

「これ、『青いルビー』ということにしよう。原作にあるんだ、青いルビー。ちょっとでも原作から持ってきたいからね」

どうやら採用になったらしい。

四つの署名

あとで聞かされたのだが、提出された映画学科の学生ストーリーを作監クラスで回し読みしてみた中から、作画監督の丹内司さんが「こういうの、やりたいですよね」と推してくれたのだという。日芸（日本大学芸術学部は、そんなふうに略した）の池田さんからは、「アンタ、絵も描けるとこアピールしなくちゃ。絵も描いてもっていきなさい」といわれていたので、別に自信などなかったが、翼手竜型飛行機のスケッチも描いてもっていった。宮崎さんに見せると、「うーん、機体が大きすぎるな」といわれた。すでに、頭の中でイメージが動き始めているようだった。この絵はそのままイメージボード、ストーリーボードのスクラップブックに貼り込まれ、あとでアニメージュ文庫の『青い紅玉』の裏表紙に使われた。

宮崎さんからは改稿注文がいくつかあった。

○ポリィは男装の少女にする。これは、進行中の第4話「小さな依頼人」のマーサとの関係から。

○Aパート最後の追っかけは、プテラノドンとロンドン地下鉄トンネルはやめてスチームローラーにする。イメージボード段階では蒸気機関車的に複雑だったスチームローラーは、電車型にして作画しやすくするから。プロトベンツがどんどん狭い路地に逃げ込んで、追っかけてきたスチームローラーが二進も三進もいかなくなって追跡断念、ということに。「そこ、ニッチもサッチもいかなくなる、と書いといてくれたらそれでいいから。あとはコンテでやるから」

○ポリィの家のお茶のシーンには、サンドイッチも出す。

ほかにも細かいことがいくつかあったかもしれないが、ことのほか自分が考えたことがそっくりそのまま完成画面にまで採用されている。

先に書いた、スリの指使いがどうのというホームズの台詞。

夜半のベーカー街221番地、徹夜でポリィ護衛の任を負ったワトソンが、拳銃を傍らにハドソン夫人が淹れてくれたコーヒーをすすって「アチチ」となるくだり。

偽ホームズ出現から、ポリィがさらわれ、追跡するホームズとワトソンが、地下室からプロトベンツを押し上げ、押し掛けでエンジン始動するくだり（これは、最初に見せてもらったイメージボードにあった友永和秀さんのアイディアを、ここが嵌めどころと使わせてもらったもの）。

そうした細部がそっくり残っている。

そして、そこには、この頃の自分が望んでいた痛快娯楽活劇・漫画映画の気分も。

「ああ、そうそう、『青いルビー』は3話だから」

と、罫紙に書かれた第1話から第4話までのシリーズ構成表を見せられた。ちゃんと載っていた。「青いルビー」だったり「青い紅玉」だったり、まだ定まりきっていなかった。

第3話の改稿と同時に、「もう一本、話を持ってきて。今度は一週間で」と二本目の注文も受けた。これもまた「題材は自分で考えて」。

二本目を考える段になって、原作を片っ端から読み返しだした。何か漫画映画的に使えるエピソードはないか。「ブルース・パディントン潜航艇」？ 記憶に残っていない短篇だったが、技師が潜航艇の設計図を奪われ、殺される話。ロンドン地下鉄のトンネルが舞台。

宮崎さんがこれまでの作中に乗り物をいろいろと登場させてきたのは知っているが、潜水艦は画面にしてなかったはずだ。挑戦的でおもしろいかもしれない。図面が盗まれるだけじゃなくて、それをもとにモリアーティが実際に潜航艇を建造し……。

ということで、一週間後、テームズ川でモリアーティの潜航艇が英帝国海軍の戦艦を雷撃する話を書いてもっていった。

「潜航艇はいいけど、あのねえ、やりすぎ。いくらなんでも戦艦はないだろ」

と、ボツを食らった。

「戦艦出ないふうに書き直してきて」

このとき、制作一本目の「小さな依頼人」のコンテができあがった、と見せられた。へえー、っと眺めた。自分が書いて持ってきたストーリーよりいくぶんシックで古格を感じさせる印象だった。

「こういう方向性が狙い目だったのなら、大げさな戦艦はないかもな」

と、そのときは思った。

かなり後日、「海底の財宝」の絵コンテができあがってみたら、なんのことはない。こちらで最初に書いたとおりに、モリアーティのアジトに突入するレストレード隊の背後に戦艦が登場し、電撃を受けてテームズ川の藻屑となっていた。どうやら、宮崎さんの中でこの作品についての気分がこちらが書いて持ってゆく漫画映画的なストーリーのほうへと近づいてきているようだった。

「ああ、それから。テレコムに文芸部作る話。あれ、ナシになっちゃった」

はあ……。

「で。将来はどうしようと思ってるの?」

「もともとシナリオよりも、こういうの描く側になりたいです」

と、「小さな依頼人」の絵コンテを指さした。

わはは。と笑われた。

「じゃあさ、卒業はまだ先なんだっけ」

「まだ三年生ですから」

「じゃあ、学校通いながらでいいからさ。演出助手やらない?」

大学に持ち帰って池田さんに相談してみた。

「そんなことといって、アンタ、大学やめちゃうだろ」

うーん、まだそこまでは。でも、ひょっとしたらそんな気持ちもないとはいえないかも。

実は、前の年、ひとつ上の学年の池田ゼミの学生・佐藤順一さんが東映動画に演出に採用され、中退していたことがあった。

「二年連続はマズいんだよな」

たしかに。それでは大学から現場に学生を斡旋などできないことになってしまう。

「単位はね、とにかく出席を重視しない科目ばっかり狙って、試験だけで取るようにしなさい」

「はい」

「どうしても出席が必要なのは?」

「語学です。ドイツ語が残ってます」

「じゃあ、ドイツ語のときだけ大学に行かせてください、という条件出してみなさい」

池田先生はとても「運用」が上手な人なのだ。

話はそのとおりテレコムに聞き入れられ、冬休みに入った時点からスタジオに出社することになり、それまでのあいだにさらにストーリーを何本も考えてくることになった。

だんだん切られる期限が短くなって、江古田の日芸と高円寺のテレコムのあいだを歩いて通う頻度が高まっていった。終りのほうになると打ち合わせ場所も、二階の畳部屋ではなく、三階、作画のメインスタッフコーナー脇の小さな応接テーブルに変わっていった。テレコムでは三時半頃がコーヒータイムになっていて、動画チェックの小林弥生さんにコーヒーを出してもらったこともあった。

シリーズ構成も立ちつつあった。必ずしも放映順とかストーリーが進む順に制作するわけではなく、各話には放映話数と制作話数がダブルで振られていた。

放映		制作	
第1話	「四つの署名」	未定	
第2話	「まだらのひも」	未定	
第3話	「青い紅玉」	第2話	3・4階班
第4話	「小さな依頼人」	第1話	3・4階班
第5話	「ミセス・ハドソン人質事件」	第5話	3階班
第6話	「ドーバーの白い崖」	第6話	4階班
第7話	「ソベリン金貨の行方」	第4話	3階班
第8話	「海底の財宝」	第3話	4階班
第9話	「バスカビル家の犬」	第7話	3階班
第10話	「白銀号事件」	第8話	4階班

　このほか、自分でつけたサブタイトルは忘れてしまったけど、テームズ河畔を根城にする浮浪児たちが、自分たちの家でもある廃船を再び動かそうと、プロトベンツのエンジンを盗んでしまう話なども書いた。これは放映第13話予定だったはずだ。簡単なあらすじレベルのものならば、共同製作会社であるイタリア・RAI1への提出用に、第26話までのものも書かれていた。ゆくゆくはモリアーティ教授のおっかないおじいちゃんであるモリアーティ大佐なんかが出現してくるはずだった。

　永田ビルは二階が制作と経理、会議室（和室）、三階と四階が作画・演出になっていた。この三階

（作画監督・近藤喜文）と四階（作画監督・丹内司、友永和秀）をそれぞれ一班とする作画班ふたつを社内に編成し、将来的にはオープロ班も作って三班体制でシリーズ制作に臨む、というプランだった。制作第1、2話はパイロット・フィルムの扱いなので、三、四階合同で作画されていた。

宮崎さんは、はじめのうちは三階と四階の両方に机を持って、作業のたびに行ったり来たりしていたが、そのうち面倒になって三階の近藤さんの隣に居つくようになった。

新人演出助手の席は演出補・富沢信雄さんの隣、動画チェックの原恵子さん、小林弥生さんとカット棚を挟んだ背中合わせの、こぢんまりした窓際の机だった。

ずいぶんあとのことだ、という記憶があるのだが、われわれが『名探偵ホームズ』にたずさわっていた時期は、今から思えばそれほど長くはなかったので、実はそんなには経っていなかったのかもしれない。

そのとき宮崎さんは自分の机の中からひと束のコンテ用紙を取り出すと、

「こんなものがあるんだけど。見ろ」

と、差し出した。

「四つの署名」だった。Aパートしかなかった。

この話が存在することは、スクラップブックのストーリーボードで知っていたし、放映第1話予定であることもシリーズ構成表で知っていた。それにしてはなかなか制作に取りかかられない奇妙なエピソードだった。

鉛筆描きのコンテのページをめくった。ワトソンのナレーションから始まる。

――「私の名は医学博士ジョン・H・ワトソン。アフガニスタン戦線に従軍せる大英帝国陸軍軍医である」

名探偵ホームズ譚のそもそもの冒頭。

ワトソンは母国に帰還する途中、ブリストル海峡を越える外輪船の渡し船に乗り込む。船上、外国から奇妙な「馬なし馬車」を持ち帰る途中の無口な青年と出会う。そのほか同じ船中に乗り合わせた乗客たち。切なさを駆り立てるように立ち込める霧。少女と少年水夫。怯える男。ついに霧の中から追っ手の船影が現れる。発砲。水柱。

「そこまではやってあったんだ」

「なんでこれは没になったんですか?」

「それは、おまえがあんなの書いてきたからだ。スリのポリィの話」

……はあ。

ひみつ基地めいて、切なく、切実に

自分の中には、たしかに「漫画映画」的な何かがあるように思う。だから『ホームズ』みたいなものをいきなり要求されてとっさにアプローチできてしまったのだろうとも思う。「ではその漫画映画ってどういうものなのか？」という問いかけにはじっくり答えを考えなくてはならない。子どものために作るアニメーション映画のすべてが「漫画映画」というわけではない。もっとこう……たとえばあれがそれに似ている、というものをあげるとするなら、子どもの頃ジャングルジムで鬼ごっこしたことだ。フィールドアスレチックなんかも近いかもしれない。何か「メカニカルな空間」が絡んでいるような気がする。仕掛け満載の迷路？　そんなところにワクワクする子どもっぽい感覚。

自分にとってこれこそ「映画」だという位置づけになっている『大脱走』や『七人の侍』を見ても、『大脱走』の捕虜収容所も、『七人の侍』の防塞を張り巡らした村も、仕掛け満載のギミック空間であることに違いがない。

そこにさらに「子どもっぽい感覚」をつけ加える。ああ、そうそう、「ひみつ基地」的な感じ。「缶けり」のスリルとワクワク感みたいな感じ。しかも、どんなことが起こってもだれも死なないし、傷を負わないのだ。

『アリーテ姫』を見たり、『マイマイ新子と千年の魔法』を見て評する人から、「漫画映画的な方向に進むのかと思ってたら、また今度もミヤザキ的ではなかったですね」などとたびたびいわれてしまう。

いや、そうではなく、あの日「四つの署名」のコンテを目にしてしまって、「こうしたものを描き出す根拠を自分は自分の中に携えていない」と思った欠落感があり、それを埋めるための模索が行なわれているのだと思っていただければよいのかもしれない。

それは宮崎さんのあとを追おうなどということではなく、ただただ、自分がそのとき感じた「自分に欠けているもの」を取り戻そうとすることとして、この「四つの署名」の少年と少女のことはたびたび意識していたような気がする。

先日、日本工学院で特別講義をするという話が降って湧き、「生徒たちの現在」に訴える何かを話してほしい、ということだったので、思い立って、自分の学生時代のものである「青い紅玉」と、それから二十八年後の『マイマイ新子と千年の魔法』を並べて映写してみてしまった。こうした体験は自分としても初めてのことだった。

『マイマイ』の中にはたしかに「青い紅玉」の何かが生き残っている、と感じられて、我ながらおもしろかった。それは隠れ家じみていたり、ひみつ基地めいた雰囲気であったり、あるいは、これから友となろうという人をその場所でもてなすとき、ひみつめいた食べ物が介在する、そんなことであったりする。

ずいぶんたくさんのものを経験し、たくさんの変化があったはずの自分自身は、案外ずっと同じものを大切に思い続けていたようだった。『名探偵ホームズ』は、それ以前からも、あいまいに自分の中にあったのかもしれないそうしたものに、はっきりした形をとらせるアプローチだったように思う。

海底の財宝、香水の香り

それにしても、正直な話、『マイマイ新子と千年の魔法』という映画は制作予算が潤沢に恵まれていたわけではない。『アリーテ姫』は、それよりもなお状況が悪かった。そうして仕事では、「絵を描く人たち」の厚みをできるだけ分厚くとりたいという気持ちが常にあった。

スタッフ編成を考えるプロデューサーに、

「演出助手、どうしますか？」

と、問われると、

「いらない。自分でやるから」

と、答えてしまう。そうしたことが習い性のようになってしまった。

演助の主な仕事がカメラワークと撮出しであるとして、それなら通りなれた道。自分にとってはずいぶん手馴れたものだ。監督兼脚本兼演助でもなんとかなるだろう、と思ってしまう。

振り返って、一九八一年十二月。

『名探偵ホームズ』の演出助手をすることになったばかりの頃。

「演助、って、何すればいいですか？」

と、隣の席の富沢信雄さんにたずねた。富沢さんは『ホームズ』で演出をしていた。

「さあ。僕らみんなアニメーターだしね。この会社、演出出身の人、誰もいないからなあ」

宮崎さんにも同じようにいわれた。

「演出の育て方って、経験ないからなあ。知らないんだよなあ。パクさん（高畑勲）とかどうやったんだろうなあ。まあ、自分で何かやってて」

とりあえず研修プランとして、作画はともかく、制作、仕上、美術と各セクションを三日くらいずつ回ってみるか、ということになった。

制作の下っ端になって最初にやったのは、仕上の協力先にしていたよそのプロダクションに行って、この会社にはもう発注しないことになったので、こちらから出してあった特色の絵の具ビンを回収してこい、という微妙なニュアンスを含んだ説明をされた仕事だった。制作進行の山路晴久さんの車に乗って練馬区まで行った。仕事を断ったのだか断られたのだか、息が詰まるような無言の空気の中、絵の具ビンの箱を受け取ってライトバンに積み込んだ。そんなことでドキドキしたあとは、制作部の棚の整理くらいで、これで制作体験は終り。

次は、制作・作画とは隣のビルにあるテレコム仕上部へ。仕上のチーフの山浦浩子さんはうわさに聞く、テレコムで一番えらい人、だ。

「仕上はいろんなこととの帳尻が最後に回るとこだからね。みんな気を遣ってくれるのよ」と山浦さんはいった。

ここでは、とりあえずセルに色を塗る練習。

「トモちゃん、この人に道具一式出してあげて」

「はい」

「すみません。最初にいっておきますが、セル絵の具の扱い、ものすごくダメです」

「いいから。はい、塗ってみる」

絵の具はボタボタ垂らす、塗ればはみ出る、かすれる。ろくなことはない。ひどいなあ、これは。

「ほんとだ……。ものすごく忙しいとき、最後の最後にみんなに彩色手伝ってもらうこともあるんだけど、あんたは戦力外だからね」

最後は仕上の隣にあった美術。

「といって、背景描かすわけにはいかないからなあ。まあ、ヤマちゃんのうしろに立っとけ」

と、宮崎さんからいわれ、じっと山本二三さんのうしろに立っていた。

これは得難い体験だった。

「この画用紙……」

「ああ。これ、ワトソン紙。普通の画白紙より洗ったときの調子がいいの。ほら」

山本さんは塗りかけのパネルを持って立ち上がると、水道の下に持っていって、絵の具を洗い流してしまった。けれど、わずかに紙の繊維のあいだに染み込んだ色が残っている。

「これを何回か繰り返すと、いい感じに色が重なるんだよ」

その後にもいろいろな仕事で美術の人のうしろには何度も立つことになるのだが、大野広司さんはいきなり画用紙に紙やすりをかけ始め、男鹿和雄さんは俯瞰の町並みのたくさんの家々を描くためにまず消しゴムで屋根のスタンプをせっせと作った。それぞれに職人らしい業があっておもしろい。

最後は、社外に出て、撮影の外注先・高橋プロの見学。

「撮影台、初めて見る？」

と、撮影監督の高橋宏固さん。

「いえ。大学にもありましたし、だいたいの機能はわかります」

「っていっても、こんな七分割の線画台じゃなかったでしょ？」

ほんとだ。密着マルチ何段組めるんだろう、これ。

高橋さんは、この七分割の線画台を使ってあんな撮影もやった、こんな撮影もやった、あんな無茶な要求にもこう応えた、という数々の撮影技術者的武勇伝を話してくださった。

新人の演助に撮影台を見せておくのは、遠からず始まる「青い紅玉」の撮出しを任されることになっていたからだった。

「撮出し、って何するんですか？」

という情報収集からまずはじめなくてはならない。

「うーん、よく知らない」と、富沢信雄さん。

「今までのテレコムの作品は誰が撮出しやってたんですか？」

「ああ、『新ルパン』だとかは宮崎さんが自分で。小山田マキの目のハイライトとか、セルを自分で直してたみたいよ」

「ハイライト直すって、どうやって？」

「ああ、はい」と、富沢さんは「マッキー極細」を取り出した。

マジックでヒロインの目のハイライトのいびつな部分を整える。それが撮出しの仕事なのか。

山本二三さんにも聞いてみた。

「『死の翼アルバトロス』のときね、宮さん、撮出しするのはいいんだけど、ラストカットの背景、わざと逆向きに使うんだものなあ。ああいうことしちゃダメだからね」

宮崎さんは、そのほうが効果的だと思ってそうした、という話だった。

要するに、撮出しとは、完成したセルと背景を組み合わせ、最終的な画面効果を確認したのち撮影に回す仕事、ということのようだった。


最初の「青い紅玉」の撮出しは、それなりに無難にいったのだと思う。自分で何かをつけ加えたりするようなこともなかった。

途中でラッシュが上がってきて、肝心の宝石のブルーの発色が鈍いのが問題になって、ラッシュを担いで高橋プロに走ったりもした。高橋プロの映写機にかけて、撮影スタッフに見てもらう。

「おっかしいなあ」

「フィルムの発色特性のせいですか?」

うかつにそう聞いたら、高橋さんは名言を残された。

「こんなブルー、EK(イーストマン・コダック)やフジじゃなくても、アグファでもゲバカラーでもちゃんと発色するはずでしょ」

結局、周囲のカラーライトスーパーのシアン系の発色の色に、セル絵の具の発色が負けてしまったのが原因のようではあった。

次の「海底の財宝」の撮出しをしていると、宮崎さんがのぞきにきた。ちょうど、水雷艇のカットのセルを取り出して見ているときだった。

「こういう軍艦とか、重々しいブラックのカゲが必要なんだよな。ちょっとマジック貸して」

宮崎さんは、セルに覆いかぶさると、水雷艇の見張り台の裏だとかカゲになる部分を、マジックで黒く塗りつぶした。

「このほうが重量感出ただろ」

しばらくして、友永さんがやってきた。雨中にたたずむ戦艦のカットで、戦艦に赤錆の汚しを入れたいのだけど、やらせて、という。テレコムには「特効」（特殊効果）という部署がなかった。筆タッチは仕上部が、セルにブラシを吹くのは美術の山本さんがやっていた。そして戦艦の汚しは希望するなら原画マン自ら行なう。

なるほど。そういうことか。

しばらくして、冒頭部に登場する海底の財宝のカットが撮出しに回ってきたので、そういうことか、と、つぶやきながら、手を加えてみた。黒マジック、赤マジック、青マジック、グレーのコピック、ホワイトの修正液。セルにのるものなら何でも使って。宝石にハイライトを足し、カゲを足し、可能な限りきらびやかに工夫した。この場面では、財宝のきらびやかさを描くことこそ重要と思ったからだった。

ラッシュを見た宮崎さんは、少し唖然としていた。

「こんなディズニーみたいなお宝にしやがって」

そうはいわれたが自分自身としては今でもあの一連のカットに向きあったときの演出的判断には満

足している。

それから二十六年経っても、『マイマイ新子と千年の魔法』で、貴伊子が戸棚に香水瓶を戻すカットを撮出しをしている自分がいる。きらきらと透明でありつつ、その内からうっすらと香水の香りが漂ってくるような微妙な色合い。そういうものをなんとか表現しようと工夫する。

道具はサインペンやマーカーからフォトショップに変わったが、やってることの中身は変わらない。それを行なうのが自分自身の手と勘と、何より演出的な判断力であることも。

明日の約束を返せ

ホームズたちの色彩設計が「青い紅玉」から「海底の財宝」のあいだで変化していることに気づいた人もいるのではないかと思う。実際には、「海底の財宝」の途中で変わった。「海底の財宝」には二種類の異なる色調のセルが存在した。

『名探偵ホームズ』の当時、親会社・東京ムービー新社（ＴＭＳ）は日本国内向けテレビシリーズ製作に困難を感じていた。そこで、欧州との合作をコープロと称して始めていたが、さらに大きなバジエットで仕事をするには、米国メジャー市場へ進出することだという思惑が抱かれたようだった。大学三年生の演出助手にも、そんな感じの仕掛けになっていることは、教えられていた。

『ホームズ』の場合は、共同製作のイタリアRAI1がヨーロッパマーケットを受け持ち、日本側TMSが米国マーケットを受け持つ、という分担がされていた。一本あたり八千枚、九千枚といった作画枚数を費やし、相当な製作費をかけようとも、アメリカのテレビ三大ネットワークへの売り込みが成功すれば、回収は可能。そう思われていたのだった。

ちょっとしたひっかかりになっていたのは、イタリアからの製作費送金が遅れていたことだ。このため、対イタリア側に対しては「製作は送金後に行なう。今現在は未着手のまま」という情報が意図的に流されていた。お金をもらっていないのに、製作に着手しているというのは、本来ならばおかしなことだったのだ。

そうした中で、RAI1のプロデューサーであるスカファ氏と「犬の『名探偵ホームズ』」の原案者であるマルコ・パゴット氏が来日した。宮崎さんは彼らとの会議に出ていたが、帰ってくるとボヤいた。

「会議中の落書きで、ホームズがかぶったディア・ストーカー（鹿撃ち帽）のてっぺんに、プロペラとか描いてやがるんだ。そういうアメリカのテレビマンガみたいなナンセンスなのが連中のそもその狙いだったんだ」

いくつか注文も出されてしまったようだった。

いわく、

「スマイリーが気持ち悪すぎる。別のキャラクターに変更してほしい」

「セルに塗った色彩設計『案』の色調は薄暗すぎる。特にワトソンの顔が暗すぎて、表情が読み取りづらい」

等々。

こうした発注元からの注文には、いろいろ応じなければならない。色彩設計については、

「ホームズをはじめ全面的に明度を上げる」

「ワトソンはもはや黒犬とは思わないで、ＢＧｍ（セル絵の具色番）系を肌色にする」

などと対策が立てられはしたが、問題は「気持ち悪い」といわれてしまったモリアーティの子分・スマイリーの去就だった。

「スマイリーは引っ込めて、新たにスマイリーのイトコが来ることにしようか」

などといいつつも、愛すべき性格の持ち主スマイリーへの愛情は、スタッフ間にかなり広まっていた。

「じゃあ、キャラクターデザインをいじくって、ひょろひょろしてるのを少し抑える方針で。のっぺりしてる顔の下半分を、犬らしく突き出させて」

近藤喜文さんは、やり直しのキャラクターデザインを試し描きした。

こうしたイタリア対策は、すでにフィルムまで完成済みの「小さな依頼人」「青い紅玉」に対しては行なわず、色彩設計の変更のみ、撮影開始直前の「海底の財宝」から実施する。スマイリーのキャラクターデザインについては、「ドーバーの白い崖」までは今のままで、それ以降の新規作画分にあたるエピソードから変える、という感じで方針が落ち着いた。

かなりの枚数塗ってあった旧色の「海底の財宝」セルは破棄するしかなかった。

この「海底の財宝」では、枚数削減もいろいろといわれるようになってきた。原画マンを畳部屋に集めては、「枚数を減らそう」「無駄な枚数の使い方はしないこと」などと宮崎さんが前に立って述べたりもした。大分ストレスも溜まってきた感じがあった。

記憶がおぼろだが、あるいは、「ミセス・ハドソン人質事件」「ドーバーの白い崖」はこの辺のあおりをくらって、一時作業が中止されてしまっていたような気もする。一九八二年の初夏に宮崎さんたちと一行で屋久島へ旅行したのは、仕事がなくなって暇になっていたからだったはずだ。

鹿児島から屋久島へ向かう第二屋久島丸の船上、宮崎さんは当時は動画マンだった片山一良をつかまえて、

「片山くん。キミ、ちゃんとチケット持ってる？　これないと降ろしてもらえないんだよ」などといって、「えっ？　ええっ？」とあわててポケットを探る片山氏を眺めて、さらに、

「わはは、嘘だよー。こんなのなくっても降りられるに決まってるじゃないか」

と、からかって、自分のチケットをゴミ箱に捨てた。

そのくせ、実際に下船する段になって、本当に乗船券がないと降りられないことがわかり、宮崎さんは船員相手に真っ赤になって怒っていた。

その夜泊まった島の国民宿舎が気に入らないといっては、急に「宿を変えよう」といいだしたり。ストレスがだいぶ溜まりまくっていた時期の旅行だったのだ。

屋久島の二番目の宿はひっそりしていて居心地よく、糊が効きすぎてバリバリの寝巻きとシーツも旅の風情だった。これで気分が変わった。屋久杉まで歩いたのも心地よく、山中で雨に打たれたのもよい思い出だった。

その夜、布団を並べて寝ていると、電気の消えた部屋の中で宮崎さんはつぶやいた。

「なあ」

「はい」

「ああいう線路でハドソンさんの車を走らせてみたかったんだよな」

と、宮崎さんは、昼間たどった屋久島山中の森林鉄道の線路を思い出して、夢を見るように語っていた。「ミセス・ハドソン人質事件」「ドーバーの白い崖」はコンテに着手される前に風前の灯になっていたのだった。


そんな日々が過ぎて、この二本の作業は再開されたが、作画枚数の低減化が至上命題のようにいわれるようになっていた。コンテも枚数のかからない方向に工夫されていた。どうやら『ホームズ』に関する経済事情は、夢も抱き得ないところまできてしまっていたようだった。アメリカ三大ネットワークは日本の製作会社の作品などにはハナもひっかけないらしい、という現実が認識されはじめていた。


夏が近づき、暑くなってくると、宮崎さんは窓の外の庇の張り出しの上（ベランダなどではない）にゴザを敷いて、ブタの蚊取り線香とともに寝ころんで涼みながら、「白銀号事件」のコンテを切ったり、富沢さんが切った「バスカビル家の犬」のコンテ修正を行なったりしていた。

「バスカビル家の犬」のほうは、近藤さんと打ち合わせが行なわれ、キャラクターデザインにも手がつけられつつあった。とうとう作画に移されることのなかったこのエピソードで主役をつとめるはずだった男の子の顔がラフで描かれていたのを覚えている。

一方の「白銀号事件」では、ハドソンさんがオートバイにまたがってまたまた大暴走する運びになっていたが、そもそもハドソンさんが乗り物で暴走するのは、閉塞化しつつある『ホームズ』の気分のむしゃくしゃ感に対する宮崎さんの鬱屈が生み出しているようなところもあった。「その辺の暴走感、もう少し抑えたらどうですか」という意見も直接宮崎さんに向けられていたらしく、宮崎さんは帰り際に制作のドアを開けては、

「決めた！　やっぱりハドソンさんはバイクに乗せるからな！」

と、大声で宣言したりしていた。

そういえば、宮崎さん自身、この頃、オフロード・バイクなんかに乗っていた。ベランダで仕事するのも同じ。ともすればくさくさする気分を変えたかったのかもしれない。家に帰ってからの『風の谷のナウシカ』執筆も、『カリオストロの城』から『ホームズ』のあいだに作り続けた新企画が全然テーブルに上げられないことへの心理的逃げ道みたいなところがあったし、ようやく動き出したその『ホームズ』が条件的にどんどん窮屈になっていくのでは、ますます仕方がない。

とある朝、出勤すると、奇妙な領収書が貼り出してあった。それ自体は高円寺ガード下のいつもの宴会場「長兵衛」のものだったから、特段意外なものではなかったが、書き込まれた金額が中途半端に大きかった。どうもヤケクソで飲み散らかした結果の金額のようだった。宮崎さんも作画監督クラスもいつもの時間に出勤してこなかった。

とうとう『ホームズ』製作中止が決まってしまったのだった。

バスカビル家の男の子も、バイクに乗ったハドソンさんも、ついに見ることができないまま終ってしまった。

これは最初の挫折の話だ。この当時の自分には、知る術のないことだが、この先同じような挫折が次々と訪れるようになる。

大人の世界の事情はいつも唐突に、理不尽な形で押し寄せてくる。『マイマイ新子と千年の魔法』の中で主人公・新子がそれでも押しつぶされまいと叫ぶ、

「うちらの明日の約束を、返せ！」

とは、『ホームズ』の頃の自分たちの胸にあった言葉を拾い出したもののようにも思う。

『アリーテ姫』『マイマイ新子と千年の魔法』とは、何度となくやってくるそうしたものに対する、繰り返し放つ自分なりの返答なのだと思っている。この二本では、挫折からの快復の道筋を、自分なりに描こうと懸命になっている。

ホームズ遺聞

この先にたどる道のりについて話し始める前に、あと少しだけ『名探偵ホームズ』の思い出を、甦るままにつづっておきたい。

「青い紅玉」はオールラッシュができてから、宮崎さんが「ラストカットをやり直したい」といいだした。コンテでは、歩くホームズとワトソンのカットの次に、海から這い上がるモリアーティ一味のカットがただあるだけだった。いったんはそのとおりに画面になり、完成していたのだった。

だが、編集してみたら、全体で尺足らずになり、少し尺を伸ばす必要が生じた。さらにいえば、幸福を得たポリィの姿も欲しかった。そこで、ラストカットを「橋の上を歩くホームズ、ワトソン、ポリィ。そこからパンダウンして、海から這い上がるモリアーティ一味」と変えようというのだった。新作しなければならないホームズ、ワトソン、ポリィは宮崎さんが原画を描いた。

「だけど、ラストカットって、空へ向けてパンアップして終るもんだよな。パンダウンして終っていいのだろうか？　そういうの、許されるのだろうか？」

宮崎さんは、そうした映像文法のいろいろについては、まるで原理主義者のようだった。高畑さんにはこう教わったので、こうするのだ、とよく話していた。

「うーん、パンダウンで終っていいかどうか、パクさんに聞いてみようか」

などと、ひとしきり逡巡した末に、いいや、やっちゃえ、となった。

このとき、編集で切り落としたポジフィルムは、記念に手元にもっている。我が家の納戸の奥に今でも眠っているはずだ。

「海底の財宝」ではあまりにコテコテやりすぎてしまい、セルをいったん掃除しようとエタノールで拭いてしまって、マジックどころかセル・ベースまで溶けてきて台なしにして、「すみません」と持ち込んだ仕上方面に「もーっ」と渋面作られたりもした。「この原画のつけＰＡＮ目盛作って」と、初めてのことをやらされたりもした。

その次の「ソベリン金貨の行方」は、もうひとりの日芸映画学科脚本コースの学生の手によるものだった。「青い紅玉」と同じときに試験的に発注された中から生き残ったもう一本だった。

この回で、宮崎さんが、

「ちょっと」

というので行くと、絵コンテのとあるページを示された。

「このカット、原画描いてみて」

という。モリアーティが地下トンネルを掘り進んで出た土の量をホームズが計算するところの、動く説明図みたいなカットだ。

「中身、コンテと変えちゃっていいから」

と、説明されたので、自分の机にもって帰って描いた。一応、クイック・アクション・レコーダーにかけて大丈夫そうなのを確認後、宮崎さんのところに持っていった。宮崎さんは、眼鏡をオデコに跳ね上げてパラパラ眺めていたが、

「これ、あと中一枚ずつ入れたらちゃんと動くな」

といわれた。ポンチ絵なので6コマ中なんだか、8コマ中なしでシートもつけておいたのだった。

「ソベリン金貨の行方」には金でできた巨大な銅像というか貯金箱が出てくる。作監の近藤喜文さんが、金に見えるようカゲやハイライトなど数色使って塗り分けを作っていた。

「ちょっと仕上行ってこれ塗ってきて」

と、宮崎さんにいわれたが、セル彩色は鬼門だ。その上、何色に塗っていいかわからない。

「そこは任すから。まあやってみて」

つけPAN目盛にしたって、黄金像の色にしたって、万事が手探りだ。色トレスなんかやってたらえらいことになるので、実線だけマシンにかけたセルに直塗りした。しかし、金って何色？　黄色とか山吹色に塗るのはなんだか紋切りというか、おもちゃっぽいようで、気が引けた。

山浦さんと色彩設計のことで相談する宮崎さんが、「できてんなら見せろ」というのだが、見せるのはもっと気が引けた。

「すみません。金に見えません」

黄色になんて塗りたくなかったのだが、かといって適当な色がなかったので、それらしい絵の具瓶を選んで塗っていたら、彩度の低い黄土色になってしまっていた。

「カレーだな、こりゃ」

「すみません」

ハイライトは明るく輝かそうとしてうかつに白っぽいクリーム色に塗ったのが、カレーシチューにクリームを垂らしたみたいに見えていた。

山浦さんはそんなクズみたいなものには取り合わず、彩度の高い黄色系でちゃんとした色彩設計を鮮やかに決めた試し塗りセルを作ってきた。実にちゃんとしていた。そうか、彩度が高くないと輝いて見えないのか。何色もの塗り分けのうち、一色だけ黄土色に塗られていたのは、ひょっとしたらこちらの意図を汲んでもらえていたのだろうか。

もっと何年か後のことになるが、山浦さんはいろいろな試し塗りをするごとに、こちらのことを呼んでくれるようになった。

「ノーマルがこの色で、でもこのシーンはアブノーマルでしょ。美術のボード、こんな色だから、アブノーマルに塗ったセルはこんなのと、あとこんなのと。どっちがいい?」という問いかけは、半分は口頭試問のようでもあり、半分はちゃんと意見を聞いてくれているようでもあった。セル絵の具のカラーチャートももらえるようになった。山浦さんにしてみれば、宮崎さんがそうであったような「仕上に理解のある演出家」を作り出そうとしていたようだった。東映動画の最初期以来の仕上のベテランに訓練されるという、これ以上の幸運はない。

そのうちに、「この変なメカみたいなもの、塗ってみて」と色彩設計の真似事みたいなこともさせられるようにもなった。そういうことをやっていると、「透明なガラスをヌリで表現すると何色にすればよいか?」などと自分で考えるようにもなる。喫茶店の自動ドアの透明なガラスを見て「O－30」などと、絵の具の番号に見立ててみたりしていた。

さらに後年、スタジオジブリで仕事するようになった最初のうちは色彩設計の保田道世さんから「どこのウマの骨だか」と、軽く見られてしまっていたようだった。そのうちに山浦さんが保田さんのところに遊びにきて、何かを話していたかと思うと、直後から保田さんの態度が和らいだ。それからは、保田さんからも、試し塗りのセルを見せてもらって、いろいろ相談してもらえるようになった。

自分で監督した『アリーテ姫』では、金でできた魔法の宝物、巨大な金色の鷲などが出てくる。「ソベリン金貨の行方」の昔に戻って、あまり彩度の高い黄色を使わずに「金」を表現しようと、挑み直してみた。今度はデジタル彩色なので、絵の具の頃にあった色数の制限がない。実用上ほぼ無限ともいえる色調が作れるので、今回はうまくいったと思う。金というのは、表面に周囲のものが反映しているわけだから、見えるアングルが変わるのに合わせて色調を変化させてやればいい。『アリーテ姫』の金色表現はあまりうまく行き過ぎて、ＣＧ的なソフトウェアの産物のようにさえ見えてしまうが、実のところ、人の手で塗って作った色なのだ。

こういう色彩表現を考えるのが楽しいと思える自分がいるのは、若輩者の意見を辛抱強く聞いてくださった山浦さんや保田さん、日本アニメの小山明子さんのような方々のおかげだ。

「小さな依頼人」「青い紅玉」は、海外の見本市に出品するため、英語録音版だけは作られたのだが、ちゃんとした日本語でアフレコしてもらうこともないまま、お蔵入りとなってしまった。

一時期、宮崎さんの机には、ホームズたち主要キャラクターのキャスティング候補表が置いてあったこともあったが、それもまた、無に帰したかのようにどこかへ消えた。

『名探偵ホームズ』がまだ仕事として動いていたとき、ときどき考えていたのは、「自分が考え出したポリィはどんなふうに受容されてゆくのだろうか」などということだったのだが、音声も入っておらず未完成なままの「青い紅玉」が試写にかかることもあり得ず、少なくともこの時点では、世間への受容など遠い宇宙の話となってしまっていた。

いろいろな想いとともにふくらみかけた『名探偵ホームズ』というしゃぼん玉ははじけてしまった。

でも、物語はそれで全てが終ってしまうわけでも、もちろんなかった。

宿命の仕事

『名探偵ホームズ』を制作していたテレコム・アニメーションフィルムとは、東京ムービー新社、東京ムービーの系列会社であり、三社とも藤岡豊氏が社長を兼任していた。

まだ自分が『ホームズ』などに関わることになるずっと以前、東京ムービー新社がちょっと変わったことを始めようとしていることを、雑誌「マンガ少年」で読んでいた。小松左京氏を原作者に招き、演出・月岡貞夫で長篇SFアニメーションの製作を計画している、というような記事だった。『宇宙戦艦ヤマト』劇場版あたりに端を発したアニメブームの頃のことで、作ろうとしているものが、「劇場版」「宇宙ものSF」というのは、この当時ならどこにでもあったような話だが、監督に実写映画監督を招いていないのが珍しかった。実写映画監督の冠がついていないと、アニメ映画を売り込めないような風潮になっていた時代だった。監督には、『狼少年ケン』で八面六臂の活躍を見せた月岡さんを据え、ストーリーをSF界の重鎮・小松左京氏に依頼するというのは、ちょっと毛色が変わったキャスティングだった。さらに「キャラクターデザイン・モンキーパンチ」というクレジットが添えられていたのは、いかにも『ルパン三世』の製作会社らしくはあったが。この企画のタイトルは『さよならジュピター』といった。

月岡さんに大学で教わるようになって聞いてみたことがある。『さよならジュピター』はどうなってしまったのですか、と。

「僕はパニック映画が大嫌いでねえ」

月岡さんの中では、『さよならジュピター』はパニック映画というくくりになっていたのだったか。いずれにしても月岡さんとのマッチングということでは、難しい話だったような気がする。『さよならジュピター』は、後年、小松左京氏が企画を引き取り、小松氏自身が中心となって特撮・実写映画に作り上げることになる。

また、しばらく経って、同じ「マンガ少年」で、今度は東京ムービー新社が『夢の国のリトル・ニモ』の製作に乗り出したと報じられた。『夢の国のリトル・ニモ』は、二十世紀初頭のアメリカのマンガだが、ちょっとした幻めいた雰囲気が漂っていた。その少し前にパルコ出版から抜粋版を美術書的な体裁で翻訳出版されたことがあり、これが原著作権をクリアしていなかったという事情で、全冊回収になったというといういわくがついていた。それを長篇アニメーション映画として製作し、そこで作画に当たるアニメーターはまったくの新人を募集して、育成から始めるという話だった。アニメーターの養成を行なうのが月岡貞夫さんで、つまりこれがテレコム・アニメーションフィルムとなってゆく。月岡テレコムでは新人を使って『ＬＩＴＴＬＥ　ＮＥＭＯ』のパイロット・フィルムを作っていた。

その後、テレコムには大塚康生さんが加わり、宮崎駿さんが加わり、月岡さんは離れた。

テレコムの棚には、「リトル・ニモ」と表紙に書かれたスクラップブックが突っ込んであり、中には宮崎さんと近藤喜文さんが描いたイメージボードが貼られていた。それを棚から引き抜いて、ときどきページをめくって眺めてみたりもした。パルコ出版のではない、本国アメリカ版の原作の一抱えもある大型本もあった。それも眺めた。「海底の財宝」で、潜望鏡の見た目でこちらへ飛来する戦艦の砲弾のカットも『リトル・ニモ』の原作からイメージを引用したものだったのだな、などと、一人合点していた。

経緯をよく知らない自分にも、スタジオの主体が月岡さんから宮崎さんに移り変わったのちも、『LITTLE　NEMO』の企画が残っていたらしいことはうかがえた。しかし、その企画はどこへどうなってしまっていたのだろう、と不思議に思っていた。

一九八二年の中頃、『名探偵ホームズ』が消滅してしまったとき、自分はまだ大学四年生だったが、『ホームズ』の仕事がなくなってもそのままテレコムのスタジオ内に居続けていた。『ホームズ』の演出助手に雇われたというより、宮崎駿の演出助手として雇われたつもりでいたから、宮崎さんがそこにいる限り自分の仕事はまだある。そう思っていた。

そんなある日、『LITTLE　NEMO』が再始動されること、脚本はプロデュース・サイドからの発注でアメリカのSF作家レイ・ブラッドベリに委嘱されたこと、そのストーリー案第一稿がまもなくあがってくるだろうことが伝えられた。まるで青天の霹靂だった。ああ、宮崎さんの『NEMO』の脚本に自分が参画することはなくなったんだな、などという感慨を抱かされてしまったりもした。

やがて、ブラッドベリのスクリプトが日本語に翻訳され、宮崎さんのところに回されてきた。それを読む宮崎さんは明らかに渋い顔をしていた。

「ちょっと来て」

と、呼ばれた。

「これ読んでみて」

読んでみて思ったのは、専門の翻訳家ではなく通訳の人が訳したらしいたどたどしさがあることだった。それを我慢して、さらに読んでみた。

最初期のアニメーション『恐竜ガーティ』を作ったことで知られるウィンザー・マッケイ。その彼が新聞日曜版に多年にわたって連載した『リトル・ニモ・イン・スランバーランド』(まどろみの国のリトル・ニモ)は、たしかにストーリーがあいまいで、そのときどきのイメージのおもしろさの断片が羅列されたかのような作品だったが、ブラッドベリはそこに独自の縦糸を通すことでなんとかつなぎ合わせようとしたようだった。

だけど、その縦糸たるアイディアというのは……。それで綴られたストーリーのカタチというのは……。率直に疑問を抱いた。

「こういうことでいいんでしょうか?」

「いや。いいか悪いかといわれたら、違うに決まってる。これは哲学みたいなものではあるけど、ストーリーじゃないだろ。うーん……」

しばらくして宮崎さんはひとつの方針を出した。

これをスタジオ内のみんなに読ませよう。そして、こういうことでいいのか、みんなの意見を聞こう。

思弁的なハリウッド

『NEMO』に関しては、当時、表紙に「TMS－ルーカス・フィルム」と連名で記された企画書を社内で見たことがある。TMSとは東京ムービー新社であり、ルーカス・フィルムとは紛うことなく『スター・ウォーズ』を作ったあのジョージ・ルーカスのプロダクションのことだ。

アメリカ三大ネットワークに売り込もうとした『名探偵ホームズ』もそうだったが、藤岡さんは、日本国内マーケットに限界を感じ、しかし、海外に打って出るならアメリカのメジャーに食い込み、世界配給を目論む野心を持っていた。食い込むには杭が必要であり、一九七七年に最初の『スター・ウォーズ』を、一九八〇年に続篇『スター・ウォーズ／帝国の逆襲』を、一九八一年に『レイダース／失われたアーク《聖櫃》』を発表し、まさに絶頂期にあるジョージ・ルーカスにそれを求め、『NEMO』共同製作の声をかけていたのだった。

聞いた話では、ルーカス自身は『スター・ウォーズ』と『インディ・ジョーンズ』の新作で忙しいので「ごめんなさい」をした。しかし、自分の代わりに『スター・ウォーズ』二本でプロデューサーを務めたゲーリー・カーツをそれに充てよう、という紹介を受けた由。ゲーリー・カーツのキネト・

グラフィック社は、『NEMO』製作のためTMSと合弁し、キネト・TMSが興された。同時に藤岡さんとゲーリー・カーツのふたりが『NEMO』のエグゼクティブ・プロデューサーに就任し、映画の内容面についてはカーツ氏が責任を持つこととなった。

「『エグゼクティブ・プロデューサー』って、何?」

「さあ、日本語でいうと、『製作総指揮』みたいな感じ?」

当時のわれわれの認識はそんな程度のものだった。

先に上がってきたレイ・ブラッドベリのスクリプトは、このカーツ氏の意向を反映したものであるという。

カーツ氏の考え方ははっきり表明されていて、「自分がプロデュースした『スター・ウォーズ』にしても、『ダーククリスタル』にしても、エンターテインメントである表面的なストーリー運びとは別に、裏面にひとつの『哲学』を持っているべきであると考えて臨んだ。それがルーカスから得た教訓であり、自分たちが成功してきた要因である」というのだった。

典型的なハリウッドの映画製作者から「『哲学』こそ大事」といわれると、今のハリウッド製エンターテインメント映画を思い浮かべる限り当惑する向きもあるだろうが、考えてみれば当時(一九八二年)のほんの数年前までのアメリカ映画界では、ニュー・シネマの傾向が花咲き誇っていた。マーティン・スコセッシが『タクシードライバー』を撮ろうものなら、「われわれにだってヌーベルバーグみたいな『ヨーロッパ映画』が撮れるんだ!」とアメリカの若手映画人が勝ち誇ったという。それが最初の『スター・ウォーズ』の一年前の話だったのだから。

そういう風潮を残しつつ、エンターテインメント・ストーリーを作ることで、われわれは成功してきたのだよ、それがニュー・シネマ以前の娯楽大作映画とも違う汎世界的な映画の作り方なのだ、ゲーリー・カーツ氏はそう述べていたのかもしれない。

では、ブラッドベリのスクリプトはどんな内容だっただろうか。

ウィンザー・マッケイの原作『リトル・ニモ・イン・スランバーランド』は、新聞の週末版に連載された週刊漫画だった。主人公の少年ニモは、眠りにつくたびに夢の世界の体験をし、だが夢は毎度毎度悪夢に変わり、ベッドから落ちるなどの目覚め方をして終る。つまるところ絵で描いたショートショートのようなもので、縦糸になる大ストーリーが特段あるわけではない。

ブラッドベリは「Nemo」（誰でもない者）という名を裏返すと「Omen」（前兆）という名になることに気づき、あるとき、ニモが分裂して、もうひとりの人格オーメンとして顕在化し、オーメンに導かれるように、ニモは夢の世界の深部に入ってゆく。そして、どんどん現実から遠ざかってゆく。ニモはオーメンを倒し、あるいは屈服させ、現実世界への帰還を果たす。そういうラフ・ストーリーを書いてきた。縦糸をそんなふうに通そうとしたのだった。

この場合、「夢見ているだけでは駄目だ」というのが、ゲーリー・カーツ氏いうところの「哲学」であるというわけだった。

今となって思うのは、この程度のものにそれほどの拒否反応を示すまでもなかったのではないか、ということだ。ブラッドベリが描くストーリーの細部が甘すぎるとしても、そんなところはこちらのアイディアで補って、楽々成立可能なストーリーだったのではないか。敵の設け方といい何といい、『長靴をはいた猫』式漫画映画に根ざしたわれわれの考え方のほうが「即物的」だったわけで、ハリウッドのほうが「思弁的」であろうとしていたあたりが、今現在から見返すと興味深いような気もする。

ただ、世界配給を目論むエンターテインメント映画としてはどうなのだろう？　という疑問は当時も感じたし、これがそのために特別に用意されたストーリーだとは思い難い。それは今でも当時と同じように感じる。一本の娯楽映画全体の舞台が、ひとりの少年の脳内に展開する「精神世界」であるとは、いくらなんでも前衛的に過ぎないか。

そしてまた、その「哲学」なるものがあまりに単純すぎないか。

宮崎さんがこれまで準備してきた『ＬＩＴＴＬＥ　ＮＥＭＯ』は、「夢の世界」を現実に存在する別世界と考え、その上で少年の冒険譚を展開させようと考えられていた。宮崎案『ＬＩＴＴＬＥ　ＮＥＭＯ』は、天空に浮かぶ、捨てられたロボットたちの王国の話になるはずだった。眠る少年の脳裏に展開する曖昧模糊とした精神世界の話に陥らないよう、そう考えてきたはずの宮崎さんにとっては、肝心と思ってきたその部分を見事に覆された格好になってしまった。抵抗感は相当なものだっただろう。

宮崎さんは社内スタッフ集会を開き、ブラッドベリ・スクリプトに対する意見を求めたが、急にそう問われても違和感を感じこそすれ、それを言語化するのは難しく、ひとつくらい意見が出たきりで、あとは一同ポカンとした顔で終った。

「とりあえず、僕のほうで反対意見をまとめてゲーリー・カーツ氏に提出します」

宮崎さんにいえるのはそこまでだった。

この『ＮＥＭＯ』のチームには、高畑勲さんもいずれ合流してくることになっていた。高畑さんは、当時、東京ムービーで『じゃりン子チエ』のテレビシリーズのチーフ・ディレクターを務めておられ、『チエ』の作画の仕事は、『ホームズ』の合間などにテレコム社内にも入ってきていた。

高畑さんと宮崎さんが共同監督として並ぶ絵もどうなの？　それもこちらの脳裏を行ったりきたりする不確定要素のひとつだった。

とはいえ、ブラッドベリ・スクリプトを見る限り、この場合、高畑さんが監督するほうが適任のようにも思え、だとすると、宮崎さんの立ち位置がますますよくわからないものとなってゆくようでもあり、こちらの心中の不安はいよいよ充満してゆくばかりだった。

『セロ弾きのゴーシュ』

学生だったあいだにはアニドウのイベントの手伝いもいろいろとやった。

一九八二年一月といえばテレコムの社内に『名探偵ホームズ』の演出助手として入り始めてすぐの頃だったのだが、なみきたかしさんが宣伝プロデューサーを務めるオープロ製作・高畑勲監督による『セロ弾きのゴーシュ』の完成披露上映に駆り出され、人形アニメの岡田ひろみさんとふたりで開場前に並ぶ観客の列整理をすることになった。

オープロダクションの自主製作作品『セロ弾きのゴーシュ』の上映会場は、当時まだ御茶ノ水にあった日仏会館だったが、開場よりかなり早い時間から数え切れぬばかりの観客が押し寄せ、並んでもらうだけではもう駄目で、自分たちで紙を切り、マジックで整理券を作って、発行したりしなければ収拾がつかなくなっていた。観客の列は三百メートル以上になり、ほとんど隣の駅である水道橋の手前、東京デザイナー学院あたりにまで達してしまった。

「列の最後尾はこちらです!」

などと大声を出し続けて、声もほんとうに枯れてしまった。

そんな中、自分が所属する映画学科の登川直樹教授がふらりと見えられ、「席はありますか?」と問われたので、ありませんと正直に答えた。長身の登川さんはくるりと反転して去って行かれた。

あわただしく歩き回るなみきさんとすれ違ったので、そのことをいうと、「バカッ! 登川さんは大藤賞の審査員だぞ!」という。

登川さんを呼び止めるべく走って、結局、高畑さんがご家族のため押さえておられた関係者席をひとつ空けてもらってなんとか押し込んだ。

このとき、実物の高畑勲さんを初めて見た。

ひと区切りついて、上映が始まり、客席後方から眺めた『セロ弾きのゴーシュ』は素晴らしく、テレビアニメにはない躍動感に満ちていた。撮影レンズの切れもよく、フィルム時代を通じてあんなにクリアな画面をほかで見たことがない。

上映終了後には、観客へのプレゼントとして、セルを配った。次々と売れてゆく販売用のポスターを丸める忙しい仕事に、美術の椋尾篁さんや、作画監督の才田俊次さんたちが忙しく自らの手を動かしておられた。

最近になって自分の作品である『マイマイ新子と千年の魔法』が、ラピュタ阿佐ヶ谷で八夜連続レイト上映されることになり、整理券が発行されて午前中には満席となってしまう中、毎夜舞台挨拶に出かけたり、あるいは、観客用プレゼントとして自分たちでアートカードなるものを刷り出したり、上映時間中のロビーでプロデューサーたちがそれをクリアファイルに詰める作業を行なったり、そうしたすべてが『セロ弾きのゴーシュ』の頃に直結されているように感じられてならなかった。

あまつさえ、高畑勲さんが『マイマイ新子と千年の魔法』を見ようとふらりとチケット売り場の前に立たれ、しかしすでに売り切れとなっていたことを知って帰ろうとされるのを、たまたまその場に居合わせたなみきたかしさんが自分の券を譲ってくださり、なんだかこれまた『ゴーシュ』のときの登川直樹さんのことを思い出して思わぬ因縁を感じたりもした。

『マイマイ新子』上映後、そのまま帰るかと思われた高畑さんが、急にこちらへ向きを変えられ、無言でこちらの肩を三回叩いてこられた。

実のところ、これまで高畑さんに少しでも褒め言葉らしいものをもらったのは、『NEMO』の演出助手時代に一度しかなく、それも「ちょっとわかりかけてきましたね」というごく控えめなものだった。この夜、肩を叩かれたのも、「ちょっとだけわかりかけてきたな。でも、ちょっとだけだぞ」といわれたかのようで、ああ、でもこれでようやく二度目だな、とありがたく心に沁みた。高畑さんはとても厳しい教師であると思う。

なみきさんには、ディズニーの超ベテランアニメーターだったフランク・トーマスとオーリー・ジヨンストンが来日したときの講演会でも、映像を上映する役目をおおせつかったことがある。一九八一年八月のことだった。そのとき映写窓から見おろしたホールで、東京ムービー新社の藤岡豊社長がつかつかとなみきさんに近づき、何か声をかけていたのを見ていた。あのとき、藤岡さんはフランク・トーマス、オーリー・ジョンストン両氏にコンタクトを取ろうとしていたのだった。『NEMO』の製作にほかならぬウォルト・ディズニー・スタジオの助力を求めるべく。

アメリカからも『NEMO』のためにスタッフが派遣されてくることになる。事態はいよいよ複雑になってゆく。

捨てられた骨法

ディズニーにはナイン・オールドメンと呼ばれる、ほとんど創業以来ともいうべき超ベテランのディレクティング・アニメーターたちがいた。彼らは次第に隠退していったが、フランク・トーマスとオーリー・ジョンストンは一九七七年完成の『レスキュアーズ』（邦題『ビアンカの大冒険』）まで現場で働きつづけ、以降、引退して現役を退いていた。たまたま親族の結婚式に列席するため来日したふたりに、東京での講演が依頼された。その講演会場で彼らとのコンタクトを取りつけたのが、『N

EMO』のエグゼクティブ・プロデューサーであり、東京ムービー新社社長の藤岡豊さんだった。藤岡さんが、フランクとオーリーに会わせろ、とアニドウのなみき会長に話しかけていたのを、偶然、講演会場の映写室の窓から見ていたことは先に記した。

藤岡さんは、『NEMO』をハリウッドとの合作映画とし、世界配給に持ち込むことを望んでいた。そのためには、いわゆるディズニー流の「フルアニメーション」(この言葉は鉤括弧つきで述べておく。理由はこの先に詳述する)で作画されなければならない。そう考えた藤岡さんは、当のディズニーの作画スタッフに、テレコム作画陣への指導を依頼したのだった。

そうした結果として、高畑勲、宮崎駿、大塚康生以下、テレコムの演出家、作画監督、美術監督、ベテラン原画マンを集団で渡米させる、という話が浮上した。テレコムで新規採用された一期生からもごく少数がこれに含められ、二期生以下の世代は完全に除外されていた。

渡米予定者への説明会が、例の畳部屋で行なわれたが、「片渕も来い」と、制作からいわれた。

「別にペーペーのお前をアメリカへ連れてゆくわけじゃないけど、宮さんが打ち合わせだけでも聞かせてやれ、どうしても、というもんだから」

どうも、渡米打ち合わせ会に新米の片渕を混ぜるかどうかだけでも、事前に宮崎さんと制作で議論が交わされていたらしく、いささかうんざりするような面倒くさいムードがあった。自分自身にとって、『NEMO』は面倒くさくて、やりがいを感じられない仕事であると、この時点からすでに感じられていた。

渡米スタッフが旅立ち、残った連中は適当に東京ムービーの下請け仕事の作画なんかをやっていたが、演出助手の仕事まであるわけなどなく、日がなブラブラするだけの気合いの抜けた日々になってしまった。

突然にぎやかさが舞い戻ってきたのは、渡米組が帰ってきたからだ。

どうやら富沢さんは、ヨセミテ森林公園で一行を乗せた観光バスに乗り遅れて、一時迷子になったらしく、「E.T.」というあだ名を頂戴したとかいう話だった。

ヨセミテ森林公園？　観光してきたの？

ヘリコプターに乗って金門橋をくぐった、などという土産話もあった。

「なんだか豪遊しちゃったんだよな。これでちゃんとした映画作らなかったら、『映画につぎ込むべき制作費でスタッフ豪遊』とかいわれちゃうとこだよな」

と、宮崎さんもこのときは笑っていた。

抗いがたい現実の中で、この先、まさにそんなふうになっていってしまうのだが。


あるとき、宮崎さんに「ちょっと見て」と呼ばれた。「こういうものをゲーリー・カーツに出そうと思う」といって、自分でしたためた書類を見せてくれた。

こうした娯楽映画はどういう要素をちりばめるべきか。それらはどんな順序で構成されてゆくべきか。

「健全なる主人公」

「主人公が守るべきヒロイン」

「解かなければならない謎」

「守るにあたいする人々が住む村、国」

「敵味方が争奪戦を繰り広げる『宝』の存在」

「事態を混乱させる盗賊的存在」

言葉は正確ではないが、等々の要素が望ましい娯楽映画には必要であり、それはこれこれの順序で提示されてゆくべきだ。

そんなことが書かれていた。

こうしたことならばよく知っている。わざわざ見せてもらわなくとも知っている。

それは、まさに自分自身、『カリオストロの城』『長靴をはいた猫』『どうぶつ宝島』『未来少年コナン』などを見比べる中から帰納法的に導き出していたひとつの定式、それを携えて取りかかったから「青い紅玉」がなんとかなることもできたというそれと、きわめて近いものだった。

だが、そうしたものを元にカーツに方針の修正を求めることはできなかった。

「ミヤザキの提案するストーリーは『リトル・ニモ』である必要がない。『リトル・ジョージ』だってなんだってよいものではないか」

それはウィンザー・マッケイの原作『リトル・ニモ・イン・スランバーランド』と宮崎映画案との関係を端的に示していた。宮崎さんが作りたいのは、オリジナルなモチーフを数多く投入することで塗り替えたオリジナルなストーリーなのであり、原作を原作とする以上、ここに反駁の余地は見つからない。

ただいえるのは、ウィンザー・マッケイの原作が普通に解釈可能なほどのストーリー然とした体をなしておらず、レイ・ブラッドベリが書いてきたスクリプトもやはりそこから大きな逸脱を感じさせるものであったということだ。これでは割り切れない。

鳩小屋の鳩たちといっしょに立つ屋根の上でトランペットを吹く、アメリカの少年ニモ。

その屋根の上に飛行船が流れ着く。乗っているのは盗賊フリップ・フラップ。

飛行船でたどり着くのは、空中に浮かぶ王国スランバーランド。

そこは荒れ果て、使い古された無数のロボットたちが捨てられている。

王国の姫君プリンセス・ナウシカ。

そうしたスクラップブックのイメージボードたちは、カーツへの提出書類が語る「骨法」と一体になって、物語を奏でるはずだった。

イメージをつづってきた数年間を無に帰すのは容易い。実に簡単なのである。この先、もう少し作品作りの中核的位置に立場を変えた自分自身も、何度も同じような苦さを味わうことになる道だ。

最後の畳部屋

会社が中野区野方の環七・大和陸橋付近の貸しビルから引っ越すことになる、という話があった。

西武新宿線新井薬師駅そばの建物を買い取って、『ＮＥＭＯ』の企画を管理する東京ムービー新社と、制作現場であるテレコム・アニメーション・フィルムを、ひとつ建物に収容するのだという。今まで隣のビルに分かれていたテレコムの仕上と美術もこんどは同居することになるし、『NEMO』の撮影を担当する東京ムービー撮影部も同じ建物内に移ってくる。『NEMO』関連をすべて一か所に集めることになるわけで、まあ、よい話に聞こえた。

引っ越し先は元は家政科学校だった建物だといい、廊下に沿って教室が並ぶ作りになっており、うなぎの寝床みたいに長細く奥行きのある建物であるらしい。その四階建ての建物の中央の二階と三階がテレコムの作画（演出も含む）になるのだとそう聞いた。宮崎さんも、引っ越して現場の環境がよくなるだろうことに期待する顔をしていた。『NEMO』のストーリーについての提案をカーツ氏に払いのけられた宮崎さんだったにもかかわらず、スタジオのカタチがよりまっとうな方向に進むことについての期待感を声に出して示すことで、まだしも前向きな態度を表していた。

ところが、その宮崎さんが、ある日、何かに憤慨しているのにぶち当たった。かなり憤った真っ赤な顔をしていた。

「作画は屋根裏部屋みたいな四階に押し込める、っていうんだ」

「誰がですか？」

「会社がだよっ」

「二階か三階じゃなかったんですか」

「違うっ。二階、三階には社長室とか役員室を入れるから、お前たちは四階にまとめて入っとれ、そういう話だ」

宮崎さんは、目の前で制作の外線電話を取った。

「専務に抗議する」

さすがに、スタッフみんなの目がある自分の机からだと掛けにくい内容の電話だと思ったのだろう。

「ああ、おはようございます。宮崎です。……ああ、ええ、どうも。その……引っ越し先のことなんですが……」

頭に血が上った赤い顔で「抗議」といっていたわりには、上司である専務に向かっては、激昂したときにいつも見せるように勢いよくまくし立てるわけでなく、丁寧な言葉で話していた。節度があるというより、まくし立てていないぶん、明らかに言葉数が少なく、気弱な感じで迫力もなかった。

「駄目ですか。……はあ。……ええ。そうなんですが」

段々消え入るようになっていって、しばらくして受話器が置かれた。

「どうしても駄目だってさ。外からの来客があったりして、対応しなけりゃならないから、どうしても新社が四階に行くわけにいかない、といってる」

「どうするんですか」

「うん……まあ」

その先に言葉はなかった。


そのほんの数日後のことだったと思う。高畑さんが来社した。

宮崎さんは高畑さんとふたり、会議室兼試写室兼休憩室兼宿泊室である畳部屋に籠って、何時間も出てこなかった。心配になるくらい何時間も籠っていた。

しばらくして、自分ひとりが呼ばれた。

内線電話で呼ばれて、三階の作画部屋を出ると、階段を下った。二階には制作があって、経理がある。その奥が畳部屋だった。この日ばかりはこの扉は開けたくなかった。すでになんらかの予感があった。

「ああ。来たか」

畳部屋のテーブルの灰皿にはふたりが吸った煙草の吸殻が異様なまでに山盛りになっており、ふたりが言葉と気持ちをぶつけあった厚さをあからさまに示していた。

それまでずっと説得していたのか、鬱憤を受け止めていたのか、高畑さんは分厚く黙り込んでいた。

宮崎さんは眼鏡を取って、テーブルに置いた。涙をにじましたような赤い目をしていた。

その瞬間、これはもう駄目だ、と思った。

「会社、辞めることになった」

「……はい。その……『NEMO』はともかく、そのあいだほかの企画……とかで続けることは駄目なんですか」

「そうはいかないんだ」

そうかもしれない。『ルパンの娘』『もののけ姫』『風の谷のヤラ』。これまで会社に提出した企画は軒並み取り上げられていなかったのだから。

「あとのことはパクさんに頼んだ。お前のことも頼んどいた」

「……はい」

宮崎さんの向かいで頬杖ついていた高畑さんが、こちらに目をくれた。

「うん。まあ」

宮崎さんの送別会は、高円寺のガード下の、いつもの居酒屋の二階になった。ちょっと明るい感じの宴のあと、最後に宮崎さんは集った若い者たちに説教めいた言葉を残した。

「なぜホームズが犬であることに疑問を抱く奴が誰もいなかったんだ？」

話がそこに戻ったことに、ちょっと意表を突かれた気がした。

しばらくして、会社が引っ越した。宮崎駿のいないテレコムが始まった。

ひっかしいだ新スタジオ

仕事場が引っ越した先、中野区新井薬師の新社屋はなんだか得体の知れない場所だった。美術と仕上は三階だからまだよかったが、作画と演出の入る四階は天井の真ん中が垂れ下がっていた。屋上に上ってみると、垂れ下がっているところの真上には、給水タンクがそびえていた。どうも天井の強度が給水タンクを支えられるほどないのではないか、と危ぶまれた。

テレビアンテナの配線を通すとかで、電設工事の業者が来て、「お仕事中すみません。壁に穴あけますので大きな音を立てます」という。工事の人はコンクリ用のドリルを構えると、四階の壁に突き立てたが、それがスポッと豆腐でも相手にするように貫通してしまった。「ありゃりゃりゃりゃ」とかいっている。

「どうしたんですか?」

と、のぞくと、どうもこうもない。コンクリートと思われた壁は、ペラペラのパネルだった。開いてしまった穴の中をのぞくと、内外二枚のパネルのあいだに屋上のフェンスとしか見えないものが挟まっていた。フェンスを芯にして、表と裏を二枚のパネルで挟んで、一見コンクリートと見紛う厚みの壁にしつらえてあっただけのことだった。本来鉄筋コンクリート三階建ての建物だったのだ。その三階建ての屋上に木造で無理に無理を重ねて作りつけたのが、われわれの入る四階だったということを知ってしまって、あらためてがっくりきた。

永田ビルの頃は、屋上に提灯を張り巡らしてビールパーティなんかに興じたものだったが、その社有の提灯も出番がなさそうだった。こんな屋上の上に何人もの人間が立てるものではない。

『NEMO』の準備室に当てられる予定の部屋は四階西側にあったが、ここは平面プランが台形である上に、北側の壁が手前に向かって斜めに傾いていた。建蔽率とか隣接家屋の日照権とか、いろいろな要素の隙を縫って、ともかく作りました、という感じのいびつな部屋だった。

三階の仕事に水場が必要ということで、流しの配管工事をやったら、業者がガス管を破壊してしまい、総員退避命令が出た。

近所の定食屋でハンバーグ定食を頼んだら、レトルトのマルシン・ハンバーグらしきものが出てきた。

士気喪失の源というか、愚痴にはことかかない環境だった。先行きに期待するものがあるのなら、それもまた楽しからずや、という気分にもなれるのかもしれなかったが、あまりにも前途の見通しが不透明だった。

この当時、『NEMO』の予算は公称二十八億と聞かされており、黒澤明の『乱』よりも大きかった。ほんとうに大丈夫なんだろうか、と思った。


高畑さんには『じゃりン子チエ』テレビシリーズのチーフ・ディレクターとしての立場があり、東京ムービーに机を置いていたが、テレコムのほうに顔を出す時間が順次増やされていった。当然、『NEMO』の準備をするわけだが、まず、レイ・ブラッドベリ原案をどう料理するかという監督としての案を、エグゼクティブ・プロデューサーであるゲーリー・カーツ氏に提出しなければならない。このプランニングを行なうにあたり、ストーリー・ミーティングというか、ブレーンストーミングを行なうことになり、そこへ送別会で宮崎さんにハッパをかけられてしまった若いスタッフから、自分たちも加えてほしい、という声が出た。

「何人来るのも構わない。ただ、これは映画のためにやるものなのであって、ことさらに若い人を育成するためにやるのじゃないから、話についてこられないからって、待ったりはしない。それでもかまわないのなら」

高畑さんはそういう態度をとった。

場所は、まだ片づけられる前の二階映写室予定地だったと思う。まわりに段ボール箱が山になっている隙間の空き地にテーブルとイスをしつらえた。

制作からは、「お前は記録係をやれ。発言を全部ノートにとるのに集中しろ。自分からは発言するな」などといわれた。自分自身の身の置きどころはあいかわらず日当たりが悪かった。

これ以上まだ人のやる気をなくさせるわけか、とも思ったが、公式には「学生アルバイト」の身分である手前、黙って従った。いや、実際、黙っていたのだったかどうか。少しくらい何かいったかもしれないが、効果がなければ同じことだ。

高畑さんの仕事には興味があった。大学一、二年でバイトして得た大枚はたいて、当時出始めたばかりの家庭用ビデオレコーダー、SONYのSL－J7を買い込んで、『ハイジ』『母をたずねて三千里』の再放送を録画しては何度も眺めていたし（当時はビデオテープも高かったので、全4クールのシリーズはちょっとした脅威だった）、子どもの頃に祖父の映画館で見ることができていなかった『太陽の王子』も池袋・文芸坐のオールナイトで観ていた。宮崎さんの仕事は、ある程度パターン化することで覗き込むことができるように思えていたが、高畑さんの作品には感心しつつも、どうやってできあがっているのか底知れず、計り知れないように思われた。

ストーリー・ミーティングに顔を出すようになると、高畑さんはジェームズ・バリの『ピーター・パン』や、モーリス・センダックの『かいじゅうたちのいるところ』などを拠りどころとして『NEMO』にあたろうとしているところがあったので、早速古本屋に行って岩波少年文庫の『ピーター・パン』を買い込んでみたりもした。

その本を持っているところを、仕上の山浦浩子さんに見つけられてしまい、

「なんだ、早くも宮さん見捨ててパクさんに走ったか。宮さん、かわいそ」

などといわれてしまったりもした。

走ろうにも、未知の部分が大きすぎて、よくわからなかった。

なにがわかったのだか、いまだによくわからない

高畑さんのストーリー・ミーティングは、一歩一歩、地歩を固めるような、執念深さで進められた。それは、決して表面的なエピソードを並べ立ててゆく方法を採らなかった。映画ストーリーの表層表現のもうひとつ下に流れる、「現実原則」と「快楽原則」が相克し、やがて統合へと向かう道程を、意味づけしつつ足固めしてゆく作業だった。かつて『長くつ下のピッピ』のアニメーション化を目論んでいた高畑さんらしく、同じアストリッド・リンドグレーンの『やねの上のカールソン』なども例に引き出された。そこで語られている意味を、たとえば「カールソン＝主人公の快楽原則の外在化」などと規定することで、いったん解体し、『ＮＥＭＯ』の中に必要要素を移植してゆく地道な作業だった。

ストーリー・ミーティングに参加している若いアニメーターたちは、当惑し、半ば苛立っているようにも見えた。彼らは、わかりやすく型にはまったような、しかし力強くヒロイックな場面描写を提案しようとして、夢の国スランバーランドのプリンセスなのだか、当時マンガとして連載されていた『風の谷のナウシカ』の主人公なのだか、区別のつけがたい台詞表現を持ち込もうとして、高畑さん

に眉をひそめられた。「なぜ、若い人はみんな文語体みたいな台詞を好むのか」と。

自分自身は書記に徹している顔で、この円卓に臨んでいたが、テーブルの上を行き交う話のどの辺を書きとめればいいのか、段々わかってきた。高畑さんの発言の周囲だけ書き留めてまとめていれば、ノートとしての要点は押さえられるように思えた。結局、高畑さんは、他人の意見をそれほどには取り込まず、ほとんど自分ひとりで構想を進めていた。ただ、誰かに向けて喋ることの中でそれを行なおうとしていたようだった。もちろん、建設的なストーリー提案が現れれば、その限りではなかったのだろうが。

表層表現と、その底層に置く意味的な展開と、二重に構造をもって構築が進められていくのは理解したが、表層表現の部分はおざなりにすませられてゆく感じもした。ここではストーリー解釈を一本通すことに注力し、表面上の表現はこの後に作画監督たちを使ったストーリーボード作業でそれを行なおうという意図なのかもしれなかった。それがゆえに、作品参加ができる、と気負いとともに乗り込んできた若者たちを混乱させていたのだろう。

あるとき、「昨日のミーティングの内容をこんなふうにまとめました」と、高畑さんにノートを提出した。こちらとして雑音に類すると思った発言を排除し、高畑さんの言葉を端的に文章化しようとしたものだった。

高畑さんはじっとノートを眺めていたが、最後にこういった。

「やっと少しわかりかけてきましたね」

後日、高畑さんはゲーリー・カーツに提出する覚書を自分の手で作成した。高畑さんの手書き論文原稿のような端正な文面の中に、あの日「やっとわかりかけてきましたね」といわれたその日の自分のノートがコピーされて、切り貼りされていた。字句の間違いを、丁寧に傍線引いて正した上で。少し報われた気がした。

演助助になる

高畑さんはメインスタッフを連れて渡米することになった。日米合作映画である『NEMO』は、単に資金的・製作的な合作であるだけでなく、制作面でも日米のスタッフを取り混ぜて行なわれることになっていた。日本側に演出・高畑勲、作画監督・近藤喜文、友永和秀、美術監督・山本二三が立っているのと同じように、アメリカ側にも演出家、二名の作画監督、美術監督が立っていた。彼らと合同して作業を行なうため、メインスタッフは渡米する必要があった。

アメリカ側演出のアンディ・ギャスキル氏は、ディズニーの大立者フランク・トーマス、オーリー・ジョンストンの紹介で加わった、本来ならばナイン・オールドメンが去った後のディズニーを背負うべき俊才アニメーターである、という話だった。なぜ、そんな重要な人がディズニーの現場を離れて日本との合作などに身を投じているのか。そのほか、グレン・キーンなど現役のディズニー・アニメーターらもなぜかスケッチを寄せてきているようだった。

ウォルト・ディズニー・プロダクションの経営にガタついている面が出てきているようで、現行経営陣は気に入られておらず、さらに、『レスキューアーズ』以降の長篇も泣かず飛ばずで、次代を担うべきディズニーのアニメーション・スタッフたちは浮き足立ってしまっているようだった。

そんな状況と合流するために、『NEMO』の日本側メインスタッフたちはロサンジェルスへ発っていった。

自分自身は、というと、ストーリー・ミーティングも終ったしお前の仕事はもう終りだから、といい渡され、それどころか、在米メインスタッフとの連絡任務からも外され、テレコムの現場班がつなぎの仕事に投入されるのに伴い、そちらの編成に組み込まれることになった。

当時、東京ムービー・グループは国内テレビシリーズから徹底的に離れつつあった。だからそういう類の仕事があるわけでもなく、こちらに放り込まれる仕事は、結局のところ海外との合作だった。かつての『名探偵ホームズ』がイタリアのテレビ局RAI1との合作でありつつアメリカ三大ネットワークでの放映を狙ったように、今度の仕事もフランスのアニメ製作会社DICと合作で、アメリカで放映するためのパイロット・フィルム兼テレビスペシャルであるとのことだった。タイトルは『リトルズ』といった。

自分が入る前のテレコムでは、同じくDICのSFテレビシリーズ『ユリシーズ31』のパイロット・フィルムを作ったことがあったらしかったが、こんどの『リトルズ』は小人が人間の子どもと関わるコメディ風味の冒険ものだった。丹内司さんがキャラクターデザインと作画監督を務め、実質的には富沢信雄さんが演出するということなのだが、監督には『ユリシーズ31』と同じベルナール・デリエス氏が座るので、富沢さんのポジションは、「申し訳ないのだけど、便宜的に『アシスタント・ディレクター』ということにしてくれ」と、同じ新井薬師の社屋内に部屋を構えたDＩＣジャパンのほうからいわれてしまった。

　この話には、「じゃあ、片渕はアシスタント・オブ・アシスタントディレクターということで」というオマケがついた。

「演助助ですか」

「そう。演助助」

　別に立場が演助助でも何でもかまわないのだが、シナリオはフランス側で決定ずみ、絵コンテはフランス人が切る、キャラクターデザインもフランスからベースになるものを送ってくる、ということで、いずれにせよ何かができそうな気配はなかった。

　ベルナール氏もいずれは日本に来ることになるらしかったが、とりあえずまず、フランス人の男性スタッフふたりが来た。彼らがベルナール氏来日までのあいだ、絵コンテを切ったり、われわれ日本側をスーパーバイジングする、ということだった。

　彼らフランス人ふたりがやってきて、われわれのあいだに仕事机を構えることになったのだが、申し訳ないことに、彼らの名前を忘れてしまっている。顔は覚えているつもりなのだが。

　仕事を始めた彼らの机をのぞいて、暗然とした。絵コンテの切り方、カットの割り方、積み方、何も知らないのじゃないか、と思われた。彼らは、デザイナーとかイラストレーターであるのかもしれなかったが、映像に経験を持つように思えなかった。

「これはまずいですよ」

「うーん」

現場的作業を行なう日本側スタッフとして、フランス人の絵コンテの何が実用的でないかを具体的に指摘しなければならなかったし、具体的な改善案も示さなければならなかった。そういうことを、富沢さんや丹内さんといっしょにやらせてもらった。

アメリカで進行中の『NEMO』のストーリー・デベロップメント作業の一端が伝わってくると、こちらでも支援しようと、アイディアを絵に描いて送ろうという話が持ち上がった。

無統制かつあまり理解も及ばないままそんなことをしても高畑さんには迷惑だろうな、という思いは個人的には抱いたが、絵は率先して描いたし、適当なシチュエーションをピックアップしては、自分勝手に絵コンテに描いたりしていた。

そんな感じで自分の絵コンテ修業は、またしても自習的に自分流を養ってゆくことになっていった。

一九八二年暮れの除夜の鐘は、新井薬師の会社の会議室で聞いた。いつもの通訳の女性たちがすでに年末年始の休暇に入っていたので、多少日本語が話せるDICのシャロパン社長を通訳に使ってしまって、『リトルズ』第1話の絵コンテを、フランス側と相談ずくの上、なんとかまとめあげていたのだった。

「こんな仕事で除夜の鐘、聞いちゃったね」

と、丹内さんは苦笑した。

そういえば、自分自身はまだ大学四年生の卒業前だった。

ＡＢＣは知ってても

フランスとの合作『リトルズ』の作画監督は丹内司さんと決まっていたのだが、アメリカで放映するものを作ろうとしている以上、アメリカ人の作画監督も立てなければならない、とフランス側が急にいいだした。

何か、アメリカならではのことがあり、それらいくつかのポイントがクリアされていないと、アメリカでは放映以前の問題として門前払いを食らうことになってしまうので、という話だった。

やってきたのは、中年のアメリカ人だった。ディズニーで働いていたこともある、という。といいつつ、ディズニーでどんな仕事をしていたのかも知らず、ただのアメリカ人のおじさんに見えた。

このアメリカ人の作画監督（またしても氏名失念してしまっている）が、突然、こういいだした。

「日本人の作画監督は、原画の上にキャラクターの修正を入れるようだが、自分はそんなことはしない。アメリカではキャラクターを整えるのはセカンド・アニメーター（第二原画）の仕事なのだ。ディレクティング・アニメーターたるもの、そんなことはしない」

そうした文化の違いは厳然と存在していた。

一方で、『リトルズ』は、アメリカ式に、英語の台詞をプレスコ録音し、その音声に合わせて、作画で口の形をリップシンクさせて描くことになる。アメリカ人の彼の仕事は、先に録音された英語の台詞を聞いて、描くべき口の形をタイムシートに記入することである。これこそ、アメリカ人のアニメーターにしかできない仕事なのだ、ということになった。というより、どうやらそれが最初から彼に当て込まれた仕事だったようなのだが、「作画監督」とか「ディレクティング・アニメーター」とか、物々しく持ち上げるものだから、混乱してしまったのだ。

では、プレスコ録音の音声に沿ったリップシンクの口の形はどうやって指定されるのか。

日本の従来のやり方は、アフレコ録音で作画先行で、作画上では、

1「閉じ口」
2「閉じ口と開き口の中割り」
3「開き口」

の三種類を作り、これら三種類をランダムに配置する、というものだった。

例えば「１３２３１２１３２１２３１」というふうに。三枚の出現頻度は均等となるようにし、基本的に３コマ打ちで行なう。

アメリカ人のディレクティング・アニメーター氏が、プレスコ音声をスポッティングしたダイアロ

ーグ・シートに書き込み始めたのは、

「A——CD—CBEFC—D——CBLKCB——」

というような感じのものだった。

これには図版のついた別表があり、わかりやすく記すなら、

A「閉じ口」
B「歯は閉じているが、唇がわずかに開いた状態」
C「小さめの開き口」
D「大きめの開き口」
E「母音eの口」
F「母音oの口」

というのが基本で、さらに、特徴ある発音の子音はそれぞれ口の形が描かれ、アルファベットが振られていた。特徴ある発音の子音とは、

○下唇を上前歯で嚙む「f、v」
○舌先を上下の前歯で嚙む「th」
○舌先を上前歯の裏に当てる「l」

などだった。

こうしたものが、2コマ打ちで配置される。

しかし、こうした子音の口を、ダイアローグシートに従って唐突に2コマだけ出して、果たして「動いて」見えるものだろうか。あまりに唐突すぎて単にパカパカしてしまうだけなんじゃないだろうか。

それ以外でも、例えば「CD-C」とあるのは、本来「CD・C」（・＝中割り）なのではないだろうか。同じ口の形でしばらく止まっているより、そのほうがよほどスムーズに動くはずだ。となれば、「C—D——C」は、実は「C・D・・C」であるべきなのであって、このDからCへの2コマ中二枚の中割りは、3コマ中一枚にしてもたいした違いはないはずだ。

ここで示されたアメリカの便宜的方法は、どうもフルアニメーション的ではないのではないかと思われた。これは、安っぽいアメリカのテレビアニメの技術ではないのだろうか。

日本式の作画では普通に使われるAの口（閉じ口）は、破裂音の子音（b、m、p）として使うので、うっすらと歯が見えるBの口が一般的な「閉じ口」に相当し、だとすると、アメリカ式と日本式の口の形の相関関係は、

B「歯は閉じているが、唇がわずかに開いた状態」	1「閉じ口」
C「小さめの開き口」	2「閉じ口と開き口の中割り」
D「大きめの開き口」	3「開き口」

と、ごくごく単純化される。なんということはない、と理解した。

とりあえず、子音の口は、あまりに煩雑で、作画枚数をいたずらに増やすだけになり、経済的に馬鹿馬鹿しいことになるからやめさせてほしい、と、制作からフランス側へ申し入れられた。案外すんなりとこれは聞き入れられた。

だが、

「セリフはすべて2コマ打ちで作画すること。日本式に3コマでセリフを打った場合、アメリカの放送局が事前に抜き打ちチェックしてバレると納品できなくなってしまうから、この点、絶対に守るように」

と、フランス側から達せられた。

しかし、これも右で述べたように、リップシンクとは要は「口の開け閉め」の中割りの枚数コントロールであるとわかってくると、3コマ打ちでも十分に同じ効果が出せそうだという感じがしてきてしまった。枚数節約も仕事のうち、と、適当にアメリカ人が書いたシートを自分の手でこっそり操作したりし始めたのだが、全然バレなかった。

どう考えても、アメリカの放送局が、ストーリーのチェックをすることこそあれ、いちいちコマを停めてリップシンクが２コマ打ちでなされているかどうかなんて調べるとは思えなかった。

この頃、仕上部の水道工事中に工事業者がガス管に穴を開けてしまうという事故があった。本来は流しが取りつけられるはずの床に穴が開いて水溜りになり、そこにブクブクとガスのあぶくが立ちのぼるという光景になった。

館内放送で「全員、しばらく屋外に退避」と告げられ、作画も皆、近所の喫茶店なんかに逃げてしまったのだが、言葉の通じないフランス人ふたりとアメリカ人のディレクティング・アニメーター氏は、誰からも何も知らされず、置き去りになっていた。

さすがに、なんだかそれもなあ、という気持ちになって、拙い英単語と身振りで表に出ることを勧めた。「オウ」といって、彼らはようやく席を立った。

やがて、『リトルズ』の監督であるベルナール氏が、それまでたずさわっていた別の仕事を終らせ、とうとう来日して合流することになった。初日にスタジオを視察した監督は、とある動画マンのところに立ち止まると、その動画を取り上げ、

「もっと、人生を感じさせる線を引いてくれなくては」

といった。その動画マンは、実は動画の仕事を統べるべき動画チェッカーで、たまたまチェックの仕事がなかったため自分で動画を描いていたところだったのだが、

「そんな人生がどうとか、わけのわからない線は引けない」

と、泣いて抗議する一幕があった。

あとあと考えるに、どうやら「生き生きとした（強弱のある）線」といったつもりが、「生命感」という仏単語が通訳のところで「人生」と誤訳されたもののようだった。言葉が異なる同士では、言葉の行き違いは容易に発生してしまう。

自分自身、フランス語の通訳のいないところで、監督氏につかまり、とあるカットの原画に描かれた陶製の傘立てを指差され、さらに、一冊の本をとり出して、載っている写真を見せられた。それは、すごく複雑でめんどくさい模様の入った実物の陶製の傘立ての写真だった。彼は英語で何か喋った。

「ああ、うん、わかりました。そうだ。そうですね」

と、日本語で相槌を打ったら、にっこりとされた。

しかし、あとで、そのカットのラッシュを見て、「傘立てが指定したものになっていない」と文句をいわれた。

「アシスタント・オブ・アシスタントディレクターに指示した、と彼はいってるけど、あなた聞いてた？」

と、通訳がいってきた。

「ああ、素敵な傘立ての写真を見せてもらったので、ほんとに素敵ですね！　とは答えました」

まさか、冗談にも、あんな面倒な柄の入った傘立てをセルにして作画で動かすはずはないと思ってたかをくくっていたのだった。

「ほんとに素敵ですね！」を通訳は「トレビアン！」と訳して伝え、監督は苦虫を嚙み潰していた。

アニメーションを作る仕事なんて、その国独自の文化事情によって左右されるところが大きいものなので、うっかりすれば、こんな感じで摩擦の連続となり、ふつうなら仲よくなれる人々ともいがみ合う羽目に陥る。

ダイアローグ・シートをつけ終ってしまった米国ディレクティング・アニメーター氏は、仕方なく、キャラクターの修正にも手をつけ始めた。

全部が丹内さんの端正な絵でなくなってしまうのが残念に思え、「いいんですか？」などと丹内さんにいってしまったりもした。

「いいんじゃない。やらしとけば」

そういいつつ、『リトルズ』第1話が終ると、丹内さんはテレコムを退社してしまった。やはり、あまりに気疲れしてしまったのだろう。

同じような摩擦と疲労が、アメリカの『NEMO』の準備作業現場にも訪れてなければよいのだが。

演出補になる

高畑さんが『NEMO』の監督から離れたらしい、という報せは、たしか大塚康生さんから聞いたのだったと思う。前途を見出せなくなって自分から辞めた、ということではどうもないらしかった。

釈然としなかった。

遥かな後日、当時アメリカに常駐しており、その現場にもいたはずの藤岡豊社長に聞いてみた。

「おうおう、それはだな」

と、藤岡さんが話し出したのは、大塚さんから聞いたのと同じ話だった。

要するに、エグゼクティブ・プロデューサーたるゲーリー・カーツ氏を前に、あまりに苦闘している高畑さんを見て、セコンドがタオルを投げてしまった、というのが真相らしかった。リング・サイドにいたセコンドとは、結局、藤岡さん自身だった。

藤岡さんは乾坤一擲の大勝負として『NEMO』の製作に乗り出したわけだが、これが成功裏に終った暁には、当然のごとく第二弾、第三弾を放つつもりでいた。

全世界公開の自社製長篇映画第一弾である『NEMO』がはじめはジョージ・ルーカスに共同製作の声を掛けたように、次の長篇は黒澤明監督に依頼するつもりでいた。つもりだけでなく、どうも黒澤さんのところに実際に話を持ち込みに行ったらしく、黒澤監督からは「自分では監督はしない。脚本家は貸すし、時代考証くらいならしてもよい」という返事をもらったとのことだった。

この第二弾の企画とは『竹取物語』だった。藤岡さんの構想は、「月から来たかぐや姫は実は宇宙人で、最後には宇宙船に乗って宙へ帰ってゆく」というようなものだった。ご本人からたしかにそのように聞いた。菊島隆三ほか脚本、市川崑監督、沢口靖子・三船敏郎主演の、一九八七年の実写映画『竹取物語』にあまりに酷似しているのだが、両者の企画は別々の径路をたどって成立しているようでもあり、自分の中では関係が今ひとつわからないままになっている。

藤岡さんは、こうした次期以降の企画のために、高畑さんを温存するべき、と考えたようだった。

これも後日、高畑さんにうかがったところによれば、『竹取物語』の会議には何度か顔を出したのだが、誰がイニシアチブをとるのか、船頭ばかり多くて話になりそうになかったので、すぐにこの企画から離れた、という話だった。

実は、高畑さん自身は、『NEMO』に対して、「映画としての作り甲斐」を見つけてしまっていた。高畑さんはたいていの場合、企画を持ち込まれた最初の段階では「なんで自分がそれを作らなくてはならないのか?」という疑問をまず放つのを、ほとんど常としている。『ハイジ』のときですらそうだった。しかし、そこを説得するのがプロデューサーたる者の仕事なのだ、ともいう。うまく説得されると、次には「なぜ自分はこれを作らなくてはならないのか?」ということを自分で考えはじめ、執念深く答えを見出してゆく。

この場合の答えとは、『NEMO』の場合、「主人公がふたつの立場に分裂して、それぞれ物語の構成要素となる」というものだった。主人公ニモ(Nemo)が分裂してもうひとりの少年オーメン(Omen)が登場する、というレイ・ブラッドベリのアイディアを、高畑さんは自分自身のものとして屈服させていたらしかった。

のちに作られた『火垂るの墓』は、すでに死んでしまった主人公の幽霊が、時間をさかのぼって、これから非業の運命を迎えることになる生前の自分自身を眺める、という構造の映画だった。『おもひでぽろぽろ』は、大人になった主人公が、小学生だった頃の自分を思い返す、という映画だった。いずれも、主人公はふたつの立場に分裂しているように見える。高畑さんは、『NEMO』のときすでにこうした映画的な構成に思い至っていたのかもしれない。だからかもしれないのだが、『NEMO』の仕事から引き離されたことをたいへん悔しがっていた。自分はまだまだ戦える、という自信をもったまま、『ＮＥＭＯ』を離れなければならなくなったのであってしまったらしかった。

後任は誰になるのか。いっそこのまま、このややこしい仕事は瓦解してくれないだろうか。そんなことすら考えたのだが、そうも問屋は卸さないものらしかった。

制作に呼ばれた。

「後任はコンちゃんがやることになった」

これまで作画監督として『ＮＥＭＯ』に付き合ってきた近藤喜文さんに任せよう、ということだった。

「コンちゃんは、『友永さんがいっしょにやってくれるなら』といっている」

「はあ」

「コンちゃんはお前にも手伝ってほしいといってる」

「また演助ですか」

「というより、演出補だな」

今回ばかりは気前よく「立場」をくれたものだと思った。

なんというか、スタッフとしてのポジションのインフレーションみたいだな、という気もしないでもなかった。

近藤さんのところに行ってみた。

「という話だったんですが」

「はあ。よろしくお願いします」

「とりあえず何をすれば？」

「遠からずまた、アメリカに行くことになるんだよね。ストーリー開発」

ということで、『リトルズ』からは離れることになった。

全三話からなる『リトルズ』の第2話の途中だっただろうか。第3話ではひょっとしたら絵コンテを任せてもらえるかも、という期待もあったのだが、それと比べても『NEMO』のほうが、自分たちとしてのオリジナリティを打ち出せそうな魅力があった。宮崎・高畑両監督が挫折した姿を目の前で見ておきながら、そんないくらか前向きな心境でいられたのも、『ホームズ』によって芽生えてしまった「物語を編みたい」という欲求のなせるわざのせいだったようだった。

その後、「ところで『リトルズ』はどうなったんですか？」と、ふと思い出して聞いてみたことがある。どうも、アメリカでは結局このパイロット・フィルム兼テレビスペシャル版は「放映されなかった」と聞いた。

このときにもまだ大学卒業前だった。短い時の中で運命的な出来事が、密度高く起こっていた。

ハリウッド勤務

『ＮＥＭＯ』の頃の話を書き続けていると、我ながら辛くなってきてしまう。『名探偵ホームズ』の頃のことはまだしも、「前途」とか「先行き」とか、まだ何かが開けた感じの言葉とともに思い出すことができたのだが、『ＮＥＭＯ』に関しては閉塞感の記憶しかない。

当時の現場にあってそうした気分を退けようとするならば、ほんとうは『ＮＥＭＯ』なんかの中核に踏み入らず、社内の若い同世代の仕事仲間たちと青春っぽいことをしてるほうがよほどよかったのかもしれなかった。

実際、一時期、なんだか身を持て余した感じの若い連中で集って、自主制作アニメを作ってみないかなどとわいわいやっていた時期もあった。そうしたところに高畑さんが覗き込んできて、互いに照れくさそうな会釈を交わしたこともあった。そうやってゴソゴソしている集まりが、会社からはどうも不平分子が蠢動しているように見られていたのかもしれないきらいもあった。

不平や、満たされなさという点では近藤さんには何日もの長があった。近藤さんは積年の鬱憤を抱えているようだった。

近藤さんは、東映長篇にあこがれて東映動画へ「入れてください」と行ったのだが、入れてもらえず、Aプロダクションを紹介された、といっていた。Aプロはテレビの仕事しかなく、でも、そこでかじりついて仕事していたらいつか映画の仕事もできるかもしれない。そう思っていたら、ある日突然、東映動画の人たちがやってきて、Aプロで映画を作りはじめてしまった。『パンダコパンダ』のことなのだが、ああした屈託のない映画に対してすらも、近藤さんの中には何か鬱屈するように沈潜するものがあった。

近藤さんは、細面の顔の輪郭から目が左右に飛び出して見えることもあり、宮崎さんなどは「ガニメデ星人」（「目ががに股」の意）と呼んでからかっていたが、若い者ばかりの飲み会では近藤さんは「オレはガニメデ星人じゃねえー」と息巻いていた。

そうした近藤さんの難しさの源泉となっているのは理想主義的な想いであることも感じられ、何か役に立ちたいとも思わされた。

近藤さんは、慎重居士というのか、「池さぐり」という戦術を主張した。ゲーリー・カーツにいろいろなものをぶつけても、いいときですら、「うん、君たちも少し私の考えに近づいてきたね」的なリアクションが返ってくるのが関の山だったので、ならば「彼の心に秘められた正解」とはどんなものなのか、なるべく近い線で散発的にアイディアをぶつけてみて、良好なリアクションが得られたアイディアの周辺を補強するようにストーリー開発を進めていけばどうか――。というより、自分にはそういうことしかできない、というのだった。ゲーリー・カーツという水面の曇った池の底に何があるのか、竿を差して探ってみようという。

なるほど、そのアイディア出し要員にスカウトされたというわけか、と自分の新しい身の上を理解した。

一方で、制作からは相変わらず、お前は内容には深入りするな、アメリカに渡ったら向こう流の作画法のレクチャーを人を呼んで行なうから、その内容を日本にいるスタッフにわかりやすく伝達するレポートを書くことを第一の旨とせよ、という任務を与えられた。正直いって、そんなレポートを書いているより、近藤さんをサポートできるところがあるならば、そちらに注力すべきなのではないかと感じていた。

まだアメリカに旅行するにもビザが必要で、パスポートを作ったり、ビザをとりにアメリカ大使館に行ったり、いろいろやらなければならないこともあった。たしか、支度金も出ていたように思う。それでサムソナイトのスーツケースを買いに行ったりした。

飛行機はノースウエストだったように記憶する。それも、成田発、ソウル経由、ロサンジェルス行きという便だった。

ソウル・キンポ空港は、当時はまだ軍事政権の臭いが残っていて、空港内撮影厳禁という物々しさだった。といわれても、今なら必ずもってゆくはずの、その当時でも遊びの旅行では必ず携えていっていたカメラをこのときは携行していなかった。物見遊山とはもっとも遠いところにある気分だった。

ロサンジェルスに着くと、『NEMO』のアメリカ側の制作ノートン・バージンが迎えにきてくれたのだったように思う。

仕事場はハリウッド・ブルバードのひとつ裏に入ったところにあるビルの中にあった。

宿舎として借りられていたのは、たしか、グリフィス・パークの裏にあたるバーハム・ブルバード沿いのオークウッドアパートメントで、たぶん、101号線でもうちょっと行けばユニバーサル・スタジオという手前を曲がる道にあった。曲がり口のところに、このあいだまでリチャード・ウィリアムスのアニメーションスタジオ「だった」という場所があった。道端には、SF映画に使った探検車の実物が屑鉄のように野ざらしになっているのが珍しかった。

ジャカランダの木々が薄紫の花を、日本のソメイヨシノのように満開に咲かせていて、そんなふうに思い出してみれば、まんざら真っ暗な気分のままハリウッドの地に立っていたのではなかったことも思い出されてくる。

同時期に、脚本家の高屋敷英夫さんと金春智子さんも、東京ムービーの仕事でロスに来ておられ、仕事場で顔を合わせたわれわれに、「いやあ、自分のところは下町のアパートで、ときどき銃声が聞こえて怖くて怖くて」といっておられたので、『NEMO』班で何室も借りっぱなしになっているアパートメントに空き部屋があるので、どうぞお使いください、ということになった。

このアパートメントがなかなか上等そうな場所で、テニスコートはあるわ、ビリヤード場も、プールも、ジャグジーもあるわで、ベッドルームふたつ付きひと部屋の月々の家賃が見るからに自分の月給の倍くらいしそうだった。もっとも、自分の月給なんてこれより下はないようなものではあったのだが。

プールサイドには監視員がいて、明らかにみすぼらしいこちらの姿を見つけては、「何号室の住人か?」などと職務質問をしてきた。部屋番号がこれまたZ棟の200何番かで、「Z」をアメリカ人相手になんと発音してよいのかよくわからず困り果ててしまったり。そんな向こうで金春智子さんは、水着にサングラスをかけて優雅にデッキチェアに座っていた。あんなふうに泰然と生きたいものだ、と思った。

ほんとうの空色を求めて

このときの「ハリウッド勤務」は三週間程度だったと思うのだが、その間の出来事で記憶していることは、いくつもある。

昼飯はもっぱら、われわれの仕事場が入っているビルの中にある韓国人夫妻の食堂で食べた。「テリヤキ」という日本語がメニューの上で一般化されていたこと。あとは、ここでBLTサンドとか食べていたこと。

昼休みに行ったハリウッド通りの本屋や古本屋で買ったのは、ビクトリア朝イギリス中流階級の写真集、アメリカ開拓時代の写真集、黎明期の飛行機の本、欧米の鉄道、船なんかの本ばっかりで、『NEMO』に直接使えるかもしれない現世利益的買い物に終始した。

映画関係古本屋で、リドリー・スコット『エイリアン』の美術デザイン本を見かけておいて、結局買わなかったこと。ノストロモ号内部のコーション・プレートだとか細かいデザインが網羅してあったのに、惜しいことをしたと今になって思う。

字幕なしで英語のまま見ても簡単に理解できそうな映画、ということで観に行ったのが、『スター・ウォーズ／リターン・オブ・ザ・ジェダイ』。あるいは、『スーパーマン3』などもよりによって超豪華な内装のエジプシャン・シアターで観たのだが、あんな劇場で観るのならもっと別な映画を観たかったように思う。チャイニーズ・シアターには入らなかったが、昼休みに散歩で行ける距離だったし、あの前の歩道の手形の上は盛んに歩いた。

ライブハウスでカントリーの演奏を聴きつつ、リブステーキなんかも食べた。

ドジャー・スタジアムに野球を見に行ったら、本物のB－25爆撃機が頭上を飛んでいた。

カタリナ島へ行って、生まれて初めて乗馬というものをやった。

マルホランド・ドライブからスピルバーグが描くような夜景を見た。

ロング・ビーチに実物が展示してある豪華客船クイーン・メリー号と、当時はまだその横のドームの中に鎮座していた飛行艇スプルース・グースを見物した。ハワード・ヒューズが作らせたスプルース・グースは、木製機なのだが、史上最大の飛行機でもあるという代物。それが収まるだけの巨大ドーム建築もおもしろかった。クイーン・メリーのレストランで食べた食事には、デザートにチョコレートムースが出てきて、アイスクリームかと思ったらただの卵の白身を泡立てただけのムースだったので閉口したこと。

サンタモニカの海岸で、七月四日の花火大会を見た。打ち上げしているそば近くまで行けて、砂浜に寝そべって見ていたら、花火の燃え殻がボトボト落ちてきた（ということは、このアメリカ行きは一九八三年六月から七月にかけての出来事だったことになる）。

宿舎になっているダーハムのアパートの裏手のグリフィス・パークへ行った。

ハリウッド貯水池の周りを歩き回り、こけら葺きの家など見た。

上等なロースト・ビーフが食える場所に連れていってもらって、前菜のサラダがレタスをちぎっただけのものだったのだが、じゅうぶんに冷やしてあって、サウザンアイランド・ドレッシングがうまいと初めて思ったこと。

ファーストフード店で食うハンバーガーは日本で食えるものと大差なかったし、もっと上等な店で食べるハンバーガーはナイフとフォークなんかがついていたこと。


これはいけない。

おのぼりさん的に遊んだ記憶と、ご馳走の記憶ばっかりだ。

実際、恐ろしく充実して遊んだり、物見遊山ばかりしている。

今だったら、映画の筋立てを考えなければならない時期ならば絶対にこんなことはしない。これでは絶対に集中力を欠く。

映画の中で描くべきアメリカ的な快楽主義的傾向を、体験的な刺激感とともに急速に味わおうとすると、こういう物見遊山体験は必要だったのかもしれない。にもかかわらず、それはあまりにつけ焼き刃であり、ストーリーの根幹を攻めようとする時期には、もっと別な集中力をもって臨むべきだったのだろう。

ある意味では、われわれの作業が対症療法的なものに終始してしまっていた証であるのかもしれない。ゲーリー・カーツの肚の中を探ろうと「池探り」する、という作戦は、とにかく戦術的対応に終始していればいずれ戦略的局面が開けてくるかもしれない、という期待感でしかなく、所詮、自分たちなり、自身としての立脚基盤を放棄していたに等しい。

だが、これには弁護すべき点がある。われわれが自分たち独自の「こんな映画を作るべきだ」を振りかざして突撃してしまった場合、それがまたしても華々しくも討ち死にを果たしたときに、残るものは何もなくなってしまう。そうなってはならない。つまるところ、近藤監督版『NEMO』準備班の任務は、われわれの現場としての組織防衛なのだった。それは「映画的」という観点から見れば、はじめから不健全な目的意識でしかなかったのかもしれない。おそらくそうなのだろう。

その証拠に、近藤さんに対して「こういう池探り策はどうでしょう?」といくつか提案した記憶はあるのだが、その内容をまったく覚えていない。それらのアイディアは、実は自分自身にとってどうでもよいことに過ぎなかったのだ。宮崎さんから「映画の『ナウシカ』の脚本をいっしょに考えてくれ」と誘われていたのを、蹴っ飛ばした形になった上でこの場に立っていたというのに、情けないことはなはだしかった。

当時その場にあって、近藤さんにこう尋ねたことは記憶にある。

「ぜんぶ自由だったらこういう映画が作りたい、近藤さんにとってそういうものがあるとしたら、それはどんなものなんですか?」

もしそういったものがあるのなら、自分は近藤さんの思いを守って戦おう、そんな風に健気に思ってしまっていたのかもしれない。そういう目的意識がほしかった。

近藤さんはこう答えた。

「そういうの、あるんだよね、オレにも。『ほんとうの空色』というお話があってね、そういうのがいいなあ」

貧しい少年がいて、絵が得意だが、絵の具を持つことができない。そこに神様みたいな人が出てきて、「ほんとうの空色」という絵の具をくれる。その絵の具を使えば、本当の空を描くことができる。月夜になれば、絵の中の空も夜になって月が出るし、曇ったり雨が降ったり、雷が鳴ったり。でも、その絵の具もいよいよ残り少なくなって、ズボンにこぼした一滴の染みの跡だけになる。

少年はずっとその半ズボンを大事に穿き続けているのだが、いつの間にか半ズボンを穿く年齢ではなくなっている。そこへ少女が現れて少年の前に立つ。目の前にある少女の目の色こそがほんとうの空色であるように感じられる。少年はそのとき、ほんとうの空色が一滴だけ染みた半ズボンを脱いで、長ズボンに穿き替える。

「そういうのが『成長物語』だと思うんだよね。そういうのがやりたいの。ほんとは」

思春期に差しかかった少年少女のボーイ・ミーツ・ガール。いかにものちに『耳をすませば』を監督することになる近藤さんらしい。

と、そこまで思い出して、「池探り」のネタがひとつだけよみがえってきた。

「じゃあ、最後に出会う女の子の話を考えましょうか」

と、提案してみたのだった。

ただ、これもストーリーの根本を左右する本質的な話にはならなかったように思う。

死語である〝フルアニメーション〟

大学の映画学科で講師をしていると、論文の発表の場などで、「海外のアニメーションがフルアニメーションなのに対し、日本のアニメーションはリミテッド・アニメーションだから」

と、語る学生にいまだに出くわす。

そういうことを述べるのならば、まず「リミテッド・アニメーション」の具体的な作品に接しておくべきだろう。2コマ作画のものを3コマ作画に置き換えたのがリミテッド・アニメーションというわけではない。本物のリミテッド・アニメーションはもっと、ビタッ、ビタッと止まる。

手塚さんが『鉄腕アトム』草創の頃のことで「手数を減らすためにリミテッド・アニメーションを使った」と述べていたのは、あれは、本来なら一秒半を要する歩きのその一歩に一枚しか絵を使わないような、文字どおり動かすのをやめた表現を採ったことを指していたはずだ。

一方で「フルアニメーション」という言葉については、何年か前に大塚康生さんにこうささやきかけられたことがある。

「いまだにフルアニメがどうのリミテッドがどうのという評論があるけど、どうかねえ。『フルアニメーション』なんてもはや死語の部類だよねえ」

大塚さんにそう話しかけられたのは、当然こちらにはそうした話を理解するだけの素地がある、という前提あってのことだった。『NEMO』の準備期間中に、一般にいわれるいわゆるところの「フルアニメーション」の老舗であるディズニーの作画技法に、われわれスタッフは盛んに接していた。

一九八三年、『NEMO』の準備中、ハリウッド近辺で仕事していたときの目的のひとつがそれだった。

共同監督のアンディ・ギャスキル氏はディズニーの出身者だったが、彼は同僚だったランディ・カートライト氏をスタッフルームに呼んで、リップシンクの方法の話をさせようと提案した。結局、それだけではなく、ランディ氏にはディズニーの作画技法全般についてレクチャーしてもらうことになった。

3コマ作画と2コマ作画の違いは、人間の眼にコマ撮りのものを動きとして認識させている仮現運動・β運動の最適時相に2コマのほうがより近い、ということにあり、動き幅の大きいところではたしかに動きは滑らかに感じられる。だが、それはあくまで運動知覚上の問題なのであって、それ以外のものではない。3コマ作画でもカット内の秒数を全部動かしたらフルアニメーションなのか、などと議論しても言葉遊びにしかならない。ディズニー作品でだって、動作していないキャラクターは止まっている。要するに、「フルアニメーション」という言葉が指すものを求めるような議論そのものが不毛なのである。

ディズニーなどの、主にアメリカ系のアニメーションが独特の動きをするのは、そうしたこととはまた別の次元の話で、作画技法上の問題、表現方法の問題なのである。ランディ氏たちは、その技法を総称して「キャラクター・アニメーション」と呼んだ。それは決して自然主義的にリアルな動きを追求する手法ではない、むしろ、表現主義的に誇張し、いかにも動いている感じをより強調して見せる方法なのだった。

ランディ氏の話には、いろいろな項目が立てられていた。

- リップシンク
- アンティシペーション
- ストレッチ・アンド・スクワッシュ
- ムービング・ホールド
- シルエットの抜け
- トゥイニング

リップシンクの話は、以前『リトルズ』制作中に、こんなことなのではないか、と思ったことほぼそのままだった。要するに、プレスコされた音声の言葉の一音一音に付き合って細かく口を開け閉めするのではなく、大きな語調の流れの波をとらえて口の開閉を作ること。

アンティシペーションとは、音楽用語としても使われるようだが、この場合は「予備動作」。大きく動かす前に予備動作をつけて溜めておく。それからピョーンと勢いよく動かすと、縮めていたバネが解放されたときみたいに、勢いのよさがより強調される。

ストレッチ・アンド・スクワッシュのうち、スクワッシュは日本の作画用語でいうところの「つぶし」にあたる。アンティシペーションとして押しつぶしておいて、次の本動作でストレッチさせる。つまり、誇張させて伸びたポーズにする。ストレッチは速いタイミングで行なう。

動きはそのまま収束させない。終りのポーズの先にもう一枚原画を設け、先へ溜めて動き収める。このようにいきなりピタッと止めず、動き収まりを作ることを、ムービング・ホールドという。

この辺の一連の仕組みは、ほんとうにバネに似ている。押しつぶしておいて、ビヨーンと伸ばし、伸びきったものはいきなり止まらず少し名残があって止まる。要するに、キャラクター・アニメーションとは、このように実際以上に誇張して、いかにも「動かしてますよ」と感じさせる強調表現なのだった。

その際、「ポーズのシルエットの抜けがいいほうが、観客の目から短時間で認識しやすい。あるいは、ふたつの動作を同時にやる（トゥイニング）と観客の認識が分散する」などという注釈がついている。

ちょっと驚いたのは、こうしたキャラクター・アニメーションに関する様々すべてが、以前、大塚さんからもらっていた資料に書かれていたそっくりそのままだったことだ。大塚さんがくれたのは、大塚さんが東映時代に職場で配布するために、ディズニーの資料を自分で翻訳し、ガリ版刷りで作ったというプリントのコピーだった。

ランディ氏の話でも、大塚さんのガリ版プリントでも、例に使われていたのは『ピノキオ』のキャラクターだった。そうした細部に至るまで同じだった。

ウォルト・ディズニー・スタジオでは、一九三〇年代に完成した技法を至上原理としていたのだった。キャラクター・アニメーションとは、無声映画時代に「動きの見世物」として作り上げてきた技法の集大成というべきものだったのである。

だからといって、こうした知識のすべてを古臭い、縁がない、といってしまうのはもったいない。『マイマイ新子と千年の魔法』などでは、ムービング・ホールドに似たことを盛んにやっている。動き終りをいきなり止めず、終りに向かって減速するツメを作って収めるほうが、動作が自然に見える。後年の自分がそんなふうに自分なりの応用を動かせるようになったのも、このときランディ氏の話を聞いたことが元になっている。

70ミリ・キャデラック映画

それにしても、ディズニー式のキャラクター・アニメーションは、日常生活描写に大きな支柱を置いた表現にはなじまないように思えた。ディズニーでも、どちらかといえば日常生活描写的なシーンを受け持っていたオーリー・ジョンストンやフランク・トーマスの演技では、ストレッチ・アンド・スクワッシュが控えめだったように見えた。

われわれとして、キャラクターの演技表現についてもう少し別な道を模索してゆくべきではないか、と、近藤さんに提案してみたことがある。

たとえ話として、そのほうがわかりやすかろうと、

「たとえば、『赤毛のアン』でやってきたことを先に進めるような意味合いで」

といったのが逆効果だったようだ。どうも、近藤さんの中では、徹底的にスケジュールに追い詰められてしまった『赤毛のアン』には複雑な思いがわだかまっていたようだった。

「せっかく今までに得られなかった新しいやり方が目の前に示されているのに、それに飛びつかないとは気迫にかける」

とまでいわれてしまった。そんなことといったって、ディズニー流のキャラクター・アニメーションも一九三〇年代の遺物なのではないか、とは思ったのだったが。

キャラクター・アニメーションが、ピカピカの外車キャデラックのような高級感を伴っていたことは否定しない。作画だけでなく、『NEMO』は各方面が高級志向だった。

完成版は70ミリ・フィルムにプリントされることになっていた。機材の関係から、撮影は35ミリ・ネガで行なわれる。ただし、通常の35ミリ撮影が、スチール写真でいうならハーフサイズのようにフィルムを縦に走らせて4パーフォレーション分を1コマとして使うのとは異なり、フィルムを横に走らせて8パーフォレーション分で1コマとする。これをネガとして、65ミリ・ネガに焼きつけるので

ある。65ミリにサウンドトラック6トラックをつけて70ミリ・ポジとする。ラッシュも16ミリ縮小ラッシュなどではなく、35ミリであがってくるので、これをかけられるドイツ・ケム社の編集卓を船便で取り寄せることになった。

70ミリ映画のフレームのアスペクト比は、通常のビスタビジョンの1：1・85よりも横長の1：2・20となる。さらに、何より画面解像度を増すためにわざわざ70ミリにするわけだから、作画サイズも大きくして密度を上げなくては意味がない。作画用紙は、通常のテレビ用スタンダードの縦2フレーム長セル用の紙を横にして使うことになった。紙が大きくなると、今までのタップでは破れやすいので、穴の大きさは今までどおりだが、穴の位置をやや紙の内側に寄せた専用の穴あけパンチも特注した。

セルへの転写も、熱転写カーボン紙を使うゼログラフィー（いわゆるトレスマシン）ではなく、粉トナーを薬剤定着させるゼロックスを導入することになった。これならば、鉛筆で書いたままの強弱がすっかり、実に緻密な感じで再現される。

ゼロックスといっても専用の機材が既製品として存在しているわけでなく、大判コピー用の機械を使ってセルに転写できるかどうか実験するところから始めなければならなかった。軽乗用車ぐらいはありそうな巨大な機械が社内に入れられた。このコピー機には本来はロール紙が装塡されるのだが、そこにロールセルを入れて使う。当然、機械の中であちこちこすれてくるので、相当なセル傷がついてくる。このセル傷を撮影上消すためのポラロイド（偏光）・フィルターの実験もしなければならなかった。ポラロイド・フィルターはその後、アニメーション撮影の現場では一般化していったが、自分たちが『NEMO』で使い始めた頃には、まだ撮影データが整っていなかった。

セルは、今まで使っていた厚さ0・125ミリのフジタック（実は富士フイルムのフィルムベースを流用したもの）に換えて、0・1ミリ厚のイーストマン・コダックのフィルムベースを使うことも試してみた。今までシルバリング（セルを重ねすぎると透明部分が銀色に濁ってくる）の関係上、セルは五枚重ねが限界といわれてきたが、これならば理論上七枚重ねまで可能となり、何よりそうした分野の調整を行なう自分の仕事に有利と思われたが、実際やってみると、EKのセルはやや茶色がかっており、さらに、気泡が混じっているようで、思いのほか透明度も悪かった。

70ミリ撮影のために、東京ムービー撮影部は機材を一新し、撮影台はすべてコンピュータ制御のモーション・コントロールとなった。

さらに、今までになかったこれまた巨大なマルチプレーン台も新造された。マルチ台はカメラのZ軸方向（つまり高さ方向）の引き切りを確保するために、この台を置くスペースは天井をぶち抜いて、一、二階吹き抜けにしてあった。それでもまだ足らないので、床も半地下に掘ってあった。こうしたおかげでカメラはうーんと高くまで上って行くことができ、画板上で幅一メートルを超えるフレームまで撮影することが可能になった。

ただ、やや不可解なのは、この撮影台にせっかく設けられたマルチ板が、ただの柱に取りつけられたガラス板に過ぎず、上下に可動するモードをまったく持たなかったことだ。学生時代（この時点から見れば、ついこのあいだ卒業したばかりなのだが）、大学映画学科のアニメ・ルームには、かつて東映動画が試作して失敗したマルチプレーン撮影台が収容されていて、暇に飽かせては眺めていたのだが、相当な機械精度が保証されなければマルチ板の上下動は難しい。コンピュータ制御になったというのに、まだ無理なのか、と、いささかならずがっかりした。

虫プロ出身の池内辰夫プロデューサーが、35ミリ横走りのカメラだけでなく、70ミリのムービー・カメラも確保したほうがいい、と提案してきた。虫プロで長篇アニメラマを作ったときに、実写の雨や煙を合成したことがあったのだが、そういうことをするなら、コマ撮り用とは別に、専用のカメラを用意しておいたほうがいい、という。カメラワーク担当演出の自分としては、すべてがアニメーション・撮影スタンドの画板上に収束される表現にもっていきたかったのだが、「まあ、ほら、いざというときのためよ」などといい切られ、70ミリカメラを貸し出してくれそうな心当たりとして、自分の母校である日大芸術学部映画学科に、池内さんや、撮影監督の三沢勝治さんを案内して向かってみた。学科の中では技術分野の親玉である八木信忠助教授（当時）に面談を求めると、たしかに70ミリは何台かある。大映が『釈迦』を撮ったときのカメラなんかも学科にある。あるにはあるのだが、今は全部貸し出し中、という。当時は、一九八五年開催予定のつくば科学万博の準備時期にあたり、この万博は映像万博といってよいほど、あちこちのパビリオンでやたら全周映像なんかをやりたがったため、国内の70ミリカメラはこの学科のものも含めて払底していたのだった。

とにかく、『ＮＥＭＯ』は二十億円超の予算規模である。金があればふだんできないことでも何でもできる。

仕上でも、これまで使ってきた太陽色彩のセル絵の具よりも、細かい色合いを設定できるスタックのセル絵の具を使いたい、ということになった。スタックのほうがやや単価が張るので、今までは使いたくとも使えないものだった。

「だって、見てよ」

と、山浦さんが広げた太陽のカラーチャートには、「ね。ほら、緑色ってこれしかないのよ」。

「だけど、みんな森を背景動画で動かすとかそんなことといってるわけでしょ」

ということで、絵の具をスタックに切り替えるとともに、さらに、緑色だとか、建物を背景動画で動かすための色だとかを中心に大量の新色発注が行なわれた。

「ディズニーなんかだと、仕上部に絵の具の攪拌機があって、自分たちで混色して新色作れるんだってね」

「へー」

などといいながら。さすがに、攪拌機まで導入する話にはならなかった。

こうして準備された様々なものは、作画技術を除いて『NEMO』の完成版には使われていない。予算規模が縮小された完成版は、通常の35ミリ・ビスタビジョンになったし、スタックの絵の具は使われなかった。

それらはただ一度、『NEMO』のパイロット・フィルムでだけ使われて終った。

パイロット・フィルム

三種類作られた『NEMO』のパイロット・フィルムのうち、われわれが作ったものは「一九八四年版」とされている。一方で、これも自分がその完成に関わった『劇場版　名探偵ホームズ』は一九八四年三月封切ということになっている。『NEMO』パイロットと『劇場版　名探偵ホームズ』の前後関係がよく思い出せないのだが、印象だけでいえば、『NEMO』パイロットのほうがどうも先だったような気がする。

パイロット・フィルム冒頭、『NEMO』とメインタイトルが出る雲の上の王宮のカットは、パイロット・フィルム本体とは別に作った。このカットは本来、東京ムービー撮影部のマルチプレーン撮影台のカメラテスト用に作ったものだった。カメラテストのために、わざわざ山本二三さんに背景を描いてもらったものだ。

今見直してみると、二、三段くらい組んだマルチのBOOK素材のフォーカスが外れすぎているような気がする。手前に立っている建物を置いたマルチ段が被写界深度から離れすぎてしまっていて、ボケすぎて、何が何だかわからなくなってしまっているのだ。そういう話は当時、撮影の長谷川肇さんや小林健一さんともしたような記憶がある。

原図を持って相談に行ったときに、

「雲なんかだといくらピンが外れてもそれなりに見えてしまうから、マルチ上段には何か建物みたいなものがあったほうがいいんじゃないかなあ」

と、撮影側からサジェッションしてもらって、BOOKの原図に建築物を描き足したのではなかっただろうか。

カメラワークを担当する立場の自分としては、このカットのできあがりを試写した時点で、申し訳なくも「せっかく作ったマルチプレーン台なのだが実用的価値なし」と、判断せざるを得なくなってしまった。マルチプレーン用としては台の設計に問題がありすぎる。

むしろ、モーション・コントロールの機能がオプチカル合成のマスク作成に便利なこと、TB（トラック・バック）時の引き切りサイズの大きいこと、このふたつのポイントは有利に使えると思った。そうしたことから、パイロット・フィルム本体を作る頃には、オプチカル合成の積極的使用のほうに考え方を転換している。同じようなカメラワークを表現するならば、オプチカル合成使用の場合はパンフォーカスで行なうことになるので、全体の画調に馴染むように思った。

ただ、実際に行なってみると、オプチカル合成は合成ラインが黒々と出てしまうのだった。マスクは撮影台上で作っているのでさほど問題があるとは思えず、オプチカル・プリンターへの信頼感が個人的には弱まってしまうところだ。「そういうことになっちゃいそうだなあ」という予感もあり、経済的にもあまり羽目を外すわけにいかなかったので、何でもかんでもオプチカル合成にまかせるということは避け、できる限りのところまでは、撮影台上の処理で済ませられるようぎりぎりまで考え抜いた。オプチカル合成を使うことになったのは、当時の自分としてやむを得ないぎりぎりの部分だったと思っている。

構図が縦に入った画面の奥行き方向の移動が多いというコンテの意図を再現する上で、これはちょっと撮影台上では無理なのではないかと思えるクロス引き（引き方向が平行ではない密着マルチ）まで考えざるを得なくなり、撮影に相談してみたが、「なんとかやってみます」といってもらって、オプチカル合成に回すのを避けられたカットもある。

普段なら密着マルチといってもＢＯＯＫ－Ａ、－Ｂ、－Ｃあたりですんでいるものが、今回は空から街中まで急降下するニモたちをワンカットで表現するために、ＢＯＯＫ－Ｌ、－Ｍあたりまで使わなくてはならなくなったカットも出た。階差数列を作って各BOOKの引き速度を割り出した上で、いくつかのブロックに分けて別撮りし、これらをオプチカル合成で組み立てた。

こうしたあたりのノウハウは、すっかりそのまま、後年「大砲の街」（『MEMORIES』）に流用して、もう一度同じことをやっている。

このパイロット・フィルムは、もともとは高畑さんの監督時期に友永さんが描いていたストーリーボードをベースにして、今回の目的に合うように構成しなおしたコンテを、近藤さん・友永さん・自分で相談して作成した。

近藤さんには「密着マルチの不思議な感じが欲しいから、そこ頼んだ」と要望されていたので、こちらからもいくつかアイディアを出したり相談した記憶もある。何カットか『名探偵ホームズ』そのままのカットも作ってみて、さらにその先に何か付け足すことを考えてみたりもした。ポリィを乗せたプテラノドンがテームズ川に出るところを、カットを割らないワンカット処理でやり直してみたかったのだ。

宮崎さんは、こういう背景動画のときの水面にベタを使うのだが、このパイロット・フィルムでは水面に差す月光を表現するためにグラデーションを深くとってみたりもした。この辺は後日『魔女の宅急便』に応用しようとして、「水面はベタでいいんじゃないか」という宮崎さんにちょっと逆らってみたりもしてしまった。

電車の前を通りかかるとき、キラッと輝くライトの光の感じを作るのも、自分なりに考えて素材を工夫したところだった。今見直してみてもまるで何ということはないのだが、五里霧中だったあの当時はなんだか必死になっていろいろ考えていたんだなあ、とあらためて思う。

カットナンバー	内容
0	メインタイトル　マルチプレーンのテストカット
1	ニモの家外観　BG ONLY
2	ニモとオーメン
3	ニモBS（バストショット）
4	3のポン引き　オーメンなめのニモ
5	切り返し　オーメン
6	ニモBS
7	ニモ、オーメンに手を引かれ、ベッドに乗る
8	室内を登ってゆくベッドの見た目移動　密着マルチ
9	ベッド、上昇から降下に
10	急降下するベッドの見た目移動　背景動画
11	夜空を落下するベッド上のニモ　降下おさまり
12	眼下に広がる街の夜景　密着マルチ
13	ニモBS　オーメンに気づく
14	オーメンの飛行機、月の手前を過って降下、ニモの頭上を過ぎる
15	ニモ

16	ニモなめオーメン機
17	オーメン、ニモを誘う
18	オーメン機、急降下　つけＰＡＮ
19	ニモ、ベッドを降下させる
20	ニモのベッド降下　つけＰＡＮ
21	二機降下　空から街の中へ　多重密着マルチ　オプチカル合成
22	曲がった通りを二機通過　怒る警官　『ホームズ』からの引用
23	ベッド、路面電車のライト手前を過ぎる
24	二機通りを移動、川面に出る　背景動画　『ホームズ』からの引用から発展
25	川の上を飛ぶ二機、前から
26	ニモのベッド、横Ｆｏｌｌｏｗ　川面でバウンド
27	川の上を飛ぶ二機、後ろから　密着マルチ
28	オーメン機、接水
29	壁になった水しぶき、ニモに迫る
30	切り返し、ニモのリアクション
31	オーメン機、蛇行
32	水の壁を突き抜けるニモのベッド
33	オーメン機、橋の下へ

34	オーメン、端をくぐる
35	ニモ、迫りくる橋へのリアクション
36	橋桁、ニモに迫る
37	ニモ、橋の底にベッドをこすらせ、向こう側へ
38	ニモのベッド、川面をジャンプ　川面に移る摩天楼群が実体に見える
39	摩天楼のあいだを飛ぶベッド　密着マルチ
40	頭上に水面があり、上下逆さに飛ぶオーメン機が、裏側から見た滝へ向かい、飛び込む　オプチカル合成
41	ニモのベッド、移動　クロス引き密着マルチ
42	ニモのベッドも滝の裏側へ向かい、飛び込む
43	滝の向こう側、摩天楼が廃墟化した怪しい世界に出る　オプチカル合成
44	見た目移動、背景動画　正面にビル迫る　オプチカル合成
45	ニモBS
46	ニモのベッド、ビルを避けようと急上昇　背景動画　ぶつかって空中分解
47	墜落してゆく
48	ベッドから落ちて目覚める
49	その引きサイズ

ようやく人前に出せるところに

何をどうやったのだか今となっては定かにしたくないが、一九八三年四月には恩師・池田宏師のおかげでかろうじて大学を卒業することができ、ようやくアルバイト扱いを脱することができた。正社員になったら、月給が八万から十二万に増えた。必要性が認められた時間外作業には残業手当もつくようになった。

一九八四年にもなると、仕事を始めて丸二年以上経っていたわけだが、自分が携わった仕事は、いまだにどれひとつ公開にたどり着いていなかった。『名探偵ホームズ』はお蔵に入ったままだったし、当時、「アニメージュ」編集部に出入りしているライターのあいだでも、「『名探偵ホームズ』脚本の『片渕須直』というのは、あれは宮崎駿のペンネームだろう」くらいにいわれていた。自分の存在なんか、無に等しかった。

途中で離れた『リトルズ』はどうなったのだか。ずいぶんあとになって『リトルズ』のテレビシリーズが始まっていたようなので、「あの三本のパイロット・フィルム兼テレビスペシャル版『リトルズ』はどうなったんですか?」と聞いてみた。すると「フィルム自体がどっか行って見当たらなくなった」と答えられてしまった。真偽のほどはわからないが、不思議でもないような気もしてしまう。そして『ＮＥＭＯ』は相変わらず停滞前線となっている。

一九八四年正月にあちこちの神社で御神籤を引いてみたら、軒並み「凶」とか「大凶」ばっかりだった。これはちょっと凄いな、と思ったが、ひとつだけ大吉が出た。唯一めでたいその御神籤には、今も忘れはしない、「西の方、駿馬躍る」と書かれていた。

宮崎駿さんは、中野区のわれわれの仕事場より西、阿佐ヶ谷で『風の谷のナウシカ』を制作中だった。

少し以前、『リトルズ』がどうしようもない感じだったので、もうやめようかなあ、などと愚痴をこぼしていたら、宮崎さんに伝わってしまったらしく、会社に電話がかかってきた。

「まだやめるな。これから『ナウシカ』を作りにテレコムに戻るから」

宮崎さんは、大塚さんからのサジェスチョンもあって、『風の谷のナウシカ』の制作場所としてテレコムを使わせてもらいたい旨の話を携えて、これから東京ムービー新社の専務のところに行くのだ、という。意気軒昂というか、背水の陣で発奮している感じの声だった。

しばらくして大塚さんに聞いてみた。

「あれねえ。断わられた。今は『ＮＥＭＯ』に全力あげてるから、スタジオを使わせられないっていうんだよねえ、専務が」

その後、東映動画、日本アニメーションにも赴いたが、全部断わられたという。東映、ムービー、日本アニメといえば、要するに宮崎さんがこれまで在籍してきた縁に頼ったわけだったが、全部うまくいかなかったらしい。

結局、トップクラフトに決まったのは、高畑さんと東映同期の原徹さんが社長をしていた縁による。『太陽の王子』チームの縁でもあった。

宮崎さんからはまた、「中野で待ってるから、夕方、仕事終ったら出てきて」と電話がかかってきた。

十七時半の定時を待って新井薬師から中野へ出向くと、待ち合わせ場所のサンプラザの前の石段に、ライトグレーのジャンパーを着た宮崎さんがひとり腰を下ろしてたたずんでいた。ようやくスタジオが決まって制作にGOが出た『ナウシカ』に脚本として加わらないか、という話だった。

うれしかったし、ふたつ返事で引き受けるべきところだったが、「今晩、返事待ってるから、自宅に電話してきて」といわれた。ここでタイムラグが置かれなかったら、その後の道のりはずいぶん変わっていただろう。実のところ、即座に腹案を考えたりもしたのだった。

とりあえずその足で会社に戻ると、「宮さんのとこに行くんだって」という人が次々と現れた。どうしてこう筒抜けになってしまうのだろう。「よかったね」という人もあれば、近藤さんはすごく悲しげな顔をしたし、それ以上に、近しい人から絶対的な反対を述べられて途方に暮れてしまった。

結局、その夜は電話できず、翌日電話に出た宮崎さんの奥さんに叱られた。宮崎さんは遅くまで待っていてくれたらしい。二重に不義理をしてしまった。お断りせざるを得なくなってしまったのは、まったくの個人的な事情からだったが、そのことをくどくど説明しても始まらない。

宮崎さんは、その後も何かと声を掛けてきてくれ、制作開始後にはもういちど、「演出助手で来ないか」と誘ってもらったりもした。

またあるとき連絡があり、

「『ナウシカ』の併映に『名探偵ホームズ』をつけることになった」

という。

「でも、あれ、ＭＩＰ（国際テレビ番組見本市）に出すため英語版は作ったけど、日本語の音声、ありませんよ」

「だから、それ作って」

「オープニング、エンディングありませんよ。それもですか」

「そう」

トップクラフトに『ホームズ』の音楽打ち合わせに赴いた。

宮崎さんは、『ナウシカ』終盤近くの王蟲の触手に包まれたナウシカの原画を全直しで描き直していた。小松原一男さんに挨拶し、演助の片山一良氏や、原画に入っていた庵野秀明氏など旧知の人々にも会釈した。宮崎さんは、線画台の上でゴムマルチをセットした王蟲なんかも見せてくれた。

「自分などいなくても全然大丈夫なんじゃん」

と、ごく当たり前のことを思い知らされた。

音楽の打ち合わせは、録音監督の斯波重治さんが作ってきたメニューを元に、「極力アコースティックに。シンセは使わずに」と、その後もしばしばいろいろな作品の音楽打ち合わせの都度持ち出すことになる前提を示し、確認することに終始した。

宮崎さんは「海底の財宝」で戦艦が登場する場面にかかる音楽にこだわった。

「『未来少年コナン』でダイスが出てくるたびに使ってた軍艦マーチもどき、あれ、使えないのかなあ」

「俺野がそればっかり聞いてたからテープ貸してもらって聞いた伊福部昭のマーチ、あれ乗るよな。肝心なところでラッパが息絶えるのな」

それと同時に、オープニングは作ってられないからこの際なし、各話サブタイトルのタイトル・バックとエンディングを「お前、作ってくれ」といわれた。

サブタイトル・バックとエンディング作成の話はテレコムに持って帰って、自分で絵コンテを作り、本篇カットのデュープ切り出しの発注をしたり、アールヌーボー風のランプの絵なんかを描いてもらった。サブタイトル・バックのハーモニーは山本二三さんの筆になる。タイトルロゴはデザインスタジオなんかに発注せず、当時テレコムで動画をしていた「パンダの嫁入り」こと家入君に描いてもらった。

そんなこんなで画面ができてくると、『ホームズ』が息を吹き返したことが実感できた。ポリィもライサンダー大佐も、ようやく人前に出られるんだなあ、と思えた。

宮崎さんには「アフレコ、ダビングもお前行け」といわれた。ちょっと不安だから、パクさんを後見人につけてやる、と。

高畑さんとふたり、赤坂まで録音に行くことになった。

雪が降って、地面が凍っていた。

『劇場版　名探偵ホームズ』音響作業の夜と朝

先日の打ち合わせの結果としてできあがってきた『名探偵ホームズ』の音楽には、ちょっとした問題があった。「海底の財宝」の戦艦出現シーンにかけることになっている音楽なのだが、まず伊福部マーチは新しい『ゴジラ』映画の公開が迫りつつあり、イメージの都合で許可できないと東宝にいわれていた。そこで「軍艦マーチ」風の楽曲を新作が指定されたのだが、音楽家のほうで「かといってこれはイギリスの話だから、日本海軍の軍艦マーチがかかるのも妙だろう」と判断をしたらしく、「錨を上げて」をイメージした流麗な曲があがってきてしまったのだ。英国を舞台とした作品に平気で日本の古典曲をかけたいといいだす宮崎さんの蛮カラぶりはよその人には理解されにくい。かといって『未来少年コナン』の軍艦マーチ風ＢＧＭを流用するのも音楽著作権的に難しく、ここは最後の手段として、本物の軍艦マーチを使うことになった。

「軍艦マーチの著作権って、パブリックドメインになってるんですか？」

「それがねえ、まだ切れてないんです。軍艦マーチの著作権って誰が持ってるか知ってますか？」

鈴木敏夫さんから思わせぶりな問いかけをもらってしまった。

「大蔵省なんですよ。要するに、日本国政府の持ち物だから、著作権料の管理をするのは大蔵省というわけで」

そのため、高畑さんが大蔵省まで楽曲の使用申請に行くことになったのだという。

アフレコは赤坂のスタジオで行なわれた。

高畑さんとは、青山一丁目あたりで待ち合わせたのだったろうか、そのあたりの喫茶店で少し話をしたことを覚えている。

「あなたと宮さんの関係を正直よく知らないのだけど」

と、高畑さんは話した。

仮に片渕某がシナリオに加わっていたとしても、結局はすべて宮さんの思いと考えが貫かれることになっていただろう。今回の宮さんは、とにかく自分自身の思いを表すために集中しているのだから、と。

以前、宮崎さん自身から聞いた、映画『風の谷のナウシカ』の骨子は印象深く自分の中に残っていた。

「人類文明の落日のほとりにあって、でも、そこにいる人々はなおも懸命に生きようとしている」

自分もブライアン・オールディスの『地球の長い午後』なんかも読んでいたし、落日の瀬戸際に生きる人間たちの情景はなんとなくイメージできた。それは描くに足るものだろうという思いもあった。

ただ、実際に作られつつある『風の谷のナウシカ』はもう少し別の方向に、ナウシカというある種の英雄である人物を描き出すことそのものに大きな比重を置く方向にシフトしているようだった。

人類文明の落日にあって、という話は高畑さんも聞いていたらしく、その線で考えるならばこういうアイディアで世界観を補強できるのではないか、と提案したこともあったらしい。そのアイディアも聞いてなるほどと思った。高畑さんが、そんなふうに遠未来SF的アプローチをするとは思っていなかったので、新鮮な驚きでもあった。

この『劇場版　名探偵ホームズ』は、この時点での徳間書店と東京ムービー新社間の契約では、『風の谷のナウシカ』併映での使用に限定して許諾されたもので、その後には残さない、とされていた。

主人公ホームズの声優は別の配役になっていたかもしれなかった。もともとホームズ役に擬せられていた役者の方があったのだが、たまたまアフレコの直前にその周辺で火事があったため、後処理に忙殺されてキャンセルされていた。最終的にホームズを演じることになった柴田侊彦さんは、『大草原の小さな家』の父さん（マイケル・ランドン）の声を当てていた人で、自分としてはこの方の声のほうが好みだった。

思えば自分の携わった仕事が音響方面にまで達するのはこれが初めてだったので、事前にはずいぶん身構えたものだったが、実際にはほぼ録音監督の斯波さんにおまかせしていればよく、こちらの出る幕など何もなかった。

ただ一度、「青い紅玉」の録音中に、高畑さんが首をひねったことがあった。ベーカー街221bのホームズのベッドにもぐりこんだポリィに語りかけるホームズの台詞に、ちょっとした間があったのだ。

「宮さんはこういう間のとり方はしないはずでしょう。これは撮影ミスか何かではないのかな」

ただ、その間はそれなりに効果的になっていて、必要あってつけられた間のように思えた。

「いや。でも、宮さんはこういう間の取り方はしない人でしょう」

結局、絵コンテを取り出して氷解した。絵コンテの段階ですでに、そこに間一秒をとることが指定されていたのだった。

「へえーっ。宮さんも変わったんだなあ」

かつて演出家として宮崎さんを指揮する立場にあった高畑さんは、そんな細部にまでわたって宮崎駿という人を捉え込んでいたのだった。


アフレコが終り、数日経って同じスタジオでダビングとなった。

少し前に描いたことは記憶違いをしていたようだ。前日に雪が降って路面が凍っていたのはこのダビングの日のことだった。

ダビングでは、「軍艦マーチ」だけでなく、ほとんどの楽曲の当て場所を再検討しなければならず、時間がかかった。それは結局一昼夜かかってしまったのだったが、高畑さんはひたすら長い退屈をしのぐため、いろいろな話をした。

まずは、

「歯医者で頼みもしないのに前歯を抜かれてしまって」

という怒りの言葉があった。

『赤毛のアン』の打ち上げのとき、飲めないビールを飲んでしまった高畑さんは、うつらうつらしながら帰りの電車に乗っていて、ふともたれようと思ったらちょうどそこが駅で、もたれるべきドアが開いてしまって、高畑さんはホームに顔をぶつけた。そのときの歯が今頃ぐらぐらしてきたので歯医者に行ったら、歯科医が触るなりポロッと抜けてしまったのだという。

「代わりにこんな金属の歯を入れられて。体内のイオン化傾向が……」云々。

「春すぎて夏来にけらし白妙の衣ほすてふ天のかぐ山」という百人一首の和歌の話はなんだったのだろうか。それから、日本語の古代音韻の話に移り、さらに、

「海外の旅先のホテルですることがないときは、ベッドの横の引き出しに入っている聖書を見ることにしてる。何語でも同じことが書いてあるから、その土地の言葉が少しわかるようになる」

「テレビの『じゃりン子チエ』のとき、何度となく大阪へ往復したから、退屈しのぎに窓から見える山のことを全部調べた。僕は『新幹線の窓から見える山』という本が書けると思う」

などなど、と朝まで。

高畑さんは退屈で時間をもてあますときには、とにかく世間的には「勉強」に類することに挑んでしまう人なのだった。


朝になってスタジオを出ると、雪が凍っていた。

革靴を履いた高畑さんは足を滑らせ、折しも走ってきた車の前に転がりだしかけた。

「危ないです」

「うん」

そうしたものが、久しぶりに身近にすごした高畑さんとの時間だった。

突貫作業へのいざない

この文章を書くにあたって「当時のノートとか日記とか見て書いてるんですか？」などとたずねられてしまうのだけど、日記なんてつける習慣がない。ノートの類も少しくらいはあったかもしれないけれど、今は納戸の暗黒の奥底にあって探すことすら覚束ない。

『NEMO』のためにアメリカまで行ったのが大学卒業の年で、ジャカランダが咲き誇る頃だったから、一九八三年の六〜七月頃。『風の谷のナウシカ』の併映として『劇場版　名探偵ホームズ』が公開されたのが一九八四年の三月だから、その直前の冬の終り頃に劇場版としての仕上作業をしていたことになる。

もうひとつ、自分的年代記を綴るよすがとして、毎年のように仕事仲間たちとあちこちの島を訪れていたことがある。一九八二年のゴールデン・ウィークには宮崎さんたちと屋久島へ行った。翌年にも屋久島へ行ったのだが、このときにはもう宮崎さんはいなかった。それからも、石垣・竹富・西表。三宅島・御蔵島。沖縄本島・与論島と……ああ、だめだ。記憶が霞んでいて、どうも順番が定かにならない。

とにかく、一九八四年の五月のゴールデン・ウィーク頃には思いっきり暇になっていて、やはり島旅行に出かけたのは覚えている。その少し前には、テレコムの社内は『キャッツ・アイ』の作画を手伝ったりしていたのではなかったか。当然演出助手の仕事なんかなく、一番暇していたのは自分だった。『キャッツ・アイ』でサイパンあたりに零戦が沈んでいる話があって、「零戦の資料持ってない?」とかいわれて、作画の参考用に持っていった記憶があるくらいだ。

この間、とにかく『NEMO』の本篇コンテを組み立てようと、近藤さんと会議室に籠って、ふたりで相談しながら冒頭部分のコンテを作ってみたりしたこともあった。絵が描ける人と相談しながらだとスラスラと(よい意味で)アドリブ的な気分を保ったままコンテができあがることがわかった。あとで『マイマイ新子と千年の魔法』でこの方法を活用させてもらっている。

その後、近藤さんは、シナリオを作れと荻窪あたりの旅館にひとりカンヅメにさせられ、このあたりからわれわれの視界からよく見えなくなっていった。近藤さんはさらに共同監督のアンディ・ギャスキル氏とふたり、ゲーリー・カーツの家があるロンドンで絵コンテのカンヅメになったりもしていた。カーツが住んでいる近くなら、今までよりも頻繁にできあがったものを見せてコメントがもらえるだろう、という配慮がされたようだった。

とにかく、近藤版『NEMO』の作業は、日本にいるわれわれからなんだか縁遠いものになってしまった。奮闘している近藤さんには申し訳なくも、なんだかフェード・アウトしていってしまった感があった。

突然、忙しくなる。『MIGHTY ORBOTS』に穴があきそうになった、という話が舞い込んできたのだった。

出崎統さんは、以前からテレコムに遊びにきて大塚さんと雑談したりしていたこともあったが、たまたまその雑談の現場に踏み込んでしまったとき、どうも自分の話題になっていたようで、どぎまぎした。

いきなり初対面の出崎さんから、

「いいじゃない。宮さんに呼ばれたからって、行かなくったって自分の道はある」

というようなことをいわれたのだった。

その出崎さんは、いわゆる「コープロ」の最前線に立って、東京ムービー新社グループを牽引する立場になっていた。藤岡豊社長の念願が叶って、とうとうアメリカ三大ネットワークのひとつABCへの営業が成功して、ロボット・アニメのシリーズを放映できるところまで漕ぎつけていたのだった。これが『MIGHTY ORBOTS』で、出崎さんがアメリカに居を構えてチーフディレクターとして働いていた。ロボットそのもののデザインは『六神合体ゴットマーズ』からイメージが流用されていたが、お話の中身は全然変わって、いかにもアメリカの子ども番組らしい感じになっていた。

『MIGHTY ORBOTS』というタイトルになる前の『Broots』(Robots のアナグラム)の頃にパイロット・フィルムが作られ、テレコムでも作画を担当していたから、そういう作品があることくらいは知っていた。シリーズ第1話が相当な尺オーバーで編集がたいへんだった、だとか、にもかかわらず高品質感を出すためにかなり全体にわたってカゲが足されたとか、そういうことも聞いていたし、実際にオールラッシュを自分たちの仕事場と同じ建物の中にある試写室で観たりもしていた。

その『MIGHTY ORBOTS』の第8話がなんだかたいへんなことになっているらしい、と聞かされた。夏休みに伊豆七島の三宅島・御蔵島へ行って帰ってきたばかりのところだったか。

シナリオが遅れたのか絵コンテが遅れたのか、とにかく放映までに日がない、突貫工事で作らなくちゃならない、作画に費やせるのが原動画含めて三週、四週目には撮影完パケにまでもっていかなきゃならない、という。その時点で見たのが九月のカレンダーだった記憶がある。

「お前、その演出、やれ」と制作からいわれた。

「はい？」

「他の回は出崎さんがコンテ切るか、コンテのチェックをしてるけど、今回はその時間もない。アメリカ人の切ったコンテだけど、お前、いいようにいじれ。簡略化したり時間が節約できるようになるなら、描き直してくれて構わない」

「それは……」

絵コンテをやり直す時間がすでにもったいないのではないか？　まずすっ飛ばすべきはそこだ。ここは、コンテのやり直しはやりません、というしかない。

「だけど、一本丸ごと演出するのって、初めてですよ？　いいんですか」

「お前には大塚さんをつける」

自分の演出チェックに粗漏があったとしても、大塚康生さんがケツを持ってくれる、というのだ。

慌ただしく走る四週間

降って沸いてしまった『MIGHTY　ORBOTS』第8話の突貫作業を始めるにあたって、しかし、ベテランクラスのアニメーターは『NEMO』の準備作業専任なので参加させない、ともいわれた。しかし、社内には一期生から始まって六期生くらいまでの作画スタッフがいるわけで、一期生から四期生、五期生の一部までに原画を描いてもらう算段になった。古参になりつつあった一期生の中には、原画を描くよりもむしろ動画のベテランでありたいという向きもあったので、そうした別の形での意欲も尊重されていた。

原画だけではものは作れない、優秀な動画マンがいて初めて成り立つ。そういうところにチームワークについての大塚さんのポリシーがはっきりあった。

原動画込みで三週間。のちに『ちびまる子ちゃん』だとかのテレビシリーズを一話五週でやっていたから、単純に時間的に40パーセント切られてしまうこと自体、きついことはきつい。それだけでなく、これはアメリカ放映の仕事なので、基本2コマ作画でやらなくてはならない。それにもうひとつ、BANK（流用）で使用するロボットの合体変形パターンを、この第8話から新バージョンに変えるので、その作画も行なわなくてはならない。合わせて作画枚数一万二千枚ほどになる。それ以前の話数ではもっと枚数をかけていたというから、省略に省略してこの枚数ということなのだった。

原画上がりが自分のところに回ってくると、できるだけそれが大きな山にならないうちに演出チェックを加えて作画監督の手元に回さなければならない。

だが、今回の場合は、「演出原画チェック」→「大塚康生チェック」→「もういちど演出のところで確認」→「作画監督」という順番にカットが回ることになる。

自分の手でタイムシートをつけ直してみるにつけ、ポーズの修正のラフを入れてみるにつけ、次から次へとその上に「こっちで」という大塚さんのタイミングや絵が入れられて、自分のものは横に除けられてゆく。正直、悔しさなどは微塵もなく、大塚さんにやってもらっているとおりに進めばきちんとしたカットは完成するのだ、という多大な安心感があった。

アニメーションで「ものを教わる」というのは、たいていの場合、自分のやった仕事の上に別の何かを書き重ね、描き重ねられ、そうやって修正された結果を見て自ら学ぶことなのだろう。この場合の自分がそうだった。大塚さんの今回における方法は、2コマ作画基本だからといっていたずらにいわゆるフルアニメーション的な演技を連ねるのでなく、日本のテレビシリーズと同様に、キャラクターにあるポーズをとらせてしばらく止めておき、単純な中割りを入れて次のポーズへつないでまた止める、というやり方だった。

大塚さんがつけ直したシートでは、ポーズからポーズへつなぐ際の中割りの枚数は、「普通のとき＝2コマ中五枚」「ちょっと速く動かすとき＝2コマ中三枚」「ゆったりさせるとき＝2コマ中七枚」「かなりすばやく動かすとき＝2コマ中二枚」という感じになっていた。日本の3コマ打ち作画では

「3コマ中三」「3コマ中二」「3コマ中五」とやるところを、所要秒数はそのままで2コマ打ちに直しただけのことだった。2コマ作画のアニメーション、ということで構えていたこちらの気分は、むしろ、その合理性の前に粛然とさせられた。

合体変形シーンは、こういうものが大得意の遠藤正明氏が軽々とやっつけてしまった。こちらの出る幕などまるでなし。

夜遅くまで仕事をすると、会社がスタジオ近くに仮眠室として借りていたアパートに行って自分も含めた若い者みんなで雑魚寝する。当時、社員であるわれわれは定時出社が義務づけられていたのだが、タイムカードを押さなければならないのは午前九時半以前。午前三時半頃寝ても六時間以上は眠れる計算なので、今から見ればまったく御の字、じゅうぶんな睡眠時間のはずだったが、問題はアパートの位置だった。

会社から西武新宿線の線路を挟んだ反対側にあったのだった。目覚まし時計の音で目が覚めると、九時半までもう間もない。だが、あいだにはいつまで待っても開かない踏切があったのだった。タイムカードを押すために起き抜けにいきなり全力疾走させられ、くたびれ果てた。

韓国への動・仕出し、というのも初めて経験した。

原画期間三週が過ぎ、フィルムアップの間際四週目になって韓国から戻ってきたカット袋の中には、中間に動画チェックを挟まなかったがゆえに、ちょっとまずいやり方で仕上がってしまっているものもあった。動きのおかしなセルの上に直接動きの修正を重ねて「かぶせセル」を作り、なんとか撮影に回したりもした。そういうことを年齢の近い若い連中みんなで協力しあってやった。

フィルムは完成し、音響を加え、アメリカに発送するところまでたどりついた。

そこから先、ロサンゼルスにフィルムは到着したが、全米放送のため西海岸まで送る時間はもはやなく、衛星中継でとばした、とかいう話も聞いた。とにかくよい経験になった。速度は大事だ。

合作と自己防衛本能のはざまで

小学校は何度か転校したので、計四校くらいに通ったが、一番思い出深いのは、三年生から六年生にかけて通学した川崎元住吉の小学校だ。

この小学校は家から一・四キロ向こうにあった。一・四キロというのはその当時、市街地図に物差しを当てて計ったのを覚えてるのだが、片道二十分かかった。朝は集団登校なので、近所の子どもたちとがやがやいいながらだったが、帰り道のこの時間は頭の中でひとり空想しながら歩くことで退屈を免れていた。

その当時から飛行機とかそういうものが好きな子どもだったので、脳裏に繰り広げられる物語はだいたいそういう方向を指していた。後年、『エースコンバット04』とか『エースコンバット5』とかのシナリオの仕事をもらって自分でも拍子抜けするくらい短時間で発想が進んでしまうわけなのだが、そうした素地はこの通学路にすでにあったのかもしれないくらいだ。

布団に入って眠りにつく直前、読んでいた本を枕元に閉ざし、電気スタンドを消して真っ暗になってしまった時間も同じようにして過ごした。概して空想とは、自分を呑み込もうと襲いくる恐ろしいまでに茫漠たる時間への対抗手段であったのかもしれない。まったく空白な時間に投げ出されることほど恐ろしいことはない。そんな真っ暗闇の中で、「自分自身」という得体の知れないものと直面してしまわないために必要な手段として、頭の中でお話らしきものをめぐらすことを行なっていたわけだ。

そんなふうにして過ごした子ども時代の果てに、自分はアニメーションの仕事に就いてしまったわけで、いわゆる「合作」の仕事に馴染めぬものを感じてしまっていたのは、その辺の部分が大きかった。画面を作り出すのはもちろん重要な任務であるのだけれど、それだけだとちょっと飽き足らない思いを抱いてしまう自分がいたわけだった。

『MIGHTY　ORBOTS』のあと、合作では『GALAXY　RANGERS』というもののパイロット・フィルムの演出をやった。たぶん、一九八四年暮れか、翌年初頭の頃の仕事だ。これもアメリカで絵コンテができてきていて、それを画面にするだけの仕事だったが、今まで社内の美術が無理やり担当させられていた特効の仕事を外部の専門の会社に発注することになり、エアブラシなんかも以前より使いやすくなったので、エフェクトでちょっと凝ったことをしてみたりもした。今回は友永さんにも参加してもらうことができて、『NEMO』の準備期間を通じて絵にリアルな迫力が加わった友永さんの原画を眺めることもできた。仕上の山浦さんには、SF的なガジェットの色彩設計を任せてもらって、赤いのだけど鉄の重みのあるホバー戦車の色をこしらえたりしていた。

東京ムービー系列で合作以外、国内の仕事として動いていたものに、亜細亜堂メインの『おねがい！サミアどん』があって、ここで初めて絵コンテを切らしてもらうことになった。

実はその前にも、大塚さんに手を回してもらって、東京ムービー制作で再始動しかけていた『名探偵ホームズ』の絵コンテの仕事をもらえそうな運びになっていたのだが、会社的により大きな『MIGHTY ORBOTS』突貫作業のためにふいにしてしまっていた。

『サミアどん』は半パート一エピソードの二階建てだったのだが、なにせ初絵コンテということになってしまうわけで、最初の一本目ではその十分しかない尺にえらい気負いこんで挑んでしまったのを覚えている。二本目はもうちょっと気楽にすらすらできたのだが、シリーズはまだ続いてるというのに、三本目は来なかった。たぶん、また合作に向けられてしまったのだったと思う。

このときの『サミアどん』の最初の一本は翁妙子さんのシナリオだったが、放映されたフィルムを見て記憶していただけたらしく、以来、折に触れて話しかけていただけるようになった。

そのあとに振り向けられたのは、以前自分でパイロットをつくった『GALAXY RANGERS』のテレビシリーズだった。東京ムービーに打ち合わせに行ったとき、「あんな劇場版みたいなクオリティでパイロット作られちゃ、シリーズ転がす側には迷惑」みたいな小言をいただいてしまったりもした。たしかにそうだったかもしれない。

『GALAXY RANGERS』は、二、三本やったはずで、合作ではあったが、絵コンテは自分で描くことができて、その辺はよかった。絵コンテをやるこちらの態度にも少し余裕ができてきて、ちょっと合作らしからぬ画面を作ろうと、不条理的な広角アングルを試したりもした。そんな自由はあったのだが、自分としてのエネルギーの向け先がどうも散漫になっていたような気もする。

そうこうしているうちに、もう一度『NEMO』の話がこちらに降りかかってくることになる。

三度目だか四度目の『NEMO』

テレコムにいた後半は、大塚さんと二人部屋だった時期が長かったように思う。

かつて『NEMO』の準備室だった広い台形の部屋で、大きな会議テーブルを背に動画机を二台並べて、左が大塚さん、右が片渕だった。

大塚さんは、もはや副業ともいえるジープ趣味から、あれは仏オチキス社のライセンス生産車だったのだろうか、一台入手し、だが米ウィリス社や米軍の純正パーツを付けまくって形を整えて会社に乗ってきた。友永さんが嬉々と乗り込もうとして足をかけたとたんフェンダーが外れて落ちたとかで、大塚さんだ「友永さんには僕のジープ乗せてあげない」とプリプリしていたのを思い出す。このジープに『未来少年コナン』のジムシーのイラストをつけるのだといい、大塚さんが下絵を描いてきて、美術の久村佳津ちゃんが絵の具で描きこんだりした。

大塚さんは、日々の通勤には原付ホンダ・モトラを愛用していたのだが、これも元はオリーブグリーンだったものを、ジープを塗装したときに作ったオリーブドラブ塗料で塗装し直し、米軍のブラックアウトライトだとかライフルブラケットなどジープ用部品を付けまくっていた。大塚さんの軍用車両記事風に表現すれば「スパルタン」な感じのするモトラは相当お気に入りだったらしく、大塚さんはもう一台、工事車両のような黄色の車体のものも買ってきた。

『NEMO』のほうでは、エグゼクティブ・プロデューサーのゲーリー・カーツ氏が外されたらしいという話を大塚さんから聞いた。

「それで、どうするんですか?」

「藤岡さんがエグゼクティブ・プロデューサー、自分でやるっていいだしてねえ」

もうしばらくすると、大塚さんと米人演出家の共同監督で進めるということになったようだった。美術デザイナーにはメビウスが依頼されたという。

大塚さんはもともと机に居つかず、鼻歌交じりに社内をあちこち巡り歩く人だったが、ときどきは『NEMO』の会議にも出かけているようでもあった。そういうときも、こちらは我関せずで自分の机で何かしていた。『NEMO』に自分から積極的に向かってゆく気にはなれなかった。

しばらくすると、

「あんたも共同監督やってくれないかねえ」

という話が大塚さんから降ってきた。

「コンちゃん(近藤喜文)が辞める前に、『片渕はレイアウトとれるから』といってたからねえ。レイアウト関係やってもらえると」

「はあ」

そういう話になったので、こちらもそういう気には一応なったのだが、だからといって会議に呼ばれるわけでもなく、藤岡さんにお目通りするでもなく、公式にそういう立場なのかどうなのか全然わからなかった。

「ストーリーはどうするんですか?」

「それがねえ」

と、大塚さんが語るところでは、どうもストーリーについては一本化されていないらしい。

「こっちで……ちょっと書いてみてもいいですか?」

「ん? 考えてみる? じゃあ、やってみて。やってもらっても使えるようになるかどうかわからない話だけど」

やるからには従動的に動かされるのはもう真っ平だった。

ここは、「書いてみます」というしかない。

これでおしまい

自分にできることを考えなければならない。『NEMO』はもともと原作に長篇映画とするだけのドラマが内蔵されていないところに企画上の問題があったのだが、レイ・ブラッドベリが主人公ニモと対になるオーメンなる新登場人物を発案したところから、混乱に輪がかかることとなった。そう思った。登場人物を原作の枠内に戻し、その中で何ができるか考え直すべきなのではないか。

原作にはまず主人公ニモがおり、彼は夢を見るたびにまどろみの国「スランバーランド」へ迷い込み、そこで出迎えの人物からプリンセスのもとへ案内するといわれ、夢の奥深くへ進んでゆく。そして、アンバランスな状況に陥り目を覚ます。これを繰り返す。やがてニモはプリンセスと邂逅し、いっしょに軍艦や飛行船に乗ってさらに夢の奥深い場所を目指すようになるのだが、やはりアンバランスな状況に陥り目を覚ますパターンを繰り返す。

なんのことはない。原作にはすでに、快楽原則を助長する要素として、きちんとプリンセスなる存在がいるのだった。ならば、オーメンなど切り捨てても同じことはできる。その上でプリンセスを看板のような絵空事のヒロインに終らせず、その性格をきちんと人間的に造形すればよい。その上で、彼女を絵に描いただけのお姫さまに終らせたくなければ、ニモとのあいだに何らかの葛藤を設けるのがよい。そして、それはすぐに思いついた。ニモは、しかし、必ずしも彼に好意を持っているわけではなかった彼女のために粉骨砕身し、やがてふたりのあいだの葛藤が解けたとき主題はまっとうされる。

この当時はまだコクヨの四百字詰め原稿用紙を使っていたはずだ。梗概を書いて大塚さんに読んでもらった。大塚さんとしては基本的にOKなので、早速これを英文にも翻訳して関係者に回す、ということになった。

大塚さんが「早速」ということになったら、文字どおりとても迅速だ。

大塚さんは、アメリカ関係の製作秘書みたいなことをしている「アメリカ人のおばさん」が、「今まで出てきたストーリーで一番おもしろいといってくれた」といった。お世辞なのかもしれないが、うれしくないわけがない。ただ、エグゼクティブ・プロデューサーのレベルでOKをもらえるかどうかがあくまで重要なのだが、これはもらえるはずがない、という気持ちもはじめからあった。レイ・ブラッドベリ級の人を投入しているところに、スタジオの若者が書き物を出したところで、受け付けてもらえると期待するのは難しすぎる。

で、結果として案の定、門前払いを食らったようだった。

「こちらの主体性が受け付けられないのなら、これ以上は無理です」

と大塚さんにいったら、即座に反応が返ってきた。

「降りよう」

大塚さんが監督を降りるなら、どちらにしてもこちらの立場はない。もろともだ。

「降りましょう」

『ルパン三世』でもよい。なにか国内ものの企画を立てて、それをここのみんなで作っていればよい。大塚さんは即座に気持ちを切り換えたようだった。何かアイディアはないかというので、思いついたアイディアを二、三答えたりもした。

しかしながら、会社があてがってくる目先の仕事はやはり合作で、『ブリンキンズ』という各色の光を放つ蛍の妖精みたいなものを主人公にしたアメリカのテレビスペシャルを作れといわれた。

この仕事では、再びロサンゼルスへ三週間ずつ二回ほど飛ばされたが、ずっと滞米生活をしている出崎統さんにもお世話になった。藤岡さんの家にスタッフが集まって夕食をともにするときなど、出崎さんは若造でしかないこちらのために、わざわざ御飯をよそってくれ、ビールをついでくれたりするのだった。

ＴＭＳロサンゼルスの現地責任者である常田幸子さんは、元はピアニストを目指していたそうで、夕食後のひととき、藤岡さん邸の暖炉の前のピアノで幸子さんが『鉄腕アトム』の主題歌を奏で、虫プロ出身の池内プロデューサーと出崎さんが声を合わせて歌うなどというひとときは、かけがえのないもののように感じられた。

藤岡さんはあいかわらず夢見がちなように、

「『ＮＥＭＯ』の音楽はジェリー・ゴールドスミスに決めた」

だとか、

「ニモの声はスピルバーグの映画に少年役で出演していたあの男の子、あれはどうか」

などといろんなことをこちらに喋りかけてきた。中には、

「テレコムの作画スタッフのひとりひとりが何が得意かリストを作ってくれ。それを活かせるようなシーンを作らなきゃならん」

などというものもあった。どうも相当な程度にまでディズニー流の頭になってしまっていたらしい。

合作の仕事のアメリカ側プロデューサーは、それでも気を遣っている面もあったのだろうが、その言葉は居丈高に聞こえた。

「仮に自分が君のものにＯＫ出したとしても、あのブラックタワーが果たしてうんというかどうか」

などという芝居がかった言葉も聞かされた。その部屋の窓からは森が見え、その森の彼方に黒い塔

のような高層ビルがそびえているのが見えたのだが、それがどうもクライアントの会社の持ちビルであり、森はその地所のようだった。

プロデューサーからいいくるめられるにしても、内容に即した必然性を問うてくるのならそれでもかまわない。しかし、こんな具合に問答無用の位打ちで圧力をかけられてはたまったものではない。

ここへきて、以前にはもっと中学程度の英語でコミュニケーションしようという気持ちもあったのだが、どんどん英語なんか使わなくなってしまっている自分がいた。

コンテの清書を大塚さんにまで手伝ってもらっておきながらではあったが、これはもう限界、と感じたので、『ブリンキンズ』を降り、テレコムを退社することにした。

東京で退社の意思表明をしたら、途端に社長室に呼ばれてしまった。東京に戻っていた藤岡社長と川野泰彦専務が揃って慰留してくれるのだが、その言葉が「うちも久しぶりに国内のテレビシリーズ準備中でな。だから、な」というのだった。そういわれるからには自分が抱えている問題の半分程度は、この経営者たちにも伝わっているに違いなかった。

いずれにしても、もう屈する膝もなかったので、「辞めさせてください」の一点張りで押し通した。

「それなら仕方ないけど、な、川野くんな、彼の連絡先、ちゃんと聞いとけよな。なんかあったら声かけなきゃならんから」

藤岡さんのそうした言葉はもちろん社交辞令なのだが、それなりにうれしかった。

藤岡さんの顔を見たのは、それが最後になった。

道はあちこちにある

テレコムを辞めたあとの近藤喜文さんは浪人生活を送っていた。

そうしたあいだに、合作『ブリンキンズ』のキャラクターデザインなどをやってもらったりもした。

近藤さんのAプロ時代の仲間たちが作るあにまる屋なども、なんとか近藤さんに来てほしいと思っていたようだった。うわさに聞くところでは、本多敏行さんはじめ肉体派ばかりが所属するあにまる屋にはある入社基準があって、それはバーベル何キロを持ち上げられれば合格とかそういう話だったのだが（そういえば同社に入った学生時代の友人池田成も肉体派だった）、しかし、またうわさに聞くところでは、近藤さんに対してのみはこの入社基準を大幅に引き下げることを真剣に検討しているところらしい、という話だった。近藤さんは長身だったが、体も手足も指も極端に細かった。

結局、近藤さんが日本アニメーションに戻ったらしい、というので、テレコムを辞める身となったこちらも行く末を相談してみることにした。多摩市和田の日本アニメーション・スタジオは、『赤毛のアン』制作の頃に、絵コンテや台本類を購入に行って、かって知ったる場所だったが、電車を乗り継いでそこまで赴くと、近藤さんと、それから同じくテレコムから日本アニメに移籍していた動画の森川聡子さんが出てきて、近所の喫茶店でしばらく語りあった。

近藤さんは「わかった。会社の人に話しとく」といってくれたのだが、もらえた仕事は外注の絵コンテだった。『愛少女ポリアンナ物語』の絵コンテに少しばかり携わったのは、そういう経緯からだったのだが、その打ち合わせのときにもらったキャラ表でキャラクターデザインの佐藤好春さんの存在を初めて知ったりもした。

こうして仕事をもらえるというのは、それはそれでありがたいのであるが、バリバリ続けざまに絵コンテをやろうにも、ローテーション順が来るまでは仕事にならない。それもローテーションに入れてもらっての話ということになる。個人で営業を打つ才覚はまだない。

絵コンテを切り終ってしまうと暇な時間が来る。身を持て余しているような感覚に襲われる。こういうときに忍び寄るのが「食っていけるかな?」という不安だったりするし、何より「現場」なるものが恋しくなる。そんなことを感じながら自宅で呆けていたとき、近藤さんの奥さんの山浦浩子さんから電話をもらった。

「コンちゃんもあれからいろいろ考えてみて、虫プロどうか、っていうのよ」

虫プロ? 虫プロダクション?

「そう、あの虫プロ」

手塚治虫さんの虫プロは経営が破綻したあと、様々に分派してたくさんのスタジオを生んだが、あの『バンパイヤ』にも出てくる練馬区富士見台の本拠は、旧虫プロ労組が管理し、いまだに虫プロダクションの名で作品を作り続けていたのだった。社長の伊藤叡さんは旧虫プロ編集部の方で、倒産当時の労組委員長だった。

近藤さんと山浦さんの出会いはAプロ時代の労働組合、映産労の活動の中でのことだったと聞く。そういう意味で虫プロの中に人脈があって、紹介してもらったのだったが、なるほど演出部トップの有原誠司さんはAプロの出身で、作画のトップ小野隆哉さんは、同じくAプロにいた椛島義夫さんのスタジオ古留美の出身だった。

虫プロへもぐりこませてもらって思ったのは、まるで従兄弟の家に居候になったような気がする、ということだった。

この当時、虫プロでは『ワンダービートS』というテレビシリーズを制作していたのだが、シリーズ前半でチーフディレクターを務めたマジックバスの出﨑哲さんが退き、後任に『ルパン三世　ルパンVS複製人間《クローン》』の吉川惣司さんが入ったのだが、これもすぐ退いて、この作品で虫プロ現場の演出チーフだった有原さんが監督に昇格したばかり、という時期だった。

自分は空席になった演出チーフなるポジションに就いてくれ、といわれたのだが、テレコム時代より給与が三割以上あがった。虫プロの現場には、ほかに中村隆太郎さんや岩本保雄君もいて机を並べることとなった。思えば演出の人がたくさんいるところに交じるのは初めてのことだった。

「演出チーフって、何をやるの？」といっていたら、

「たまたま22話の絵コンテが上がってきたところだから、これ、チェックしてみてもらえます？」

と、有原さんから手渡されてしまった。

ああ、そういうことをするわけか、と思った。

我ながら驚くべき疫病神っぷり

虫プロでの仕事『ワンダービートS』は放送局側のプロデューサーがやる気満々で、オールラッシュにも現れてリテイクを出しまくっていたし、「向こう三年は放映を続ける」と豪語していた。ただ、この方は定年間近だという話もあり、「本当に三年は続かないだろうなあ」と身内ではささやきあっていた。

ところがどうしたことだろう、自分としては第22話くらいから実作業に加わったこの番組が、「24話で打ち切りになる」と、唐突にいいわたされた。

びっくりした。

自分の演出回は第23話と第25話の予定で進んでいたし、第25話もすでに着手していたというのにそれはお蔵入り決定だった。まるでこの自分が参入するのを待ち受けて打ち切りにしたとしか思えないようなこの事態の推移には、ほんとうに面食らった。まったく、自分には何か憑いているのだろうか。このまま自分は何もなしとげられないで終るのだろうか。

作品がなくなったのだから放逐されてまたフリーの身かな、仕事探しはどうしようか、とおぼろげに思っていたのだが、なぜか虫プロから追い出されることはなかった。それどころかメインの仕事を失ったプロダクションとして次回作の企画を構築しなければならないがゆえに「演出部員全員が企画部を兼ねる」という業務命令みたいなものが発せられることになった。自分もその中に残されていたのだった。

明日からは企画を考え、イメージボードを描き、企画書を作ってすごせばいいのだ。

最初に作ったのは、日常生活をベースにした上に展開するギャグ系の企画で、原作付きだったがこの原作漫画がとみにおもしろく、これがなぜものにならなかったのかと今でも思うのだが、理由は忘れた。

それから海外児童文学を原作にしたシリーズの企画書も書いた。これは午前四時くらいに突然、企画書の文面の想を得て、同居する妻の目を覚ましてはいけないので、コタツの中にもぐりこんで、赤い赤外線灯の明かりの下で原稿用紙を埋めたものだった。なかなかインパクトのある企画書ができてしまったようで、企画書取りまとめ役の総務の女性からは「涙ぐんじゃった」という感想までいただいてしまった。

まず書いたのは、以前、沖縄先島に旅行したときに見た光景のことだった。

海に潜ったりして丸一日散々遊んだわれわれが夕方近く海辺に戻ると、一艘の漁船が引き上げられていた。この船の漁師の息子と思しき小学生がひとりで漁船を丸洗いしていた。やがてその作業を終えると、この男の子は線路の枕木くらいの丸太にまたがって、板に棒切れを打ちつけただけの櫂を手に、西日が低く迫るエメラルドのリーフに漕ぎ出していってしまったのだった。疑似体験ではなく真実の経験としてこうした遊びが日々のものである子どもが現実に存在している。そうした子どもらにわれわれが、それでも見てもらおうと思うべきなのは、どんな作品なのだろうか。

そうしたことを企画書の序文に書いた。

だがしかし、この企画もものにならなかった。主人公が少女であるという時点で、「女児ものは売れませんから」と企画を仲介するべき立場の人からあっさりいってのけられてしまったのだった。

自分では「児童文学」などと考えていたものも、業界の手練れにかかればただの「女児もの」にすぎないのだった。

もちろん、売れない企画書だけ作っていても話にならない。会社があちこちから引き受けてきた絵コンテやレイアウトの仕事も適当にこなしていた。そのほとんどがいわゆる「合作」だった。

マッドハウス出身で今は虫プロに机を置いている中村隆太郎さんと自分とで、同じ合作シリーズのコンテの仕事をひとり一本ずつ取ったことがある。五分の四くらい終えたところで、発注元の会社から連絡が入り、このシリーズはシリーズ自体が没になって消滅してしまったといわれた。「コンテ料は満額払いますから」ともいわれたが、拘束給で契約社員みたいな身である自分にはあまり関係なかった。お金は会社に支払われるだけだった。

隣の席を見たら、中村隆太郎さんはその絵コンテにそもそも手をつけていなかった。それなのに同様に満額貰え、しかも隆太郎さんは身分的には出来高払いのフリーの人なので、そのコンテ料はちゃんと自らの手元に入ってくるのだった。「ちぇっ、そんなだったら、自分もこんな仕事、手をつけずにほったらかしておくんだった」などと思った。

そんなこんなのうちに、社内作画の阿部恒君が『めぞん一刻』をやりたいといいだしたので、一本とって半パートを虫プロ、もう半パートをサンライズで分けてやることになり、その絵コンテ・演出を引き受けてみたりもした。サンライズ班のほうにはテレコム時代の同僚の植田均君や、宇都宮智（うつのみや理）君がいて、懐かしい思いをした。

虫プロでは、『ＰＡＴＬＡＢＯＲ』の最初のＯＶＡシリーズ二本をグロス受けして、中村隆太郎さん演出、北崎正浩君作画監督でやったりもしていた。なかなか発展性のある仕事であるようで、うらやましく感じていた。

ちょっとだけ考えるようになった

テレコムを出て初めて手がけた演出の仕事が『ワンダービートＳ』の第23話だったわけだが、ここは手を抜くまいと思って臨んだ。申し訳ないのだが、絵コンテ修正の権限も与えられていたので、調子に乗って絵コンテを修正しまくった。レイアウトも自分で修正しまくった。この回はアクション回だった。できるだけテンポ良く転がる話運びにしたかった。今までみたいに作画枚数がかけられない、という意識もあった。なので、乱闘が始まる直前に停電にして真っ暗な中で効果音だけで暴れる、などという演出に走った。停電へ持ってゆくための段取りもそれなりに考えた。

オールラッシュで「何秒以上黒味だと放送事故扱いにされる」と注意され、またリカバーする道を案出した。

そんな感じでいろいろと調子に乗りすぎた。おかげでこの回についてもらっていたベテランの作監に逃げられてしまった。

見かねてこの回の作監に入ってくれたのが、社内作画班のチーフである小野隆哉さんだった。救われた。それどころか、のちのちになってまで、「あの仕事はおもしろかった」といってくれた。

小野さんのような人がなぜアニメーションの仕事に携わるようになったのかよくわからない。小野さんは別にアニメ好きでもなければ、むしろ醒めた目で見ていたのではなかったか。小野さんはちゃんと映画を観て、本を読んでいる人だった。

「俺はその友永さんたちと同い年なんですけどね、アニメはじめたの、遅かったし」

という年長の兄貴でもあったが、こちらにはいちいち少なくとも語尾だけは敬語で接してくださった。

この『ミクロの決死圏』みたいに縮小されて人間の体内に入り込む『ワンダービートS』にあって、小野さんの本来の主な仕事は、毎話に登場する体内の設定を作ることだった。

スポーツマンの小野さんは、虫プロ野球部でも活躍していたが、頭にボールを受けるか何かして病院に行き、第四脳室がどうのと医者と話してきた、ともいっていた。

「なんかついでに、俺の脳、スが入ってる、っていわれちゃいましたよ」

こちらも作画枚数のことには今まで以上に神経を使うようになっていたので、原画の細かいところで、この表現は要るものなのか要らないのか、考えるようになっていた。

例えば、短いワンアクションでキャラクターを動かすと、たいていの原画マンは、流行のように、動き終ったあとに髪の毛の動きの残しを入れてきていた。

「これいるのかなあ」

と、おそるおそるいうと、小野さんは、

「いらないと思いますよ」

と言下に切り捨てた。

別にアニメらしいアニメが好きでやってるわけじゃないんだし、たかがアニメならではでしかない記号的演技なんだったら、くっだらねえ、というのが小野さんの感じ方だったようだった。

こういったところから自分の何かが始まっているような気がしている。

根っから自分自身のものだったかのようにわりとナチュラルに大塚さん的な作画表現とともにやってきた今までの自分だったが、別の場所にたどり着いて最初に意識してしまったのが、いわゆるアニメ的な記号化された表現の前に自分が立たされているということだったわけで、そこには内心の奥には何らかの葛藤もかなりあった。たまたま、そこに小野さんのような方がいて、「記号化にしがみつくなんてくっだらねえ」というスタンスをとってくれた。それで自分の道が見出せたような気がしたし、さらにいえば、その波紋はいまだに広がり続けているような気がしている。記号化されてしまったものにしがみつかないのなら、なおいっそう別の表現を考えなければならなくなるのだった。

このあと、自分はジブリに出向で出て『魔女の宅急便』に携わることになる。帰ってきたところをつかまえられて、次に自分が作監をやる長篇『うしろの正面だあれ』のレイアウト・チェックを片渕さんにやってもらいたい、といってくれたのも、また小野さんだった。

虫プロは、実は長短篇の劇場用映画も作り続けているプロダクションだった。ロー・バジェットのものが多かったがそれはそれ、長篇の機会が目の前にあるというだけでやりがいを抱けそうだった。この『うしろの正面だあれ』で自分が行なった仕事がのちに、マッドハウスの丸山正雄さんに目を留めてもらえ、マッドに引っ張ってもらうことになるわけで、まったくもって小野さんには並大抵のお礼の言葉では済まない。

桜の下で

高橋留美子さんの『めぞん一刻』の最終回で、五代くんと響子さんは生まれたばかりの赤ん坊を連れて一刻館へ帰ってくる。その場面は一九八八年の四月、桜の舞い散る下であったはずだ。このマンガの舞台のモデルとなった東久留米から三駅離れた所沢で同じ年の桜の下、こちらも生まれて間もない赤ん坊を乳母車に乗せて、妻と三人でそぞろ歩いていた。川べりに咲く桜もうららかな日差しを受けていた。

と、目の前からやってきた人から唐突に声をかけられたのだが、見れば久々にお目にかかる宮崎さんだった。仕事に出かける前に航空公園まで散歩して花を見てきたのだという。

「まだ寝返りも打てない虫ケラみたいだな」

と我が家の赤ん坊のことを眺めながら、目を細めていた。

このしばらく前に、うちは所沢近辺に越していたのだが、単純に交通の便でもってこの辺がいいか、と決めたものの、最初に不動産屋から紹介されたアパートは、あまりにも宮崎さんの自宅の目と鼻の先だった。『ナウシカ』『ラピュタ』と結果的にこちらから仕事を断わる羽目になってしまっていたので、ちょっと気まずくもあり、もっと離れた場所に建つ貸家に決めることにした。といいながらも、やはり生活圏が重なるところがあって、この桜の日以降もけっこう何度もバッタリ顔をあわせてしまうことになる。


当時、自分は仕事として何をやっていたのだろうか。

手塚プロの『聖書物語』(のちに『旧約聖書物語』に改題)のコンテを手伝った記憶があるのがこの頃だったろうか。手塚治虫さんとは至近距離で同席したことがこれまでに何度もあったのだが(向こうはこちらのことなどまったく知らないわけなのだが)、この『聖書物語』の打ち合わせに現れた手塚さんはすっかり面変わりしていたのを思い出す。すでに癌と闘病しながらの時期だったのだ。

虫プロでちばてつやさんの『のたり松太郎』のOVA化の仕事をしていたのもこの頃だったろうか。虫プロの社長でプロデューサーでもある伊藤さんは、「この仕事をきちんとやって、次は『紫電改のタカ』をやらせてもらおうな」といっていた。伊藤さんも飛行機マニアだった。

『のたり松太郎』は本来は別の方がチーフ・ディレクターとして存在するのだが、なぜか虫プロのサイトでは自分の名前が監督として記されていて、恐れ入ってしまう。まあ、そういわれれば、絵コンテはひとりでどんどん切り進めていたし、できあがったコンテのチェックを受けた記憶もない。たしか第7話ぐらいまでのコンテをひとりでやったが、結局、演出は途中で投げ出してしまっている。スタジオジブリから仕事のオファーがあったからだ。

発端は、「アニメージュ」編集部の鈴木敏夫副編集長から自宅にもらった一本の電話だった。話をしたいことがあるので、新宿の喫茶店まで出てきてもらえないか、とのことだった。たぶん、桜の下で宮崎さんと出会ってからそんなに経っていない頃だったと思う。

「この喫茶店は、『ラピュタ』のシナリオを宮さんが書き上げたとき、それを読んで高畑さんと意見交換したところでしてねえ」

と、鈴木さんは何か懐かしそうに店内を見回した。

「実は今回、こういう原作が上がってて」

取り出されたのは角野栄子『魔女の宅急便』だった。これを監督として映画にまとめられそうか検討して、可能と思ったらラフな粗筋を書いてほしい、といわれた。書くときの参考用にと、アニメージュ別冊ロマンアルバムに掲載されていた『天空の城ラピュタ』の宮崎さんの企画書のコピーをもらった。自分の前に何人かの若い演出家で検討してみたこともあったらしく、誰々だったらこういうストーリーになってしまうんだろうなあ、などというようなことも聞かされた。要は、そうじゃないものを書いてきてね、ということのようだった。

原作を読んで考えた。

一人前の魔女になるための通過儀礼のため見知らぬ街に住み着いたキキは、途中の過程で様々な出会いを伴ったエピソードを経験しもし、しかし、最終的には総体としての街の人々に受け入れられるような何かをするべきだと思った。

舞台は海辺の街であるようだし、近くに船が難破し、取り残された人々を救助する話を、最後に付け加えるのはどうだろうとも思った。当時は原稿用紙からワープロに書き物の道具を切り替えていた時期で、それを使ってそんなストーリー案をタイプして、提出してみた。

ここまでのやりとりは鈴木さんとだけで、しばらくして宮崎さんとこの件に関して初めて会うことになり、いきなりケチョンケチョンにいわれた。この企画は通過儀礼がすべてなのであり、アクションを伴う事件性は盛り込む必要がない、と。

事実、このずっとあと、最終的に宮崎さんが書くことになったシナリオも、最後はキキが親切な老人との一件で一定の感慨を得るあたりで終っていて、完成版には存在する飛行船の難破のシーンは入っていなかった。今回はプロデューサーに回るという宮崎さんのスタンスは、そんな感じのところにあった。すごく地味で実直なものを考えていたようだった。

ふたつの映画の狭間で

最初、『魔女の宅急便』は六十分の中篇、同じ長さのもう一本の映画と抱き合わせて二本立て上映、というプランだった。『火垂るの墓』と『となりのトトロ』が同じく六十分の中篇二本立てプランから出発していたのと同じような座組みだった。やや違っていたのは、『魔女の宅急便』と抱き合わせられる相方のもう一本には実写を予定していたことだった。

「今回は若い監督による若い女性向けの二本立て」

「若い女性を動員すると客層に強みが出る。トレンディに」

「『魔女の宅急便』は若い女性を刺激するため、彼女らが憧れる理想化されたヨーロッパを舞台にする」

「併映にするもう一本は女子バレーボールの実写もの」

「その監督としてこれこれの人を使うことを考えている」

宮崎プロデューサーがいろいろと語ることを、いちいち、「はあ」「はあ」と聞いていたが、最後の最後にきて、

「ん?」

となってしまった。併映映画の監督として「テレビで見た実写ドキュメンタリーのディレクターを考えている」というのだが、

「いや、その作品を作った方のこと、ご存じですか?」

「今までにない斬新でおもしろい映像表現を使ってる。常識に縛られてない若い人なんだろう。そういう人にぜひ映画を撮る機会を与えてみたい」

「いや、その作品を作った方、海外での評価も高い、すでに映像方面では国際的にも巨匠クラスの人

ですよ」

宮崎さんと鈴木さんは顔を見合わせた。

二本立て、という話はそれ以降、すっかり聞かなくなった。実写とアニメーションの若い新人監督ふたりに競作させるというプランはどこかに消えてしまって、『魔女の宅急便』は、80分の単独作品として作られることとなる。これで少しハードルが上がってしまった。

宮崎プロデューサーは、現場作業のメインスタッフを指名し、シナリオライターを指名し、ロケハン場所を指定した。

ここにロケハンに行け、といわれたのは、その昔、宮崎さんが東京ムービーの藤岡豊さんとふたり、『長くつ下のピッピ』の映像化許諾を原作者からもらうために赴いたスウェーデンだった。

水一杯飲むにも言葉が通じず絵を描いた、などというこの旅の珍道中ぶりは以前から漏れ承っていたりもした。また、このとき見たストックホルムの市街のさまを流用して、『ピッピ』のかわりに就くことになった『ルパン三世』の「7番目の橋が落ちるとき」の舞台に流用していたことも聞いていた。「ルパンを捕まえてヨーロッパへ行こう」などというエピソードはそれ自体がこの旅をもじったものだったはずだ。

そんなふうに副産物をたくさん生み出した海外旅行だったようなのだが、肝心の目的は結局完遂されてない。主人公のキャラクターが寄り目に描かれていたことで、『ピッピ』の原作者アストリッド・リンドグレーンに単なるマンガと誤解されてしまったのだと聞いている。

宮崎さんは、藤岡さんが交渉事に挑んでいるあいだにバルト海に浮かぶゴットランドに渡って、その十二世紀以来の街並みを可能な限り記憶にとどめるロケハンを行なっていたのだという。スケッチブックに貼られた『ピッピ』のイメージボードを見せてもらった。一冊ほとんど丸々が、ゴットランド島の民家を描いた絵で埋められていた。

「ロケハンってこんなふうにやるんだ」

と、宮崎さんはいった。


ロケハンにはいつ行くか、といわれたのだが、イメージを得るためにできるだけ早く行きたい気持ちだとこたえた。

「何と何を描くのか決め込んでからのほうがいい」

とはいわれたが、こちらとしては宮崎さんのいう「若い女性が好むヨーロッパ」をまず理解して踏まえるためにも、早急に行ってしまいたかった。むしろシナリオ・ハンティングを自分は求めていたのだということになる。

ロケハンに行く費用を捻出するために、『トトロ』のセルを売る必要があった。当時のスタジオジブリは会社でもなんでもなく、作品を作る都度、フリーや他社からの出向者を集めて仕事させるための「場所」に過ぎなかったので、作画その他のスタッフは全部去って空っぽになっていたのだが、田中栄子さん以下の『トトロ』班の制作チームだけは残っていた。引き続き『魔女の宅急便』を行なうためだった。

制作担当の田中栄子さんとは、まだ『トトロ』が制作中だった時期に最初にお目にかかった。ジブリの『トトロ』班が入っていた吉祥寺のビルの一階の喫茶店で宮崎さんと話をしていたら、ミニスカートの若い女性が入ってきて、「どうぞよろしくお願いします」と挨拶されたのだった。当時の栄子さんは「緊張感を保つため」と称していつも短いミニスカートを穿いていた。

販売用のセル作りが栄子さんの制作チームの仕事となった。そのおかげで自分たちはスウェーデンに行くことができるようになった。値段をつけて売れそうなセルをより分け、背景付きの豪華セットも作り、キャラクターのサイズが小さなセルは切り取ってリボンをつけてしおりにした。

『トトロ』といえば、宮崎さんは公開が始まったばかりのこの映画には若干の不安感を抱いているようだった。手塚さんもそうだったし、作家とはそういうものともいえそうなのだが、完全な自信を伴った磐石の態度で批評を受け止められるものではない。宮崎さんも、人が何かいったことが聞こえてくれば、急にそわそわしだすのだった。

『トトロ』については、

「メイが迷子になってから先、試写を観た人から、トトロが活躍しないまま映画が終りまで行ってしまう」

というような声を、受けてしまったらしい。その部分を是正するために若干の新作場面を追加したい、と発案した。『トトロ』のプロデューサーは原徹さんだったのだが、原さんはたしか「しょうがねえなあ」という態度だったように、かすかに覚えている。宮崎さんは追加シーンの新作を行なうつもりにすっかりなっていて、絵コンテ用紙を取り出し始めていた。

「ちょっとこっち来て相談乗って」

といわれた。

「あのな。元のコンテのここにこういうカットを挿入する」

妹メイが行方不明になった不安をサツキから訴えられたトトロはふたりで木のてっぺんに登る。既完成版だとここでネコバスが来るのだが、その前に一段階置く。トトロの千里眼の目がカッと開く。と、サツキの目もトトロそっくりにカッと開く。トトロと同じ形の目で千里眼になったサツキの視野がはるか遠方にまで延び、迷子になって泣いているメイを見つける。そこでトトロはネコバスを呼び出し、以降の展開は元のとおりに戻る。

「千里眼の見た目の視野の表現、これカメラワークどうすればいいと思う?」

というのが、こちらへの相談だった。コズミックズーミングのようなものすごい移動量を持った奥行き移動のカメラの動きをどうやったら作り出せるか、というのだ。カメラワークに関してはまだしも信頼を置かれていたようだった。

ワンカットのカメラではなく、ポン、ポン、ポンと数カットつなぐ、という案を提案してみた。ウォルフガング・ペーターゼンの『Uボート』でワンカットに見える長大な移動カットが、実は数カットの集積であるのと同じようにやろうというわけだ。

「なるほど」

と宮崎さんはいって、切りかけの絵コンテに消しゴムをかけ、こちらの提案に沿うようにその場で描き直した。

この『トトロ』の追加修正は結局行なわれていない。なんとなく『トトロ』を褒める声が多く聞こえてくるようになって、宮崎さんが安堵してしまったのだった。

宅急便の宅送便「次は自分たちで、ね」

当時、ジブリの所属でもなんでもない「アニメージュ」編集部の鈴木敏夫さんが、実質的なプロデューサーとして、宮崎さんがこちらの現場方面に介入してくるのを防ぐため、いろいろ手を尽くしてくれていたのだが、最終的にここがスポンサー乗りしなければこの企画は成立しないことになるという立場の企業の方から、

「当方としては『宮崎駿監督作品』としてのもの以外に出資するつもりはない」

と、実にはっきりしたことを、冗談のひとつも交えず、やけに硬直した面持ちでいわれてしまった。せっかくネクタイのひとつも締めて新橋まで出かけたのだが、鈴木さんと相談して、ここはこちらから身を引くカタチをとることにした。

メインキャラクターのデザイン、パン屋の美術設定などくらいまでができていたところだった。宮崎さんはキキのキャラクターを『トトロ』のメイのような(あるいは後年の千尋みたいな)はっちゃけた感じにしろといっていたのだったが、こちらはこちらの意図としてあのキキのデザインを提示していたのだった。

鈴木さんの事前の予想として、「宮崎さんは『挫折』というものを描き得ないだろうから、そこをあなたがやってください」と、いわれていたのだったが、意外にも宮崎さんの内面で一種の開き直りがあり、挫折感と屈折を正面に持ってきたシナリオが完成してしまっていた。それをもって作品自体の目的はクリアできそうと思われたのかもしれない。


「でも、あなたは作品の最後まで立ち会うべきだ」

と、鈴木さんは強くいい、演出補として現場に残ることになった。

宮崎さんのシナリオ第一稿は表紙に「決定稿」と表示して印刷されたが、しかし、鈴木さんはさらに、観客にもっと提供しなければならないものがある、と進言して、飛行船遭難の話が追加された。そこから先は自分として、画面作りのことしかしていない。湖面に波を立て、雨を降らせ、例によって撮出しで適当に構図を調整しつつ、奥行き移動を実現させた。

この仕事はやけにオメデタに恵まれる現場となってしまい、うちの家で第二子ができたかと思うと、森本晃司・福島敦子夫妻のところも宅送便、さらに制作担当の田中栄子さんもご懐妊という華々しさだった。その一方では、スタジオ・ライブから来た渡辺浩（わたなべひろし）さんが、「やたらに肩が凝っちゃってもうだめです」と、哇に血を吸わせに通っていた。

全カットが完成し、瀬山武司さんが来て編集を行ない、16ミリのダビングロールが完成した。編集には宮崎・片渕のふたりで立会い、仕事を終えた瀬山さんが帰ったあと、編集室代わりの会議室の映写機にそのフィルムをかけ、ふたりきりでその映像を見た。エンディングクレジットにさしかかったとき、自分は「ちょっと待ってください」といって映写機を停め、荒井由実の「やさしさに包まれたなら」のカセットテープをラジカセに押し込み、映写機を再び回した。

アフレコ前の映像にエンディングだけ音がついて、全篇が終った。これで義理は果たしたような気になった。


『魔女の宅急便』の打ち上げパーティは、吉祥寺の第一ホテルで行なわれたが、開始前に「ちょっと来て」といわれ、行ってみると、喫茶室に高畑さんがいた。高畑、宮崎、鈴木さんという顔ぶれのテーブルに交じらされた。高畑さんの次回作『国境1939』が天安門事件のあおりを食って中止になっており、代替企画をどうするか、という話だった。

「今あるのは、音響の斯波さんから以前に提案いただいていたこれだけです」

と、『おもひでぽろぽろ』の単行本が取り出された。

斯波重治さんが、「いやあ、これがおもしろいんですよ」とこの本を持ってきたときのことは覚えていた。ついでにいえば、最初の段階で、片渕某に『魔女の宅急便』を任せてみては？　と推してくださっていたのも斯波さんだった。

「いやあ『めぞん』のアフレコで、ちょっとは話ができる奴と思ったんですけど、ね」

とのことだった。

『国境1939』は、高畑さんとしては『火垂るの墓』の路線を推し進めるものとして自ら企画したものだったから、にわかには別のものへの転換に向かいがたい、という感じの顔をしていた。まあ、高畑さんの仕事はいつもこういう顔をするところから始まるものだ。『NEMO』も当然そうだったし、『ハイジ』なんかにしてもスタートのときにはそうだったと聞く。

なぜ自分がこのテーブルに呼ばれたのかよくわからなかったが、いずれにしてもこの先もジブリで誰かの演出補をつとめるつもりはなかった。

打ち上げの席上、現場作業中たいへんお世話になった撮影監督の杉村重郎さんにつかまった。

「もう四十代のおじさんたちはいいからさ、次はわれわれ三十代でやりましょうよ。ね!」

まさにこちらもそういうつもりだったのだが、ただ、このとき重郎さんはひとつだけ思い違いをしていた。こちらはまだ二十代だったのである。

制作中、終電がなくなってしまったあとは、いつも制作進行が車かバイクで家まで送り届けてくれたのだが、フィルム完成頃の最後のドタバタの中で一度だけ制作のボスである田中栄子さん自らが運転して送ってくれたことがあった。

「片渕さんが何をしようとしてたんだか、ちゃんと見てたんだから。これから先もいっしょにやらせてくださいね」

栄子さんはそれをいうためだけに、宅送便の運転手になってくれたのだった。

見たことのあるあの山影、あのカタチ

『魔女の宅急便』が終って二人目の子どもが生まれ、その後、虫プロにいるあいだに三番目の子どもが生まれ、『名犬ラッシー』のあとで四番目の子どもが生まれた。

産んだ本人である我が妻である浦谷千恵という人は、そのたびごとに作画の現場に復帰して、今でもなんとかやっているどころか、『アリーテ姫』では巨大ボックスの崩壊から水が押し寄せてくるまでを描いたり、『エースコンバット04』や『マイマイ新子と千年の魔法』では全篇のうちの大半のレイアウト(と、大半のラフ原画)をこなしたし、最近の『BLACK LAGOON』ではアクションシーンのラフ原画をまとめてやっている。思えば、産休中もなにやらゴソゴソとコンテストに応募する絵や文章を作っては、賞品・賞金を稼いでいたようだし、とにかく我が身内ながら恐れ入ってしまうのだった。

その浦谷さんが、最近は、スキン・ダイビングに凝っていて、ときどき教室に通っていたりする。

「この夏は、仕事の合間を見つけて潜りにいきたい」

というので、どうせ、他の休日は全部働いて費やしてしまうのだから、それくらいのことをしなければバチが当たると思い、とある朝、ハンドルを握って伊豆半島南端を目指して出発した。もとより交代で運転するつもりだったのだが、帰途についたところで、こちらの目が開かなくなってきて、このままでは居眠り運転しそうになってきた。

「代わるから、寝てな」

といわれ、助手席で眠り込んでしまったのだが、ふと目が覚めると、伊豆半島のど真ん中の道を走っているはずが、左側に海が見えてきているではないか。

「道、まちがえた？」

「かなあ」

いや、明らかに間違えているのである。この二人組は、どちらかがハンドルを握っているあいだ、もうひとりが地図を見て航法についていなければ何事も覚束ない。

眠い目をこすりつつ、地図を開き、おおむねこの辺、と位置を確かめると、東名のインターへ出るための道のナビゲーションを始めた。

「右車線に入っておいて」「ふたつ目の信号、右折」「香貫山というのが見えてくるから、それを回り込んで、向こう側へ出て……」

香貫山？

……そうか、ここは沼津なんだ。

長い前置きだったが、ということで、沼津市と香貫山の周囲には以前にも来たことがあったのを唐突に思い出したのだった。

出向で出ていた『魔女の宅急便』を終えて虫プロへ戻ってくると、社内は総がかりで『うしろの正面だあれ』という長篇の制作に取りかかっていた。『うしろの正面だあれ』は、先代の林家三平師匠のおかみさんの海老名香葉子さんが、自らの戦前から戦時中にかけての幼少期の体験を書いた本を原作にしていた。監督には有原誠司さんが、作画監督には小野隆哉さんがついていたが、その小野さんから、

「片渕さん、レイアウトの面倒を見てください」

といわれてしまったのだった。

「え？　レイアウトのチェックを？」

「うん。片渕さん、『ワンダービート』のときもなんだかんだいってレイアウト全部自分で描き直してたでしょ。お願いしますよー」

ということで、この作品では、純粋に絵を描く立場で参加することになった。

ロケハンだとか資料収集だとかは監督の有原さんが率先して進めていたのだが、映画の後半になって出てくる沼津にはまだこれからロケハンに行くところ、というので、同行させてもらったのだった。要は、小学生だった（失礼、当時だから国民学校ね）香葉子ちゃんが、東京の下町から親戚がいた沼津に疎開して、そのために昭和二十年三月十日の東京下町焼夷弾空襲から生き延びる、ということなのだが、その沼津の親戚である海軍技術士官の住んでいた「海軍住宅」などもまだ残っていて、それが見たかった。

東京を襲うB－29は富士山あたりを通って東に向かうので、その進路下に当たる沼津市にも当然、空襲警報が出る。香葉子は防空頭巾をかぶって避難のために香貫山へ登り、そこで東京の方向の空が

赤く染まるのを見た、ということになっていたので、海軍住宅の背後にこぢんまりとそびえ立つ香貫山も、このときの見物の対象になっていたのだった。

実際に香貫山の山頂から東京方面の空が見えるのか、ということでは悩んだ。あいだにまともに箱根の山塊が立ちふさがっているのだから。

似たような話では、戦時体験のあるベテラン・アニメーターにうかがった話として、「頭上をゆくB－29に乗っている人が見えた」というものもあった。空襲に来た米軍機に乗っている人がよく見えた、という話は全国の空襲体験談のあちこちで見聞きする。中には、「女の人が操縦しているのが見えた」などというものまである。B－29だって、最低でも高度数百メートルを飛んでいるはずだし、こういうのは心理的なトリックが産み出したものなのかもしれなくて、いまだによくわからないものがある。オーラル・ヒストリーというものが陥りやすい罠なのかもしれず、かといって文書記録が正確に記録しがたい心理的な何かの反映であるのかもしれなくもあり、まったく無視することもできない。

結局、香貫山の山頂から見た東京の空は、絵コンテではただ茫洋と画面いっぱいベタに空が描かれていたのだったが、こちらのレイアウト修正で箱根のシルエットを描き足すなどしてしまった。

この作品でレイアウトマンとして動く、というのは、こうしたなんだか抽象的でややもすれば絵空事になりかねない部分のあることを嗅ぎとって、最低限、自分がリアリティと思えるものを感じられる位置に導き直すことなのかもしれないと思った。

絵コンテにはサラサラと「紀元二千六百年式典用に皇居前に建てられた光華殿」などが描かれているわけなのだが、これは実際どういう縦横比で存在しているものなのか、ディテールはどうなっているのか、自分の手持ちの本からも写真を探したりして、けっこう苦労した。

それからちょっと経って、小金井公園まで乳母車を押して夫婦で出かけて、公園内の江戸東京たてもの園の入り口を見て呆然となった。

「これ、紀元二千六百年のアレじゃないか？」

式典用の仮設建築であるはずの光華殿が、こんなところに生き延びていたことを、そのとき初めて知った。

建物のシルエットを見てすぐに気がついた。建物のシルエットのカタチが脳裏に残っていたのだ。レイアウトマンとは、ひとつにはそうした仕事なのだった。

誰だって、一か所くらいは勝ちたい気持ちがあるもので

『うしろの正面だあれ』の美術監督には、はじめ違う方が予定されていたのだけど、本番では小林七郎さんに代わった。

はじめに予定されていた方はファンタジックでふわふわした世界をもっておられる人で、一枚だけ

夕方の本所の風景のボードを描いてきたのだが、

「どう思う？」

と有原さんに聞かれて、正直、この方向じゃないのでは、と答えてしまった。この作品はファンタジーの方向にではなく、リアルを目指すべきだと思ったのだった。

有原さんは「うーん」といっていたが、それからまた別のベテランの方のところへ有原さんとふたりでスイカをぶらさげてお願いに赴いたりし、さらにまただいぶ経ってから、「美監は小林さんにお願いすることになった」と聞かされた。

「小林さん、って、七郎さんですか」

「うん」

おっかないことになったな、と思った。

小林七郎さんは、『MIGHTY　ORBOTS』でもお世話になっているはずなのだが、駆け出しのにわか各話演出だったので直接お目にかかる機会があったわけではない。

小林さんとの出会いはその後にあった。それは自分も共同監督として参加するはずだった大塚康生監督版『NEMO』の美監が小林七郎さんだったのだ。『NEMO』のとき、大塚さんに連れられて行った飲み屋で小林さんと引き合わされた。何せ、『NEMO』ではレイアウト担当演出をする話になっていたので、自分のところを通過した原図が次には美術に回るはずで、この辺の関係は大事だった。

席上、小林さんは、この少し前に完成していた作品の背景を取り出し、その作品の監督がいかにレイアウトに自分の手を加えて修正してきたか、しかし、自分はいかにそれを上回る原図再修正を施し、画面をものにしたか、という話をされ、「プロっていうのはそういうものだ」と鷲のように強烈な視線でそういわれた。

結局、その『NEMO』はわれわれの手を離れ、小林七郎さんと組む機会は失われていたのだったが、今またそれが巡ってきたわけだ。

とにかく日本家屋をたくさん描かなければならない。原画マンが描いてくるレイアウトは、なんだか室内の広さがちょっと違うような感じがした。それから、屋根の傾斜が急角度に過ぎるような気がした。

実は、和室の広さほど計算で割り出しやすいものはない。九十センチかける百八十センチとサイズが定まった畳が床に敷き詰められているのだから。別に畳部屋でなくとも板の間とかでも同じで、柱が何間とかの単位で立ってるのだから、それを基準に割り出して登場人物の身長と対比させればよいのだ。そうやって自分でやり直してみると、たいていの人が部屋を広めに描きすぎていることがわかった。自分で適正と思える広さに描き直してみると、なんだか小津安二郎の気分になってきた。小津の撮る日本間はまことにこぢんまりして見える。さすがに小津みたいにカッキリした画面を作れはしないのだが。

みんなが部屋を広めに描いてしまうのは、これまで漠然とした洋間的空間を想定することばかりやってきたからなのかもね、などと思ったりもしたのだが、屋根の角度が急すぎるのも同じかもしれなかった。絵本で見る西洋家屋の屋根にちょっと似ていた。

その日から、スタジオの窓から外に立つ家を眺めたりする日々となった。昼飯を食いに出ては、その辺に建つ家の軒裏を眺め回しながら歩くことになった。屋根の構造（小屋組み）の一部が露出しているのだが、その組み方だとか、あらためて「こうなってるんだ」と見物していった。屋根といっても切妻とかいろいろあるのが勉強になる。

『うしろの正面』には途中から入ったので、初期の分で自分のチェックを経ていないレイアウトもいくつか流れていた。そうしたものは屋根が急傾斜だったり、屋根裏がちょっと空想的な構造になっていたりしたようだった。で、しばらくすると、そうしたレイアウトは美術のほうから戻されてきた。

「家のカタチがおかしい。こっちの人の絵はまだちゃんとしてるから、こっちの人でレイアウトは統一してほしい」

でもって、その「こっちの人」というのが、自分だったりしてしまった。それはたいへん光栄な話でもあったが、それではほとんど全カット、レイアウトを描けということになるのでは？

結局、何カット描いたのだろう？　９００カットくらい？

最大多いときで、一日40カット描いた。原図だけじゃなくて、必要なところには、ごく簡単な芝居のラフも入れつつ。

途中から、原画の割り振りが間に合わなくなってきて、上がってきたレイアウトをチェックするのでなく、最初からこちらで先回りして描いたほうがよいような感じになり、そうすることにした。

絵コンテで背景の場所があいまいになっていたところには、思いつく範囲で実在の場所を描きたかったた。沼袋から見える中野方向は家がどれくらい焼けてるのだろうか、と戦災図をなめ回したりもした。ついつい、この辺では水が見えるといいだろうなあ、などと不忍の池のほとりだかを描いてしまったのだが、上がってきた背景では、池が土で埋まって稲が植えてあった。小林七郎さんの添え書きがあって、「不忍の池は戦時中は田んぼになっていました」とあった。やはり当時のことを直接に知る方にはかなわない。

そんなことをやりつつも、根が演出家なもので、「ここ、ちょっとカット足してもいいですか？」「このカットとこのカット、こうつないでワンカットにしてしまってもよいですか？」などと、監督の有原さんに意見具申してしまって、しまいには、芝居もコンテもだいぶ自分流にしたところが増えてしまった。戦災で犠牲になってゆく立場の人たちであっても、ただ一方的な犠牲者であるのもどうか、と思ったので、防空演習の場面では遠くの空に陸軍二四四戦隊（調布基地）の三式戦闘機の編隊を飛ばし、登場人物たちに手を振らせたりもしてしまった。

こういうことをしていると、どうしても『火垂るの墓』の表現を思い浮かべざるを得ない。高畑さんは米軍のM69焼夷筒は空中着火して、ナパームに火がついた状態で降ってくるのだ、自分はその下を逃げたのだ、といっていたのだけど、わが大学の同級生にして『火垂るの墓』演出助手の須藤典彦は、自衛隊で聞いてきたらそうはならないといってましたと報告して、だいぶ叱られてしまったらしい。だが、自分にも正直、着発信管のはずのM69がなぜ空中着火するのかよくわからず、そこは『うしろの正面』ではあいまいにしてしまった。この辺のことは、最近になってようやく「こういうことかな？」という感触を摑みつつある。空中着火はあると思う。

一方で、米軍戦闘機の機銃掃射の弾着に関しては、『火垂るの墓』はあきらかに表現不足だった。あんな、ぽわ、ぽわ、ぽわ、と小さな土煙の柱が立つような感じではない。直径12・7ミリある金属の棒が音速で突っ込んでくるのだ。

以前、近藤喜文さんにそのことをいったら、「ほらあ、やっぱりこういう人がいたんじゃん」といわれた。どうも、近藤さんたちもわからなくて苦労していたらしかった。

『うしろの正面』の機銃掃射シーンの担当原画マンは当時まだ新人だったが、クイック・アクション・レコーダーを使いつつ何度もやり直してもらって、高さ三メートルの土煙柱を1コマ作画で並べ立てた。ここくらいは勝ちに行きたかったので、こちらもつい粘り強くなった。

「いいか？　三メートルだからね！　音速の衝撃だからね！」

その甲斐あって、迫力ある画面になったと記憶している。

近藤さんと機銃掃射の話をしたのって、いつだったろうか。そうか『火垂るの墓』の演出助手にも自分の名前が上がっていたのか、とそのとき初めて知った。いや、だが高畑さんの相手は我慢強い須藤でよかったのだと思う。

最初の十年が終り、次の十年が始まる

ここまで、仕事を始めた一九八一年から一九九一年まで十年分の出来事を書いてきたことになる。

虫プロにはたぶんあと一年くらいいたのだが、ちゃんと映像になった仕事は、一九九一年三月公開

の『うしろの正面だあれ』で終りだ。そのあとは自分がメインに入って携わる予定で映画の企画を二本ほどやっていたのだが、これはものにならなかった。

一本目のは何がどうなってポシャったのか、よく思い出せない。が、シナリオまでは進んでいなかったはずだ。

二本目のはプロデュースサイドも入れ込んでいて、こちらもかなり熱中できた。

とはいえ、『うしろの正面だあれ』にしても「戦災もの」であったわけだし、どうしてもこの虫プロでの企画はある種の社会性のようなものをセットにくくりつけられる前提があった。「作品そのもののおもしろさ」を前面に立てて世の中に打ち出していこうとしても、「ほんとにおもしろいの?」とか「おもしろいもの作れるの?」などと勘ぐられてしまうのが往々なのだとしたら、そうしたことも仕方なかったのかもしれない。

二本目のほうの企画は「絶滅寸前のトキ」を題材にする、というお題目がまず最初にあった。今は中国から貰い受けたトキの繁殖が進んでいるが、この当時は純国産のトキが最後の老鳥だけになっているような時期だった。トキの棲めなくなった自然環境だとか、そういうことを語ることが期待されていたのかもしれない。

ただ自分でいろいろ調べてみると、トキが棲めなくなってしまった山野で、サギは今も闊歩していた。どうやらトキは、より適応したサギにエコニッチを奪われ衰退したもののようで、「自然が汚染されて云々」とはあまり関係がないのではないかと思われた。同じような浅い水辺に棲みながら、サギは脚が長く、トキはニワトリ以下に脚が短い。そしてまた、短い脚のトキが田んぼの中で餌を捜し歩けば稲苗を跨ぎこすことができず、倒してしまう。なので明治以降、トキは稲作の害鳥として積極駆除の対象となって激減してしまったのではなかったろうか。

トキに関してどこに社会的なテーマがあるのか、正直自分として取っつきが難しかった上に、ましてや、そうした社会的テーマみたいなものを前提にされると、ちょっと腰が引けてしまうところがある。「これはおもしろいのだ、それで十分」という明快な売り込みをしてくれることを、プロデュースサイドに対してついつい期待したくなってしまうのだ。

だもので、このトキに関する映画は、明らかにトキにしか見えない鳥が出てきながら映画中ではまったくトキと呼ばず、トキと切っても切れないはずの佐渡島も、よく似たたたずまいの別の島が舞台となり、佐渡島そのものとしては出てこない、そんなふうにしてしまおうかと思った。自分としては、ローカルな地域性を脱して一般化してしまったほうがより高度な普遍性を得られるのではないかと考えたわけだ。

そのようなポリシーでシナリオの第一稿を書いてしまった。児童文学的なアプローチで書いたつもりで、絶滅する種の運命などよりも、そこにいるたった一羽の鳥と女の子の話を書いた。

訪れた島で、鳥の生態を研究する偏屈な老学者から鳥の言葉を習ってしまった都会の女の子が、捕獲され都会にやってきたその鳥が檻の中で悲しんでいることを知り、逃がすのだったか、鳥が自分で逃げるのだったか、鳥は生まれ故郷の島を目指して街中を飛び、海へ出て、大海を渡ろうとする。だけどこの鳥にはそんなに航続力がないはずだ。女の子たちは小船で鳥を追い、鳥が力尽きて波間に落ちようとしたところで女の子が海に飛び込み、波間で泳ぐその頭の上に鳥がとまる。そんな話だった。

これを書くため、佐渡島にロケハンにも行った。誰も同行者がいない一人旅で、宿泊先の予約も何もしてくれる人もなく、船で着いた港に待っていた客引きに引かれるままに安い商人宿と思われるところに泊まった。一泊目の夕食がライスカレー一皿だったのには、「ああ、これは観光客向けの宿じゃないし、自分は今、観光に来てるのではないわけであり」などと、しみじみしたりした。

翌日はレンタカーの軽乗用車を借りて、地図がないので、佐渡の地図をプリントしたハンカチを土産物屋で買い込み、ハンドルの上に広げつつ走り回った。

湖に直接船を出せる家々が並ぶ両津の町のたたずまいも、加茂湖の静けさも印象よく、その上、山の端に閉ざされた小さな漏斗のような谷間が棚田になっていて、そこへ雲間から斜光が絶品に差し込む光景を見てしまったときなど、えもいわれぬ幸福感に襲われたものだ。


この仕事では、脚本を改稿するためカンヅメになった場所が最高によかった。

プロデューサーのひとりのお父上の山荘だった。このお父上は、富士山の周囲に何軒もの別荘を持っていた。そして、それらの別荘を建てるために、まず大工をスペインに修業に行かせる、というほどの趣味のよさだった。

このお父上がたまたま調子を崩して入院されたところだったので、別荘にはほかに誰もいないし、自由に使っていい、といわれた。

スペインタイルに彩られた別荘の中には、大きな一枚板のテーブルがあり、真鍮を切り抜いた太陽が壁に飾られた下にはほんものの暖炉があった。風呂場の大きな一枚ガラスには富士山の全姿がそのまま切り取られて見える。

何より驚愕したのは、美術書や映画ソフトのコレクションの充実ぶりだった。クラシックのレコードも箱入りのものが大量にあった。これもものすごく趣味がいい。『ラストタンゴ・イン・パリ』だなんて、果たして八十代のご老人がコレクションする映画なのだろうか。

毎日、何本か映画を見つつ、ワープロを前にする日々となった。

映画学科の学生だった頃の次くらいに、たくさん映画を観た。『マイライフ・アズ・ア・ドッグ』『カラビニエ』なんかが印象的だった。

ただ、周囲にちゃんと開いている店屋がまるでなかった。台所の引き出しに缶詰があるから自由に食べてね、といわれた引き出しの中身は高級品のカニ缶だけで、これは食ったらバチがあたると思った。食糧を買いに数キロ歩くのが日課となった。

一度だけ、浦谷さんが子ども連れで訪ねてきた。当時彼女は三人目の子どもがおなかにいてかなり大きかったから、これは一九九二年に入ろうとしていた頃だったろうか。

けれど、この映画をどうするのかについてのプロデューサー間の議論は堂々巡りに入って出口に向かいそうになくなっており、作品をどう作るかという結論が得られないのなら、こちらとしてはこの際、虫プロを離れるしかない、ということになった。

次の行き先は、『魔女の宅急便』の制作担当・田中栄子さんが作ったスタジオ4℃。

そこでこの続きの十年が始まる。

真面目に働いてれば、あとに何かは残ってるもの

虫プロの伊藤叡社長と車でどこかに出かけると、給油するつど、伊藤さんはガソリンスタンドのアルバイトに聞いていた。

「時給いくらですか？」

そして、運転を始めてこうこぼすのだった。

「今のおねえちゃんほど、うちのアニメーターに支払ってあげられてないなあ」

こういう伊藤さんは本当に立派だと思う。

自分自身も虫プロにいた何年間かで、月給が一・五倍増、テレコム在籍時の倍を超えるようにまで引き上げてもらっていた。

そんなふうにきちんと定収を保証してもらえる虫プロを辞めて食っていく自信はあるのか、しかも三人の子持ちで。まあ、なんとかなりそうな気もしていた。日本アニメーションから絵コンテの仕事をもらえるようになっていたからだった。

『私のあしながおじさん』監督の横田和善さんが、日本アニメーションの仕上出身の保田道世さんに

くれたのだった。

「誰かコンテ切れるのいないですかねえ?」と電話し、保田さんが「片渕ってのがいる」と紹介して
そうした紹介をしてもらえるまでに真面目に働いてきてよかったと思う。

実は、『魔女の宅急便』の制作中、かなり大きな危機がジブリ仕上部の上に訪れたことがあった。不良納品されたセルが不良品で、それに気づかず相当枚数の彩色を行なってしまっていたのだった。不良というのは、セルの透明部分にごく微小な気泡だか傷が入っている状態で、そのまま撮影すれば、小さなチラチラしたものが画面を汚すことになる。不良箇所を発見するために仕上チェックの女性たちが何人も眼精疲労になり、一時的に目が開かないようなことにまでなってしまった。

セルに入った傷は、ある程度なら撮影時に偏光フィルターをかければ消すことができる。しかし、撮影のスタジオぎゃろっぷは撮り上り画面の抜けがよいのが自慢で、撮影監督の杉村重郎さんは、どうしてもピントが甘く多少薄暗い画面になってしまうPL(偏光)フィルターは絶対かけたくない、とプロフェッショナルとしての立場で拒んだ。

ならば、この空セル部分に傷が入った大量の彩色済みセルは廃棄しなければならないのか。それで予算的に大丈夫なのか。映画の完成は間に合うのか。

ただひとつなし得る手があるとすれば、塗り終っているセルから透明部分を全部切り抜き、きちんとした空セルに貼り直して撮影に回すことだった。

複雑な絵を切り抜けるのか? 誰がやるのか?

そういうことになると、不肖この自分がやるしかないのだった。他のスタッフが誰もやらない仕事を引き受ける役回りだった。

セルからキキを切り抜く。またがっているホウキだとか髪の毛のとんがっているところが面倒だけど、仕方ない。そこは丁寧に。使ったのはふつうの文房具屋で売ってるハサミであり、切り抜いたセル断面は少しギザギザしている。それが撮影のライトを浴びて光らないように、厚さ0・125ミリのセルの断面だけを黒マジックで塗りつぶす。そののち、新しい空セルに両面テープで貼る。本来の絵と位置がぴったり一致するように。そして、隅が浮いて影を作らないように。何百枚かそういうことをやった。自分が貼り直した分だけ仕上で塗り直さずにすむのだと思いながらそういうことをした。

そんな経緯もあって保田さんには信頼してもらえるようになっていたのだと思う。その保田さんが紹介してくれて『私のあしながおじさん』の絵コンテの仕事をもらえるようになった。まだ虫プロ在籍中だったのだが、伊藤さんにはちゃんと断った。まあ、仕方ないと思うから、せめてペンネームでやってね、と許してもらった。

最初の絵コンテを切り終えて、日本アニメーションに電話すると、制作が車で回収に来て、夜中に持っていく。車の走りやすい真夜中にだけ来るので、制作進行の姿を見ることはない。サンタクロースみたいだった。

提出してしばらく経ってペンネームを考えてなかったことに気がついた。

制作デスクの余語昭夫さんに電話したら、

「ああ、そういう人が何人かいるから、こちらのほうで適当にペンネームつけてクレジットしてます。大丈夫」

ということだった。

余語さんがつけたのは『関戸始』という名前だった。「片渕さんの家に行くのに、途中で関戸橋を渡るから」とかネーミングの理由を話された。

日本アニメーションの絵コンテの仕事は、その後もちょくちょくもらえるようになっていった。

そしてまた、これから机を借りてそこで仕事しようとしていたスタジオ4℃のプロデューサー田中栄子さんは、実はまだ日本アニメーションに在籍中のプロデューサーでもあった。

原動機付自転車にまたがるようになった一件

保谷にあった最初のスタジオ4℃には原付で通ってたんだっけ……と思い出して、あっとなった。虫プロ時代はまだ原付なんて持っていなかったはずだから、虫プロを辞めてすぐに4℃に通うようになったわけではなかったのだった。

しばらくは完全にフリーの時期を過ごしていたはずだ。

たしか、最初に日本アニメーションの絵コンテの仕事を与えてもらった横田和善さんが、東京ムービーのテレビ『じゃりン子チエ』の新シリーズ『チエちゃん奮戦記』のチーフディレクターになり、その絵コンテの仕事をこちらにも回してくれたので、生活できていたのだった。

横田さんは愛すべき酔っ払いで、絵コンテの打ち合わせの約束も、はじめは「吉祥寺駅前のルノア

ールで」などとマジメに交わしていたのだったが、そのうちに「井の頭公園の茶屋で」ということになり、

「あなた蕎麦？　僕はビール」

と、昼間から堂々と飲みはじめていた。

さらにそのうちに、今度は吉祥寺ガード下の飲み屋が定番の打ち合わせ場所になり、時間帯も夜になっていった。

たまにほかの場所で約束したのに横田さんが現れなかったりするものだから、ガード下に赴くとそこにやはり姿があって、

「あれ？　君も飲みに来たの？」

などといわれた。絵コンテ打ち合わせの如き瑣末なことは酒の神の前にすっぽり抜けていたのだった。

「えーと、打ち合わせ、今日の約束だったんですが」

「ああ、そうだったっけ？　じゃあ、ここの勘定、領収書取れる」

『チエちゃん奮戦記』はそんな具合にゆるゆるした感じで、何かそれなりにのんびりできた。作業そのものは、自宅で原作単行本を広げて、それをそのまま活かすように進めればよい。最初の『じゃりン子チエ』の長篇以来、アングルのとり方だとか、表情のつけ方一般に関して、原作のニュアンスを尊重した上での表現を高畑さんが十分に整理していたので、こちらはそれにのっかっていればよかった。はるき悦巳さんのマンガは、吹き出しひとつが三秒分の台詞になっているのだな、などと自分で気づいて感心したりもした。台詞が多いようで、ちゃんとリズミカルに読めるようにできていたのだ

った。

そんなこんなのうちに、スタジオジブリからも呼び出しがあった。ジブリは『魔女の宅急便』のあとで、それまでの作品ごとにフリーのスタッフを呼び集めるシステムから、きちんと会社組織にして新人社員の採用も始めていたのだが、そこで育ちつつある新人演出家と新人アニメーターの面倒を見てほしい、という話だった。

まだ虫プロにいた頃、宮崎さんから電話があり、「『紅の豚』の海面の処理がわからないから、演出助手をそっちに行かす。教えてやってくれ」といわれたことがあった。そのときは、妙に人の良さそうな若いふたり連れがやってきて、こちらとしても複雑な処理をちゃんと理解してもらえるのだろうか、と思いながら話したのだが、やけに簡単に「わかりました」といって帰っていかれてしまった。大丈夫かな？と思ったのだが、そうした新人たちがジブリの中で場所を占めるようになっていたのだった。

ここで与えられた任務はこんなようなものだった。

「よその会社のテレビシリーズを三本グロス受けして取る。本来ならその作品独自の予算枠があるのだろうが、ジブリのほうで少しアシストして、枚数も使えるようにするから、それで演出家をふたり、動画マンで採用した中から原画の練習をさせるのを十人、仕事させる。その連中の指導をしてやってくれ」

当時、ジブリはまだ『となりのトトロ』『火垂るの墓』『魔女の宅急便』の頃と同じく吉祥寺にあり、『紅の豚』もそこで作られていた。通いなれたところに通うまでだった。

テレビの仕事を三本取るのなら、一本目は自分でコンテ演出をやる。二本目以降は若いふたりにそれぞれやらせる、などとプランを立てていたら、演出のひとりが会社をクビになってしまった。どうも、『紅の豚』のダビングにきちんと来なかったのが、宮崎さんの気持ちに引っかかってしまったらしい。

そうこうするうちに、『紅の豚』は完成し、スタッフ全員が慰安のためオーストラリア旅行に出かけてしまった。彼らが帰ってくるまでは、こちらは絵コンテだけやっていればよかった。

一九九二年八月には東小金井に新社屋が竣工し、ジブリの全社が引っ越すことになった。新社屋竣工記念パーティなどというものも開かれ、なぜか高畑さんがゲストの立場でやってこられ、こちらは出迎える側に混ざってしまっていたものだから、「なんだか主客逆転したような妙なおかしな気分ですね」と話したりした。

招待状は司馬遼太郎氏や堀田善衛氏にも出されていたようだったが、そうした人たちは現れなかった。それよりも、大学の恩師・池田宏先生がやってこられた。小田部羊一さん、奥山玲子さんのご夫妻も。高畑さんも加わると、旧・東映動画のメンバー勢揃いとなった。そこへ、アニドウのなみきたかしさんに案内された森康二さんがやってこられた。森さんはご病気だと聞いていたのだが、暑い夏の日ざしの下を、駅からここまで歩いてきたといい、存外、お元気そうだった。

そう思って眺めていたら、なみきさんの鋭い声がこちらに飛んできた。

「片渕君！　何やってるんだ、椅子！」

あわてて椅子を探しに走った。

なみきさんの口調からすぐにわかった。六十七歳の森さんの体はそんなに弱ってしまっているのか。

ようやく席に着いた森さんの周りを、かつての東映動画の仲間たちが囲んだ。宮崎さんは、パーティ会場のうしろのほうで行なわれているこの先輩たちの集まりには近づかなかった。一国一城の主となった自意識というのも難しいものだな、と思った。

この章は、そもそもは原付の話から始まっていた。

竣工祝いが終って、スタジオが稼動するようになったとき、家からここまでの距離を地図上で測ってみたら、自分としてギリギリ自転車で通えるくらいだと思えたのだった。だから、最初の一日は、ふだん子どもを保育園に連れて行くのに使っているママチャリを漕いできたのだが、汗っかきの上に、息切れしやすい体質なものだから、かなり悲惨なことになってしまった。必死で漕いでいる自転車を原付バイクがスラスラ追い抜かしてゆくのは、うらやましかった。翌日、原付を買いにゆき、それでジブリに通うようになった。そういうことだった。

空に重なる花火

どうも話が行ったり来たりしてしまって申し訳ないのだけれど、やはり、虫プロを辞めてからあまり時を置かずに保谷の４℃に机を置いていたような気がしてきた。

４℃には、はじめの頃は、まだ原付ではなく、所沢からひばりが丘まで電車で通っていたのだった。そういえば、この通勤の電車で読むために、アゴタ・クリストフの『悪童日記』をひばりが丘の本屋で買ったんだったっけ、と当時のディテールを思い出す。

最初の頃のスタジオ４℃というのは、田中栄子さんがこのあいだまで住んでいた普通の平屋の家だった。

平屋の４℃に「出勤」すると、畳の上で佐藤好春さんが寝ていたことも思い出した。好春さんを起こさないようにそーっと、ではなく、ここは積極的に起こして差し上げなければならない。なぜなら、その当時、好春さんはジブリに通っており、しかし、ジブリではスタッフの出社時間が遅くなってきていることに対し、遅刻厳禁命令が出るようになっていたのだった。そんなふうに遅刻を思いっきり嫌う作品とは、宮崎さんのものに違いなく、好春さんはこのとき『紅の豚』に携わっていたのだった。そこまで思い出した。

いずれにしても、好春さんが起きて布団を片付けてくれなくては、自分の動画机の前に座ることができなかった。

奥のほうには黒沢守君の机があって、オモチャでいっぱいになっていた。好春さんもオマケに入っている大きなソフトビニールの鉄人欲しさに『鉄人28号』のレーザーディスクをボックス買いし、いざ届いてみたら、鉄人28号のハナの部品が欠けていて、なんとも情けない顔をしていた。

そんなたわいもないことを朝の短い時間に交わしつつ、好春さんはジブリに出勤してゆき、自分は自分の絵コンテを始める。そんな日々がしばらく続いていた。

この平屋の普通の民家であるスタジオ4℃では、監督／キャラデザイン・森やすじ、演出／作画監督・佐藤好春で、『おおかみと7ひきのこやぎ』という作品も作っていた。

これは童話や民話を元にした何本かの児童向けのシリーズの一本で、日本アニメーション製作のものを、4℃が下請けして実制作を行なっていたのだった。このシリーズのほかの作品では、福島敦子さん、山本二三さん、小林七郎さんたちも演出していて、いかにも田中栄子プロデュースらしい意欲的なシリーズだった。

本当は、自分も虫プロ時代に一本やらないかと誘われていたのだったが、どうせならこういうときこそ美術的な作品が見たいし、それなら小林七郎演出なんていうのもありじゃないか、と提案してみたら見事に実現してしまったりもした。

演出の好春さんはジブリで『紅の豚』をやりつつも、本家の4℃のほうでも『おおかみと7ひきのこやぎ』が少しずつ進められていた。同じ家の中で作業されているものだから、森やすじさんの絵コンテをチラチラのぞいてみたり、上がってきていた原画を眺めてみたりもした。『魔女の宅急便』当時は動画マンだった尾崎和孝君の原画もあって、実に楽しそうに描いてあるのが微笑ましかった。森さん自身は日本アニメーションにいて、4℃に来られることはなかった。

自分が新人の面倒を見るため再びジブリに通うようになったのは、それよりあとのことで、好春さんがジブリを引き上げるのとほとんど交代するような感じだったはずだ。

その頃にはもう、この家の台所、すなわち制作部で、田中栄子さんから、『アリーテ姫』の企画をもらっていた。近い将来手がけることになるだろう『アリーテ姫』を心に抱いた状態で、ジブリに出稼ぎに行っていたことになる。

そうして、八月の暑い日に開かれたジブリの新社屋竣工パーティで森さんの姿をようやく見ることができたのだが、九月に入って、今度は訃報を耳にすることになる。

アニドウのなみきたかしさんから、「森さんのお通夜を手伝って」という電話があった。「いや、お焼香の人を写真に記録する係でいいからさ」といわれた。

お寺は自分の家から比較的近いところだったので、原付で出かけた。

すると、大塚康生さんも喪服で原付を飛ばしてきておられた。高畑さんもいて、宮崎さんもいて、小田部さんや、奥山さんや、ひこねのりおさんほか東映長篇以来のベテランの方々の顔があった。

自分など何するほどのこともできず、ただ、自分自身の人生最初の記憶が『わんぱく王子の大蛇退治』にまつわるものだったがために、それが今こうして働いている職業にまでつながっているというだけの縁で、森さんのお棺を拝んだ。

「パクさんはどこいったの？　もう帰っちゃったの？」

と、いつの間にか姿がなくなった高畑さんを求める声がした。

「明日読む弔辞の原稿書きに帰った」と、大塚さんが答えた。

するとベテランたちは口を揃えた。

「ああ、パクさんは詩人だから」

「そうよね。パクさんは詩人だから」

「じゃあ、ちょっと」と、また大塚さんがいった。「パクさんちに行って、冷やかしてくるかな」

「邪魔しちゃ駄目よ」

「邪魔しにいくんだよ。どうせ、パクさんは徹夜で呻吟するんだからさ」

さっきまで「森さんまで亡くなったら次は自分の番だから」といっていた大塚さんが、原付の爆音を撒き散らして走り去っていった。

表へ出ると、お寺の背後で西武園の花火が上がっていた。

いくつも重なる大輪の花火。

まるで、漫画映画のような。

夏の終わりの花火。

後日少し親しくなってから、ご長男の森淳さんにそのときの花火のことを話したら、ああ、それはよかったです、自分は忙しさに紛れて見られなかった、とあたたかい眼をしておられた。

淳さんは実写の映画監督で、しかもイギリス映画の監督として活躍しておられ、のちに自分が携わった『この星の上に』の英語字幕を作っていただくことになる。

木々と花々の趣味、物騒な趣味

まだ、今ほど仕事に恵まれていなくて、逆にいえば自分の自由にできるのどかな時間があった頃は、それなりに幸福だったような気がする。

スタジオ4℃の田中栄子さんも、今ではアポを取るのもたいへんな感じに毎日めいっぱい忙しそうなのだが、九〇年代に入りかけの頃は、4℃の最初のスタジオになる平屋の家の近所の空き地で、子どもたちといっしょになってせっせとスイカ栽培をしていた。たまたまこの空き地が都有地だったりしたため、都の職員が来て夏の雑草を機械で刈り取ってしまい、いっしょにせっかく実がつき始めたスイカの苗もなくなってしまった、とこぼしていた。

そういう自分自身も、「仕事場」と名目をつけて、住んでいる貸家のほかにもう一軒家を借り、その庭でせっせと園芸などしていた。二十坪か三十坪くらいの土地にぽつんと六畳一間のみの小屋みたいな家が建っているだけなので、家賃は格安、耕して花壇にする庭はふんだんにあった。うちの浦谷さんなどは、この家を借りることになったとたん、イメージボードを描き始めたりしていた。一間っきりの六畳間には縁側がついており、そのすぐ外には山桜の木が立っていたので、その枝から電灯なんか垂らして、子どもらと庭でバーベキューでもしよう、というイメージをサラサラと絵に描いて夢見てるのだった。そうそう、庭先にはポンプ式の井戸もあった。ただし、ポンプは大破していて水を汲むことはできなかった。

この小屋みたいな家は、ちゃんと本当に仕事にも使っていて、日本アニメーションの世界名作劇場の絵コンテ（思い出す限りでは『私のあしながおじさん』とか）なんかをここで切ったし、『アリーテ姫』の初期的なストーリープランも、壁にメモを張り巡らすようにして、この家の中でやった。

はじめは庭とは名ばかり、ただ雑草が生えている空き地だったところに、リュウノヒゲを増やして花壇の仕切りを作り、小道を作っていろいろな花を植えまくった。あまりにシャベルをふるいまくったせいで、地中の水道管に穴を開けてしまい、水道屋が修理に来るまでの洪水でモグラが溺れ死んでぽっかり浮かび上がった、なんてこともあった。

元から生えていた植物も適当に植え替えてゆくと、黄色い花と赤い実をつけるヘビイチゴなんかが目立つ感じになり、ちょっと風情がよくなった。カヤの穂なんかも揺れていた。通りかかった老婦人から、庭をスケッチさせてもらいたいのだけど、といわれてしまうほどだった。

その頃、宮崎さんは信州に別荘を持つようになっていたのだが、そこまで出かけるとなると、今まで愛用していたシトロエン2CVのような車では特に冬がおぼつかないので、4WDだかなんだかを買うことに決めたらしかった。ついては駐車場がない、という。宮崎さんちの近所には、のちに例の「トトロの森」になる雑木林があって、駐車場もできる予定だったようなのだが、「あそこはなんだかなあ」といいだして、挙句に「お前んとこの庭に俺の車置かせろ」という話になってしまった。思えば、うちの「庭のある家」は宮崎さんの家からもほど遠くないところにあったのだった。

「え？　いや、だめです……」

と言葉では抵抗してみるのだが、宮崎さんもなかなか思い込みが激しいたちの人なので、もうそこに車を駐める気になってしまっていた。ある日曜日には奥さんを伴って下見にまで来てしまったらしい。

で、どうなったかといえば、

「女房がこれを潰すのはかわいそうだ、というのでやめにした」

春にはチューリップやデイジー、クロッカスが一面を埋め、キイチゴの花も咲いている庭だもの、それはもう。

新人たちの面倒を見るためジブリに通いだし、そのジブリが竣工したての新社屋に引っ越すと、そこには庭はあれど、むき出しの土の地面があるだけ、という状況だった。何かむらむらとした欲求を感じ、「庭の家」のリュウノヒゲがすぐに増えて無尽蔵といってもよい感じだったので、少し引っぺがしてきて、ジブリの庭に花壇を作ってしまった。自分は別に社員でもなんでもない立場なので、宮崎さんからは「フリーの園芸部長」と呼ばれた。

宮崎さんに「お前には緑の指がある」と感心され、高畑さんからは「この花は好きじゃないなあ」とせっかく咲いたルピナスの花をくさされたりした。

しばらくすると同調者が現れた。近藤喜文さんだった。団地住まいの近藤さんは、団地の庭に木々を植えようとしては管理委員会に叱られて断念したりしていたらしい。なので、近藤さんは、

「実のなる木を植えるのが夢なんだよね」

といい、

「じゃあ、買いに行きましょうか」

と、ふたりで就労時間中に近藤さんの軽自動車に乗り込んで、武蔵小金井のほうまで果樹の苗木を買い出しに行った。近藤さんの運転といえば、坂道発進が苦手なあまり信号が坂道の上にあったりするとはるか坂の下に車を停めて青信号になるのを待つ、という感じのものだった。若干の不安を抱えながら助手席に乗ったものだ。


いろんなものを買ってきてジブリの庭に植え始めると、近藤さんの中にさらにあれもこれもという欲求が高まっていったらしい。あとでまたひとりで苗木を買いに行っては、社屋の周りのあちこちに植えまくった。挙句に会社の管理部門から「社有地に勝手に木を植えないでほしい」と苦情をもらう羽目になってしまった。ああした植物たちは、近藤さんもいなくなってしまった今、どうしているのだろう。


宮崎さんは、喫煙するがゆえに、作画室の隅にガラスで仕切った一角を作って、その中に籠っていた。『紅の豚』が終って次回作の構想もない時期だったので、「モデルグラフィックス」誌の漫画をそこで描いていた。

「おーい、ちょっとー」

と、呼ばれてその小部屋に行くと、宮崎さんはW・J・シュピールベルガー著『ティーガー戦車』などというドイツ語の洋書の写真に定規を当てていて、

「なあ、この前面装甲鈑の厚さ、65ミリだと思うんだけど、どう思う?」

などと問いかけてくるのだった。ポルシェ・ティーガーのハイブリッド・エンジンの過熱の具合だとか、そういう話の相手ができるのは、たしかにこのあたりでは自分しかいそうになかった。

見ると原稿が、ちょっと間違って描かれているように見えたので指摘してみた。

「信用しない」

せっかくいってあげているのに、肝心なところを信じてくれないのも困る。

以前、『天空の城ラピュタ』の構想中に「高射砲塔が出る」というので、市街地を見下ろす立地から高射砲を発砲するとどうなるかという例のつもりで、広島の江波山高射砲陣地の話をしてみたことがある。低空で侵入してくる敵機には俯角射撃を行なわざるを得ず、それは自分たちが守るべき町に直接砲弾を撃ち込む行為となってしまうのだ、と。

そのときは「ふーん」とかいわれてしまったのだけど、いつの間にかそれが「モデルグラフィックス」の漫画に描かれていた。そういうところは「結果的に」信じてくれているのである。

このとき描いていたのは「豚の虎」という話だったが、また「おーい、ちょっとー」と声がかかってガラス張りの小部屋に呼ばれ、

「お前、このあいだ、ドイツのトラックだとか補助車両の載ってる本持ってただろう。あれ、貸せ」

という。

「だって、宮崎さん、こんな戦わない車の本は大塚さんしか興味持たない趣味だ、ってけなしたじゃないですか。だから持って帰っちゃいましたよ」

「ちぇっ」

「なんなら……明日持ってきましょうか？」

「いい。今日中に適当に描く」

新人養成の仕事が終って、さあ、そろそろジブリを離れるか、と思っていた頃、プロデューサーの高橋望さんに「話がある」と呼ばれた。何事かと思ったら、

「ジブリの社内に残ってくれませんか?」

という。

「宮崎さんのミリタリー関係の話し相手になれる人材がほかにいないんですよね。そういう担当、ということで残ってもらえないか、と」

そうはいかない。自分には4℃で仕掛り中の『アリーテ姫』が待っているのだった。様々なものがままならない現実の中でこの映画の企画だけが最後まで残ったものであるように感じていた。

ということで、二代目の園芸部長は美術の久村佳津さんに任せて、さよなら、ジブリ。

いろいろと再出発

これより少し前の時期に、『じゃりン子チエ　チエちゃん奮戦記』の現場で東京ムービーにも入っ

ていたことがある。

この頃の時系列を整えてみると、『紅の豚』の完成が一九九二年七月、ジブリの東小金井移転が八月、森やすじさんが亡くなったのが九月で、『チエちゃん奮戦記』の放映終了も同じ一九九二年の九月ということのようだから、たぶん、二回目のジブリの前半は東京ムービー通いとダブっていたのかもしれない。

東京ムービーは、元はテレコムが入っていた新井薬師の線路端の建物に、テレコムが移転したあとに入っていたので、なんだか久しぶりに古巣を訪れるような体験だった。

西側の階段を四階まで上ったところ、こっち側は大塚さんと自分とでずっといっしょに過ごした元会議室の台形の部屋、反対側は作画の全員が入っていた大部屋。その中間の階段室にはいまだにテレコム時代のスチール棚がひとつ残されていて、今は用なしになってしまった70ミリ版『NEMO』の巨大なレイアウト用紙と動画用紙が束のまま置き去りにされていた。この紙を作った頃、この紙でパイロット・フィルムを作った頃のなにがしかの期待感を思い出せば、なんともはかない格好になってしまっているように思えた。

その後、東京ムービーに『名探偵コナン』その他の収益でお金ができたときに、この元は学校の校舎だった建物は取り壊され、新しいちゃんとしたビルに建て直されたのだが、おそらくは取り壊される直前まで、70ミリ用の用紙類はそこにあり続けたのだろう。もはや顧みる者も触れる者もないままに。

たぶん一九九二年の十二月だと思うのだが、ジブリの忘年会の宴会が吉祥寺で行なわれたことがある。ジブリのみんなにとっては久しぶりに東小金井から吉祥寺に帰ってみたいなことだったわけで、会場に集合するあいだに、誰かが横田和善さんを見つけてきた。横田さんを知らないような作画の若いのが、道で出会って、引っ張ってきたのだと思うけど、よくまあ、連れてきてしまったものだと思う。

横田さんは宮崎さんの隣の席に占位し、盛大に飲みまくった。横田さんの奥さんが経営していた飲み屋のマッチを宮崎さんがデザインしたとか、そういう古馴染みの関係のふたりだった。

横田さんの酔っ払いぶりは昔から有名で、酔っ払って仕事場の動画机を空手でぶち壊し始め、途中で正気に戻って、これはいけないと証拠隠滅のためさらに空手で机の残骸を粉砕して跡形もなくしてしまった、などの逸話をもつ。友永さんたちは横田さんのことを「カラテマン」と呼んでいた。

横田さんは『チエちゃん奮戦記』の最後のほうで網膜剝離になりかけたことがあった。

「え？　脳膜剝離？」と、思わず心配して問い返してしまったのは、この人の飲みっぷりがあまりにすごかったからなのだが、

「脳膜じゃない。目、目。網膜」

網膜剝離は突然押し寄せ、しかもそのときたまたま横田さんは運転中だったので「ちょっとまずかった」が、たまたまそこが早川啓二さんの家の前だったとのことで、早川さんに運転してもらって帰った、といっていた。「そのせいでコンテが切れなくなった。あと、片渕くん、頼む」といわれて、なんだか仕事を押しつけられてしまったりもした。

横田さんとは、以来数か月ぶりなのだが、このジブリの忘年会でも飲み続け、怪気炎を吐いた。そういうとき、隣にいる宮崎さんは情けなくにこにこしているしかなく、なにせ理屈が通用する域ではすでになくなっているのでいつもと違って反論もできず、あからさまに腰が引けてたじたじとなって

しまっていた。それが見ていておもしろかった。宮崎駿にもっとも姿勢上「勝った」演出家は横田和善だと思う。

そうしたなんやかんやの出稼ぎ仕事も一段落、4℃に帰ってそろそろ『アリーテ姫』をスタートさせようか、という感じになってきたのは、一九九三年のどこかだったのだろう。

しかし、この頃、元のスタジオ4℃が解散になってしまった。元の、というのは民家にみんなで群居していた仲間内のことだ。佐藤好春さんがジブリに出稼ぎに行ったり、かくいう自分もあちこち出稼ぎにまわったり、要するにそれぞれのメンバーが別々に仕事を取ってやっていたのだが、なんとなく、個人のようで集団のようで、という仕事の管理が、責任関係のこともあってめんどくさくなってきてしまったのだった。変にギクシャクするよりもスッパリやめたほうがよい。

ということで民家群居組は解散。会社組織としてのスタジオ4℃は、すでに始まっていた大友克洋さんのオムニバス映画『MEMORIES』の第1話と第3話を作る吉祥寺のスタジオに集約、ということになった。

吉祥寺の4℃は、『となりのトトロ』『火垂るの墓』以来ジブリが使っていた同じ場所だった。『MEMORIES』の第1話をやる森本晃司さんはここに行くとして、佐藤好春さんや井上鋭ちゃんは日本アニメーションの社内に入る道を選んだ。

ちなみに、民家のほうは金田伊功さんたちがそのあと借りて入り「スタジオのんまると」を名乗ることになる。前からこの民家にも企画書を持って出入りしたりしていた金田さんは、飯能のほうにだったか使われなくなった廃校舎があるので、そこを仲間内で借りて仕事場にしようなどと夢のふくらむ話をしてもいたのだが、結局ここに来ることになった。4℃でいちばんオモチャを持っていた黒沢守君はそのままそこに残り、のんまるとの一員となった。そして、田中栄子さんは「のんまるとの大家」と呼ばれることになった。

で、『アリーテ姫』準備班はというと、『MEMORIES』の予算で借りているスタジオには同居させづらいので、三鷹のマンションの一室に入ることになった。準備班といっても片渕と浦谷千恵のふたりがいるだけだったのだが。

拉致

『アリーテ姫』は一九九三年時点で企画書に載せるくらいのラフなストーリーは書いたが、企画が成立するためにはまだまだいろいろなプロデュース的段階を踏まなくてはならず、それがなされるまではこちらとして自活する必要があった。当面は、スタジオ4℃から日本アニメーションに行った佐藤好春さんや井上鋭ちゃんたちの仕事である、『若草物語　ナンとジョー先生』の絵コンテを手伝って暮らすことにした。

この頃はさすがにそろそろ絵コンテも切りなれてきた時期だったので、『ナンとジョー先生』では、

「ちょっとフレキシブルな自分」というのを演じてみたくなってしまって、いろいろなスタイルの絵コンテを切ることを自分なりの目標として掲げてみたりしてしまった。その上でスピードもついてきていて、ほぼ一本あたり五日あれば切り終える自信もついていた。

こと絵コンテに関しては、手早く上げたからといって必ずしも「やっつけ仕事」ということにはならず、短期間でまとめた分だけ首尾一貫した構成が実現できることがあるように思う。その反対に、テレビシリーズの絵コンテ一本に三週間もかけてしまうともう駄目で、自分で流れがわからなくなって、混乱してしまう。

仕事を早く上げれば制作も悪い顔をしないもので、どんどん次の仕事をもらえることにもなる。結局この作品では全四十本中十二本まで手がけることになった。

自分の絵コンテの一本を「アニメージュ」に取り上げてもらったりしたのも、この仕事の思い出のひとつだ。

一九九三年の夏頃だったと思うのだが、ふだんいる三鷹のスタジオ4℃分室から、何気なくふらっと吉祥寺の4℃本隊のほうに出かけた。たぶん、何かの相談をプロデューサーの田中栄子さんに持ちかけるつもりだったのだと思うのだが、そこで栄子さんの「別件」に捕まってしまった。

吉祥寺のスタジオでは、大友克洋さん総指揮のオムニバス映画『MEMORIES』の第1話が制作中で、引き続き着手される第3話の準備も行なわれていた。ちなみにいうと、あいだに入る第2話はよその会社であるマッドハウスが作っていた。

「片渕さん、〝たいほう〟の資料、持ってない?」

と、栄子さんはいう。

栄子さんの話はいつも唐突だ。慎重に話そうとするあまり、前提をどう話しだそうかと考えて、かえって突然話題が飛び出してきてしまうのだ。

「たいほう……って、『大砲』？　それはまあ、ちょっとくらいは」

「大友さんが作ろうとしてるのが『大砲の街』っていうんだけどね、なんだか大砲の資料が必要そうなの」

数日後、大砲の本を適当に見繕って持っていった。と、また栄子さんがこういった。

「大友さんは、カメラが奥行きのある廊下をどんどん進んでゆくようなカメラワークのカットを作ろうとしているんだけど、興味ある？」

「ウォルフガング・ペーターゼンの『Uボート』で、カメラが潜水艦の艦内をワンカットで駆け抜けていくみたいな？　あの映画のああいうカットはアニメーションじゃ作れないカットだと思うし、だからこそ自分的『目標』だし」

「そう。それはよかった」

「は？　よかった？」

「大友さんは、全篇ワンカットで作ろうとしてる。しかも、その途中途中で、カメラが廊下をどんどん奥に進んでゆくようなカメラワークをつけながら」

「え、え、え。ちょっと待って。それって、奥行き移動のワンカット作るだけでもたいへんなのに、それを全篇ワンカットの中に挟みこむの？　どうやって？」

「それがわからない。誰にもわからない。でも、片渕さんはそれがたいへんだって今聞いただけですぐわかったわけだし、もともと興味を持ってたわけだし。適任者なわけだ。で、今、これからロケハンなんだけど」

「は?」

「羽田の全日空の整備格納庫へ。とりあえずロケハンだけでも行こうよ」

とりあえず、という言葉は常に、別世界へ連れて行かれる罠だ。

「大友さんの絵コンテはこれ」

と、冒頭部分ができているのを見せられる。

なるほど。これは蠱惑的なコンテだ。

「で、いちばんデカい大砲が入ってるドーム、それに匹敵する広さの空間を大友さんが見たい、っていうのね」

「それが羽田の整備格納庫?」

「で、今日、全日空と約束が取れてる。これから大友さんと作監の小原さんが来たら出発するから。ねえ、片渕さんもいっしょに行こう。めったに見れないよ、格納庫の中」

「いいんですけど、僕、その、今日ちょっと本持って立ち寄るだけのつもりで来たから、足元、ゴム草履なんですけど」

「いいんじゃない」

やって来た大友さんと小原秀一さんとの挨拶もそこそこに、一同を乗せた4℃の車は、一路大田区を目指して行く。

「大砲の街」に加わった最初の一日

たどり着いたのは、モノレールの駅でいえば「整備場」あたり。

ANA機体メンテナンスセンターは、今、Google Map の航空写真で見ても、少なくともあの当時では空港内でいちばん大きな容積を持つ建物であるように見える（今は新整備場ができた）。

大友さんの目的は、作品の舞台である大砲の街の中でもいちばん大きな巨砲が収容されている砲塔ドームの内部の空間をイメージすることにあった。砲塔ドームの平面形は円形なのだが、広さのイメージ作りだけのためなので、この整備格納庫が四角形であっても大丈夫、ということのようだった。

たしかに整備格納庫内は広く、昔、『NEMO』でアメリカで仕事していたときにロングビーチで見たハワード・ヒューズの飛行艇スプルース・グースの展示ドームに匹敵する大きさのように思われた。ちなみにいうと、スプルース・グースは全木製機であるとはいえ、いわゆるジャンボ・ジェットであるボーイング747よりかなり大きかった。

そんなことを思い出しつつ、整備格納庫内を眺め、さらに一機だけここに入っていた747の周りに組んだ足場から機体の概観を眺めたりもできた。ジャンボの翼断面を真横から見られるのはなかなかあることではない。この機体の内部も見学させてもらえる、という。もはや「大砲の街」とはなんの関係もないのだが、せっかくのよい機会だ。

乗客としては絶対にのぞけない荷物室の中にも入り込んだ。積み込んだカーゴ・コンテナを自由な方向に動かせるよう床一面に装置された「車輪」の回転が楽しかった。コンテナ側にではなく、機体の床のほうに無数の車輪がついていて、ボールベアリングのごとく全方向に回転するのだった。

さらに、機内の電子機器室ものぞかせてもらえる、ということになった。それはよいのだが、内部に靴泥なんかを持ち込まないために、靴をすっぽりビニール袋のカバーで覆わなければならない、という。靴ならよかったのだが、この暑い夏の日に緊急動員されてきた自分の足元は、海水浴場で履くようなビーチ・サンダル、ゴム草履なのだった。この上にビニール袋は格好悪いし、何より係の方にカバーをかけてもらうのは気が引けた。

「いいじゃない。さあ」

と、当方の仲間内に後押しされ、草履の上にNASAの人みたいなビニール袋をかぶせてもらってしまった。ただ、そこまでしてのぞかせてもらった電子機器室はそんなに造形的ではなく、それほど刺激的なものではなかったのだが。

大友さんはパチパチ周囲の写真を撮っていた。

「漫画の仕事の取材だったらこんな枚数じゃ済まないよ。もう何千枚も撮らなきゃ」

と、大友さんはいった。

なるほど、と思いつつも、この頃はデジカメじゃなかったから何千枚も撮ると現像焼付け費用もたいへんだったので、うらやましく思ったものだった。『魔女の宅急便』のロケハンで、写真撮りすぎやがって、と叱られたことなども思い出してしまった。

その後、車でさらに移動して、大田区の廃工場を見物した。

ここは素晴らしかった。空間やガジェットの立体造形っぷりも見事なら、そのぶっ壊れ方も見事。それがこんなに広い空間にわたって、いつまでも連なっているのも見事。光の入り方も見事。ここでロケすれば、実写のSF映画でも、アクション映画でも撮り放題ではないか。事実、そういう目的で使われてもいたらしいのだが、近々取り壊されるらしい。もったいないことだ。こういう得がたい場所は映画界のために保存すべきだ、などと思った。

その後、そういう場所の心当たりがどんどん増えていってしまったのだが、この廃工場は最高だった。ただ、自分がもしこの場所を与えられたらどうするかね？　などとも考えてしまった。このきれいさっぱりした生活感のなさは、自分向きではないのかもしれない。

それから、有楽町から銀座にまわって、このロケハンの打ち上げとなった。

場所は銀座七丁目の銀座ライオン、ビヤホールだ。飲めない口の自分は、しかし量はまったく駄目だが酒の味わい自体は嫌いではなく、黒ビールなどを注文してしまうのだった。

この店内は戦前のものが保存してあるんだ、などということを大友さんが解説しはじめた。フランク・ロイド・ライトの影響などということについても。『AKIRA』を読んでいると、途中からどんどんアール・デコ的なデザインが幅を利かせていくのがわかる。アール・デコは大友さんの好みのひとつらしかった。喋りつつ、大友さんはおかわりのジョッキを重ねていった。

これにはじまって、この大友・小原という「大砲の街」チームは日常的に絵画の話ばかりしていたように思う。その中に交えてもらったのは、ずいぶんと刺激的なことだった。

大砲の本、城の本

十数分の全篇をワンカット処理する方法については、以前『NEMO』のパイロット・フィルムを作ったとき、フィルム上のオプチカル合成を多用した経験があり、それをうまく使えばなんとかなりそうという心証を個人的に得ていた。

まずは大友さんが絵コンテを進める。それを自分のところで拡大コピーしたり切った貼ったでつなげたりして、オプチカル合成多用を前提に、必要な素材分けと必要な素材サイズの割り出しを行ない、それを基にして本番のレイアウトを作ってゆく、という方法を採ることにした。実は、オプチカル合成の使用については異論もあるところにはあったのだが、自分としては一番確実な方法と思えたので、職掌上の責任としてそれで突き進むことにしてしまった。

必要な素材のサイズというのは、PANの長さのこともあり、またカメラのトラックアップ、トラックバックの寄り切り・引き切りのサイズの設計のこともある。あまり大きすぎると撮影台に乗らないし、小さすぎると拡大されすぎた絵を画面に映し出すことになってしまってアラが出る。

T.U.(トラックアップ)、T.B.(トラックバック)は、絵コンテ上の指定よりも多めに使うつもりでいた。何気ないところに適度にこれを混ぜると、ほどよい目くらましになって、どちらにしても現実のものではないアニメーション的なカメラワークの不自然さがごまかせるのである。

この辺の作業は、自分としてはほぼ、今までの経験から、迷うことなくスムーズにこなせていたように思う。

長大なPANを設計するためには、当然のように動画机の上だけでは事足りず、勢い、床を自分の作業スペースに使う必要があった。

この頃の仕事は、他社のものまで含めて全部、吉祥寺のスタジオ4℃でやっていた。

田中栄子さんから求められて、大友さんの参考にするため「大砲の資料」を持ってきたことが、「大砲の街」に参加するきっかけとなったことは、前に書いた。大砲なんかに思い入れがあるわけでも特になく、なぜか自分の家にそんな本もあった、というのが正しいところのような感じがする。大友さんが「これはいい！　この作品の認定図書にしよう！」といった一冊は、渋谷の東急ハンズの上のほうの階に以前あった乗り物関係の本屋で、たしか九千円くらい出して買ったものだったのだが、それも、この「大砲の街」の時点から何年も前のことだ。いつか自分の仕事の上で必要になるときがあるかもしれない、というそのときの「内なる声」が財布を開かせてしまったのだから、仕方がない。

そういう変な「これは買っといたほうがいいかも」感がときどき動いてしまうものだから、今に至るまでに、ちょっと本棚を見ただけでも、コーカサスの谷だとか、恐竜だとか、お城だとか、ジェミニ宇宙船だとか、果てはアメリカの黒人奴隷の衣服についての本だとかを買い込んでしまう。乗り物関係が相対的に多いのは、漫画映画的な勘どころがあって、なにやら珍奇な乗り物を発想するときのベースにしようということなのだった。

あの頃、一九九三年頃には、「大砲の街」と『アリーテ姫』と日本アニメーションの世界名作劇場の仕事が、自分の机の上で混在していた。

世界名作劇場は『七つの海のティコ』に差し掛かっていたはずで、この仕事にもまた「大砲の街」と似たような経緯があって、『ナンとジョー先生』の絵コンテの打ち合わせに聖蹟桜ヶ丘の日本アニメーションのスタジオを訪ねて、駐車場の隅に原付を駐めようとしていたら、いきなり窓から顔を出した余語昭夫プロデューサーに呼び止められて、「今度こんな仕事があるんだけどさあ」といわれて入り込むことになっていた。

「片渕さん、乗り物得意でしょ。こんど船が出てくるんだけどさあ」

「船の資料出せばいいの?」

と、「大砲の街」と同じつもりでいたら、

「いや、設定とか作れないかなあ」

などという話だった。

そんな大砲と船のあいだで割を食ってしまったのが、『アリーテ姫』で、自分にとって本筋であるはずなのに、全篇のストーリーをいったんシナリオ化したところまで進んで、そこで遅々としてしまっていた。この頃の初期のストーリーは、映画として完成したものとかなり違っていて、アリーテ姫はちゃんと魔法使いボックスが出した難題にしたがって金色鷲を訪れているし、その次には銀色馬のところにも行く。

アリーテ姫が生まれ育った王城は、持ち込まれた魔法のテクノロジーを一部自分たちで使っているらしく、夜なお煌々と輝いていたし、アリーテ姫は魔法使いのところから乗ってきたレオナルド・ダ・ヴィンチ式ヘリコプターで、金色鷲と空中戦まがいの追いかけっこをやっていた。今となっては、自分の作るものがこの先、そういう方向性に戻ってゆくことはもうないように思う。

「大砲の街」の傍らで進めつつある『アリーテ姫』の準備は、ヨーロッパの城のデザインで苦心していた。

はじめは、どこか最もいい感じの実在の城を探し出して、それを原型としてそのまま使ったその上に料理を施してやればよいはず、などと安易に考えていた。だが、ちょうどよいそれがなかなか見つからない。それどころか、ちょっと調べてみただけでも、自分が頭の中にイメージしていたような城はそもそも実在しないように思われてしまった。足をすくわれてしまうのはこういうところだ。付け焼き刃は役に立たない。一からの勉強が必要になり、ヨーロッパの古城についての本を買い漁ることになって、実在する城をひとつひとつ確かめては、全部駄目、そのままではどれも使えない、という結論に達する。

その次には、では、実在する城のあの部品、この部品を寄せ集めたらなんとかならないか、ということになるのだが、たぶんそれでは駄目、もっと根本的な手当てが必要だろうという気もしてきていた。そんなあたりでグズグズしているうちに、他の仕事が忙しくなってきて、『アリーテ姫』は当分のあいだ棚上げすることになってゆく。

どうも、自分の嗜好が「漫画映画的・突飛で奇想天外」的な向きから「実在感のリアリティ」方向に移行していったのは、この頃の「ああだこうだ」の結果であるような気がする。

原作の原作を読んでみる

原作のあるものを扱うときには、できるだけ同じ著者の書いたものを読み漁ってみることにしている。何冊か並べて、大いなる傾向とか、作者の嗜好とかがつかまえられてくることで、目の前にある「原作」なるものの正体がますますはっきり理解できてくるような気がする。

けれど、こと『アリーテ姫』に関しては、原作『アリーテ姫の冒険』を読んでもなんだか自分の理解の及ばないところがたくさんあって、もっとよく知るために「この作者がほかに書いたもの」を読んでみたい気持ちに、自分なりに駆られてしまった。理解できないというのは、あちこちがちぐはぐであるような気がしてしまって、普通なら見えてきそうな作者の意図とか、コンセプトとか、書いたときのモチベーションみたいなものが、あまりよく透けて見えてこない気がしてしまったのだった。

原作者と直接コンタクトをとれないだろうか、と考えたのは、「大砲の街」の頃よりももっとあとのことだったような気もする。

だが依頼してみて返ってきたものは、そもそも英国での原作版元がすでになくなっていて、映像化権の取得自体がたいへん面倒になっている、という話だった。原作者というのも、ふつうの主婦の人が一本だけ書いたのが、たまたま出版にまで漕ぎつけただけで、その後の活動はされていないのではないか、という憶測だらけの感触も伝わってきた。

仕方がないから、「原典」は日本で出版された『アリーテ姫の冒険』だけ、ということで考えることにする。そういえば、同じ日本の出版社から、中学生レベルの英語副読本用に、として、原語版の『The Clever Princess』も出ていて、本ももらっていたな、と思い出した。

高校生の頃、単語を丹念に覚えたりするこらえ性がなかったので、英語の成績は悪かったけれど仕方がない、ほかに縁《よすが》がないのなら、自分で一語一語、原作者が使った言葉どおりに翻訳してみるのもよいか。読み解くヒントがほかにはもうなかった。

高校合格のときにもらった辞書一冊を手に、あとは時間さえかければなんとかなるだろう。自分で訳し直してみて感じたのは、割とマジメな体裁の日本語訳の本に対して、原文はかなりユーモアを狙ったものだったのではないか、ということだった。はっきりいってしまうと、これはブラックユーモアなのではないか。

ダラボア王子は魔法使いの魔法でカエルに変えられたあと、アリーテ姫の飼う子ヘビに丸呑みされて一生を終えている。日本語訳では、こういう部分を丸めて排除してあった。「人間を食べてはいけない」という、なんらかの教育的配慮がはかられたのだろうか。

つまるところ、原語版『The Clever Princess』は、性差の問題をおもしろおかしくからかった、という感じのお話に読めた。

だとしたら、物語の最後、悪い魔法使いを倒した（実はアリーテ姫自身は何もせず、魔法使いは偶然馬に蹴られて頓死しただけなのだが）アリーテ姫が、魔法使いの城に新たな王国を打ち立てる宣言をしようとしたところ、城の使用人たちが「ここから先は私たちがちゃんとした法律を作ってわたしたちの手でやっていきますから」といいだし、姫は国の外に旅に出されてしまう、というこの展開にしても、どうも、アリーテ姫があからさまに「立憲君主制とか民主政体によって追放された王族」という扱いに零落して終る、という「オチ」だったのかもしれない。そう思ったほどだ。

この原作はコントだったのかもしれない、とそう思う。

だとしても、それはそれこれはこれ、と区分けして、自分なりの映画作りを進めていくことにしよう。

吉祥寺で仕事するのは気楽だった。大きな本屋もあるし、古本屋もある。昼食のメニューに困ることがない。ちょっと驚いてしまうのは、ときどきデパートの地下で弁当を買おうと選んでいると、いきなり肘をつかまれて引っ張ったりされることだ。「何をするんだ！」と振り向いてその手の主の顔を見ると、

「やあ！」

と月岡貞夫さんがそこに立っていたりしてしまう。

大学の恩師である月岡さんの仕事場も吉祥寺にあった。そういえば学生時代、卒論の相談か何かで吉祥寺まで訪ねていって、カレーをご馳走になったことがある。

その吉祥寺の片隅、以前ジブリが入っていた部屋に、スタジオ4℃の「彼女の想いで」チーム（森本晃司、沖浦啓之、新井浩一、渡部隆）が入っていた。ほかには、仕上（小針裕子、中内照美）、制作。それから、大友克洋さん、小原秀一さんの「大砲の街」の準備チーム。そこに自分も加わらせて

もらっていた。

壁に貼られているアートワークを見れば、「大砲の街」がアートアニメ寄りの方向に進み始めているのはよくわかった。

小原さんは、

「ユトリロの絵みたいな漠然とした美術はどうかなあ」

「ゴッホの『黄色い部屋』みたいに、見せたいところを誇張した構図で」

と、絵画における「表現」の話をしては、そうしたエッセンスをこの作品の作風に取り込もうとしていた。

自然、机を並べるあいだで話される会話にも絵画的な話が多くなったりもしたのだが、大友さんはときどき小説の話なんかもした。

「『マークスの山』っていうの、読んだ?」

「いえ」

「いやあ、本当によく調べ上げて書いてあるんだよねー。警察の細部がどうなってるとかがねー。感心してしまう」

正直いって、この時点まで「よく調べたかどうか」が創作物を評価する基準になろうなどとは、自分の中にそうした尺度は明確には存在していなかった。ちょっと目を開かされた。そうか、空想とかイマジネーションをどれほど広げられるかどうか「だけ」じゃないんだ。

二十代で目の前にあるものにしがみつくようなスタートを切ったとしても、三十代も半ばを過ぎてくると価値観が揺らいできてしまう。もしくは、それまですがりついていた価値観そのものを見直す「眼」のようなものが、なまじっか自己の中にできてきてしまうのかもしれないが、そうしたものどもが、「お前は今やっていることをこれからも続けてゆくつもりなのか？」と揺るがせにやってくる。

要するに、この当時、三十代中盤に差しかかって、自分自身がこのままこの仕事の道を歩むことに躊躇を感じていたらしい。

そこで踏みとどまるのか、転身しちゃうのか。

自分を戒めるものとも、変わり始めたこれまでの道行きとも離れ、自由を得たいと思いつつも、じゃあ自由ってなんなのさ、となる。同時に、これまで行なってきたことが、たとえたいした芽を吹いていないとしても、あるいは、そうであるだけに簡単には捨て去れない、捨ててしまうにはいとおし過ぎるもののようにも思えてくる。踏みとどまるのはいいさ、だが、ならば、自分の中にある何を根拠にするべきなのか？

そういうことを考えるようになってしまい、「大砲の街」に携わりながらもなおもあれこれ考え続けていた『アリーテ姫』の主人公の身の上にもそうしたものがつけ加わってゆく。

はじめは漠然と漫画映画的だったものが、もっと切実なものとして自分の中に姿をとり始めるようになってゆく。そんな心境に陥ったときに突破口を示してくれる人物であってほしい、アリーテ姫のことをそう思うようになっていったのだった。

三十代半ばになると人生が揺らぐ、と自分で勝手に決めつけてしまった。このことはどうも普遍的であるように思えた。

さらに年を重ねて、やがて、大学の先輩で映画学科卒なのに心理学の先生になってしまった日大文理学部の横田正夫教授から、それは「中年の危機」という端的な言葉で言い表すのだ、と教わることになる。

十代半ばの小娘のはずのアリーテは、いつの間にか、「中年の危機」などというものを背負わされることになってしまっていたのだった。

「大砲の街」の時期は、その当時の自分自身が思っていた以上に、自分にとっての転機にさしかかっていたようだ。

波乗り

カメラワークが複雑に入り組む「大砲の街」は、全篇ワンカットである上に、カメラが画面の奥行き方向に移動する動きまであってしまう。ほかのことはともかく、この奥行き移動だけは、既存のアニメーション撮影台では作り出し得ない。

あらためてちゃんと断っておいたほうがよいのかもしれない。この頃はまだ、セルに絵の具で色を塗り、それをカメラで銀塩フィルムに撮影していた時代なのだ。パソコンなどというものは、スタジオ4℃の中を、どこをどう探そうと一台も存在していなかった。ワープロなら何台かあった、という時期のことだ。

大友さんは、ビデオ編集システムを使えばカメラの奥行き移動に必要な側方壁面の変形なんかも可能になる、とあらかじめイマジカあたりから聞いていたらしかった。大友さんの絵コンテにはそういうものを使うようなことが書き込まれていた。

一方、4℃で制作中の『MEMORIES』全体の中では、もうひとつ大きなネックとなるポイントがあり、それは「彼女の想いで」のラストで宇宙空間に浮かぶ巨大なバラの花を回転させなくてはならないことだった。これも、バラの花の模型を作ってもらうところまで進んでいたのだが、「そんな方法で画面が作れるのだろうか」という疑問があった。

「コンピューターでワイヤーフレーム組んで立体作るのって、わかる?」

と、大友さんにたずねられた。ちょっと古い話だが『NEMO』のときにそういうことも一応経験はしている、と答えた。

「やっぱりそっちかなあ、と思うんだよね」

と、大友さんはいう。

大友さんは何かゲームの仕事を請け負ったらしかった。アメリカで出ているコンピューターゲームの日本版を作るにあたり、キャラクターを全部大友さんのデザインにあらためるとかで、そのギャラがわりにMacintosh Quadraをもらってきて、これがスタジオ4℃最初の一台になった。

自分はこのマックで大友さんがキャラクターデザインしたゲームの原作・原語版を、「パソコンに慣れるため」と称して、しばらくのあいだは日がな一日遊んでいた。森本晃司さんが「フォトショップの使い方を覚えてやる」などといいだして4℃のただ一台のマックをいじりだすのは、もうちょっとあとの話だ。

模型を作ったり、ビデオ処理を考えた奥行き移動の件がこれでちゃんとした方向性を得るようになった。あとは作り出したCGをどうやって本篇フィルムに取り込むか、だ。デジタル画像のフィルムへの出力は、フィルムレコーダーを使うくらいしか道がなく、この金額がべら棒に高かった。

「高い、っていうのは、尺あたりですか」

「そう。できるだけ短い尺のほうがいいわけ」

となると、「大砲の街」は短篇とはいえ十五分以上の尺はあるわけで、これを全部デジタルで作り出すわけにはいかない。必要なところだけCGで作ってフィルムに焼き、ほかの「通常撮影」のカットとオプチカル合成ではめ合わせればどうか。そういうことをひとりで考えた。

イマジカへ赴き、デジタルデータの受け渡しの仕方について打ち合わせるついでに、そういう方向でやりますけど、ということを伝えてみた。露骨に顔をしかめられた。

「この作品は新技術の使用を全面に出して宣伝するわけですよね。そこで旧式なオプチカル合成とは。弊社で推しているビデオ合成にしましょうよ」

ビデオ合成で全篇ワンカットの映像を作ったって、それは「できてしまう」。できそうもないことをやるのが「芸」なのじゃないのか、などと主張してきた。誰がなんといおうとも、今回は撮影台を駆使してやろうとあらためて思った。

この頃はまだ、デジタル化の波はアニメ業界にはほとんど押し寄せてきてはいなかった。

スタジオジブリから「ちょっと来て」などと宮崎さんの声がかかりがあって行ってみると、「うちも撮影部ができて、新しいマルチプレーンの撮影台を作るから、撮影監督の奥井敦さんといっしょにスペックを決める相談に乗って」などという話だったりした。

「マルチプレーンっていえば、東映長篇の古い時代に作ったやつが、うちの大学に来てましたよ」

「あれ、だめだったろ」

「なんとか動かせないかと考えてみたんですけど、機構的に無理ありすぎますよね。『NEMO』用にムービーで作ったマルチプレーン台は無理なかったけど、使い途が限られすぎてた」

「そういうところで新しいマルチプレーン台をどうすればいいか、つきあって」

透過光のランプのセッティングもコンピューター制御にできないかとか、そういうことが「これまで抱えてきた技術的な夢の実現」である時代だった。

そうした中に、コンピューター・ジェネレーテッド・イメージをどう組み込むか、それが自分的課題となったのだった。

ハードウェアがやってきたら、スタジオ4℃として当然そのオペレーターも必要となる。スカウトされてきたのが、安藤裕章君だった。扱う人が現れたので、自分専用のゲームマシンだったQuadraは取り上げられ、ようやく画像処理用コンピューターとしての立場を得た。

安藤君は最初に「宇宙空間に浮かぶ巨大なバラの花」を作った。かなり何日も時間をかけていろいろやっていたが、やがて全部仕込み終えたらしく、レンダリングをスタートさせた。

モニターに「計算終了まで百二十時間何分」と表示が出た。

「百二十時間って、五日かい!?」

「ええ、その間の時間がもったいないので、マシンがもう一台欲しいですね」

そういうこともこれから少しずつ実現されてゆくようになる。

色の問題

デジタル化を導入したとはいえ、「大砲の街」ではデジタル彩色は行なわれない。コンピューターを扱えるのが安藤君ただひとりしかとりあえずおらず、仕上部はデジタル仕上技術にまったく手をつけていなかったし、だいいち作品のほとんどに登場するのは「普通に」セル塗りされたキャラクターなのであって、それとの整合もとらなければならなかった。

となると、本篇中に四か所ほど挿入されるデジタル処理パートに登場するキャラクターはどう処理されるのか。セルに塗って、塗ったセルをスキャナーで取り込むほかない。

しかし、そうした場合、フィルム撮影のパートとデジタルパートで、セルの色調は同じに表現されるのだろうか。これが常識的にはあり得ない話なので、とても厄介なのだ。

セルに絵の具の色を塗っていた時代には常々感じることだったが、塗ったセルの絵の具の色と撮影されてフィルム上に定着された色は、全然一致しない。色彩設計する場合も、「この色はフィルムで撮るとこう転ぶから」という変換を常に頭の内側で行ないつつしなければならなかった。さらに、使うフィルムがイーストマン・コダックか富士フイルムかでも色の出方は変わってしまうし、同じメーカー内でも何種類か発色特性の違うフィルムを発売していたので、さらに複雑なことになっていた。その上、フィルムをテレシネにかけてビデオ信号に変えればまた色は変わってしまうのだが、そこまではもう考えないことにしていた。われわれの作業的には、フィルムが一応の終点と考えるのが、とりあえず妥当だったのである。あまりにも何重にも色調が転んでしまうことはとても厄介だった。

そのような前提が頭の中にあったので、同じセルをフィルムに撮るのとスキャナーで取り込むのとでは、当然色が変わってくるだろうくらいの予想はできた。

にもかかわらず、大友さんのコンテを元に自分が設計し直した限りでは、フレームの中を歩くキャラクターが、その歩きの途中でデジタル処理からフィルム撮影に乗り変わらなければならないところができてきてしまっていた。前後でできるだけ色調は一致させなくては話にならない。

こういう場合はテストを撮ってみるに限る。

デジタルからフィルム撮りへの乗り変わりのある場面の動画ができあがってきたところでセルに塗ってもらい、「カメラでフィルム撮影」のものと、「スキャナー→デジタル処理→フィルムレコーダー」としたものを作ってみた。両者のフィルム上での色調を比較してみた。

案の定、まったく違っていた。嫌になるくらいだった。

どうすればよいのか？

気持ちの上で嫌になっていてもはじまらず、ここは強引にでも色調を合わせてゆくしかない。

問題が複雑なのは、スキャナーで取り込んでパソコンのモニター上に映し出された画像は、フィルムスキャナーにかけてフィルムに焼きこんだとたんにまたしても色が変わってしまうことだ。モニターの発色があてにならないのなら、何を基準に色を合わせてゆけばよいのか。

まずはモニター上の見た目の色調と、フィルムレコーダー出力されたフィルムの見た目をできる限り一致させることだ。

フィルムレコーダー出力されたフィルムのコマを切り出してもらって自分たちの仕事場に持ち帰ってきたが、それだけでは何の役にも立たない。フィルムは、映写機のライトの色調が投げ込まれて最終的にスクリーン上に映写されたところで初めて色調が決まるからだ。

こういう場合のために、標準的な色温度の光を放つライトボックスがある、とイマジカの技術の方に教えてもらった。これを4℃で一台買ってもらうことにする。

一方で、モニターもキャリブレーションしておく。ただ、モニター面に外光が反射すると明るさも色合いも変わってしまう。対策としては暗室を作ってその中にモニターを持ち込んでしまうことだが、そう大がかりな暗室を作ることもできず、ここはひとつ、暗幕をモニターにすっぽりかぶせることにする。その中に安藤君と自分、男ふたりが仲よく頭を突っ込むことになった。

光るライトボックスに乗せたフィルムの上の色調と、モニター上のデータが一致するように、調整する。

カラーチャートもスキャンしてフィルムレコーダー出力し、どの色がどう「転ぶ」のか確かめつつ調整してゆく。

調整自体は、何かが演算して生成してくれるわけでもなんでもなく、自分たちの眼の見た目と、自分たちの色彩感覚による手作りで行なうだけだった。

「コンピューターで画像を作るっていっても、所詮はこういう『人間の勘』の世界なんだ」という、今ともなればごく当たり前なことが、「コンピューターって何ができるものなの？」程度の意識しかなかったデジタル化導入の初っ端でいきなり体感的に理解できてしまったことは、自分にとってとても意味あることだったと思う。

この「モニターにかぶせた暗幕」は、スタジオ4℃最初のフルデジタル作品『アリーテ姫』では、黒いカーテンで仕切った小空間となり、会社を移って作った『マイマイ新子と千年の魔法』では垂木を組んで小屋みたいなものを作った上に暗幕をかぶせた形になった。

こんなあたりは全然進化していない。

モニター上の見た目とフィルム出力が一致しないということでは、『マイマイ新子と千年の魔法』でもあいかわらず苦労している。この作品の場合、高価につくフィルムレコーダーは使わず、いったんハイビジョン映像に作ってから、レーザー・キネコでフィルム上に焼き付ける方法を採った。このほうが安く済む。しかしながら、テストを採ってみたら、モニターで「緑」に映っているものが、ほんのわずか色相が黄色のほうに振れるだけでフィルム上では黄色になってしまい、ほんのわずかシアンに振れるだけでフィルム上では緑みの水色になってしまった。

画面の作り手としては恐怖を感じるしかない。『マイマイ新子と千年の魔法』という映画は、はるかかなたまで広がる青麦畑の豊かな緑が作品の根幹を占めているはずなのだから。

モニター上で肉眼ではほとんどわからないくらいの色相の振れが、フィルム上ではまったく緑ではない発色になってしまう。この辺は、すごく苦労した、というしかない。

「大砲の街」でもよく似たことはすでに起こっていた。モニター上に作り出した色が、フィルムでは別の色に変わってしまう。補正は自分たちの色の感覚だけが頼り。けれど、「デジタル」に「人間味」

を感じる瞬間でもあった。

いざというとき使う魔法

「大砲の街」ではキャラクターは作画監督の小原さんが描くことになり、大友さんは美術監督を務めることになった。大友さんはまさしく余人には使いこなすのが難しい鮮明な赤色とその補色・緑色のカラー世界に染め上げることで、この作品を自分の作風の中にとりこんでいった。

そのほか美術スタッフとして、石川山子、勝井和子、伊奈淳子、渡辺勉という人たちが社内に入って大友さんの近くに机を置くことになり、「大友克洋以下の美術スタッフと小原・片渕という一団」という様相になった。「彼女の想いで」特効の玉井節子さんも同じあたりにいて、にぎやかになっていった。

なにしろカメラワークの複雑な作品なので、一枚あたりの背景が大きい。ふつうのパネルに画用紙を貼っても全然面積が足りず、ベニヤ板をパネルに大きな画用紙を水貼りして、背景を描いていた。「背景」といっても、次々と重なっては置き換えてゆく必要があるので、ほとんどがBOOKの扱いであり、となれば普通の画白紙なんかを使うと分厚すぎて、撮影台の上で照明を当てたときに段差が生じて影ができるおそれがある。なので特に薄い画用紙を買ってきてもらってそれを使っていた。最終的に描かれたものから余白を切り取るまでが大友さんの仕事、それを両面テープで空セルに貼るのから先がこちらの仕事となった。あいかわらず、アニメーション作りはハサミやセロテープの「工作」だった。

パネルに水貼りするのは、ピンと張って皺をなくすためなのだが、この薄くて大きな画用紙はパネル張りのテープをはがして張力が失せると、とたんに少し縮んだ。撮影用の移動目盛を作るのはこちらの仕事だった。それは背景に描く前の原図の段階で作っていたのだが、切り出した背景のサイズが変わったとなると目盛もまた作り直しとなった。全篇にわたってカメラの移動があるので、目盛もほとんど全篇分作らなければならないのだが、それを原図の段階と、背景完成の段階で二回作らなければならないのだった。

「目盛ぃーず」

などと自嘲した。

撮影用の目盛は、折れ皺なんかでもうそれ以上伸び縮みしてしまったりしないように、長い巻きセルに書いて作った。撮影に回される各カットには、そんなセルの巻物みたいなものが何本かついていった。

撮影は、『魔女の宅急便』のときと同じスタジオぎゃろっぷにお願いしたが、『魔女の宅急便』撮影監督の杉村重郎さんはプロデューサーに立場が変わって現場を離れてしまっていたため、新鋭の枝光弘明さんが撮影監督となった。

今回の枝光さんの仕事は、まず先に目盛を撮影台上にセッティングし、これに沿って一度カメラを動かして、1コマずつの座標を三次元的に記録していくことからはじまる。というのは要するに、撮影台のX軸、Y軸、Z軸その他のカウンターの数字を全コマ分まず記録してしまう、ということだ。ついで、今度は本番用の素材に置き換えて同じカウンターの数字になるようにカメラを操作して撮影してゆけばよい。ただし、普通の作品だったら目盛といっても、せいぜい100くらいの数字がならぶだけだが、今回は長回しなので、うっかりすると1000を越える数字になってしまう。1000コマ分の座標を三次元分で記録して、本番でもう一度なぞらなければならないのだから、想像するだにたいへんな仕事だったはずだ。

長回しということにはもうひとつ難関があり、それは撮影用のライトだった。撮影中にライトが切れでもすれば、いくら電球を交換してもそこで色味が変わってしまう。と同時に、1カット撮り切るまではライトを落とすこともできなかった。ダイヤルをひねってライトへの電流を絞って落してしまうと、次に再点灯する際、厳密に同じ電流量に戻らず、必ず若干の誤差が生じてしまう。これを許すと長回しのカットの真ん中でフィルムの色味が変わってしまうことになる。

ならばどうするかというと、つまり、一日の終りには電球をつけっぱなしにして帰宅し、翌日またその状態から作業を再開するのだった。

ただでさえ薄い紙に描かれた背景は、ライトを照射されっぱなしにされて、乾燥してまたサイズが縮んでいった。すると、せっかく記録した目盛とどんどんあわなくなっていってしまうのだった。

「どうするんですか?」

と、枝光さんに聞くと、

「そこは勘で」

と、答えが戻った。

一度、「撮影中に致命的に誤差が生じ始めて、カメラがうまく目的地に向かわなくなっている」と、悲鳴に似た電話がかかってきた。

「相談したいんですが」

「とにかく向かいます！」

と返事したものの、菓子折りを持ってゆくべきか、それとも一升瓶でも担いでゆくべきかと真剣に悩んだ。なにせ枝光さんたちが毎日を相当なストレスの中で闘っていることは知っていたので。

しばらくすると、また枝光さんから電話がかかってきて、

「工夫してなんとかしました」

もう来てもらわなくていい、という。

何をどう工夫したのかは、

「それはまあ、ええーっと」

ということだった。

ラッシュで見ても何の異変も生じていなかった。

撮影の人はこういう魔術を使う。大事にしなければならない人たちだ。

「大砲の街」拾遺

最近になって、仕上の小針裕子さんから「そういえばあのとき、スライドのとき撮影台上で引っかかってガタりの原因になる大判セルを、一発勝負でセルを切りながら撮影したことなかったでしたっけ?」と思い出したことを教えてくれた。

あった。「大砲の街」ではたしかにそんなこともあった。

失敗したときの予備用のセルも作った。でも一回目で見事撮影成功、二枚目のセルはいらなくなってしまったのだったと思い出した。二枚作って一度目に成功した、というところまでは小針さんの記憶と一致した。小針さんの記憶では、主人公の少年の寝室の時計の針か何かではなかったか、とのことだった。

全篇ワンカットのはずの「大砲の街」は、実は30いくつだったかの撮影ショットを編集とオプチカル合成で組み合わせてできている。自分ひとりで作ったこの分解の仕方、組み立て方を知ってるのは、地球上で本当に自分ひとりだけだったので、「交通事故に遭わないように」などと大事にしてもらった。まあ、リップサービスだけなのだろうけれど。

その30いくつかのうち、デジタル撮影され、フィルムレコーダーで吐き出されてくるショットは四か所だけ。あとはすべて地道に撮影台の上で撮ってもらっている。

巨大なドーム状の砲塔が旋回するところなんかも、普通に作画している。ドームの地肌は何枚もBOOKを作って中OL（オーバーラップ）をかけまくったら、それらしくジラジラしたテクスチャー感になった。砲身はセルにベタ塗りするしかないのだが、それもイヤなので、これもBOOKを作ってもらって、カラーコピーでたくさんに増やして、切り抜いてセルに貼った、切り紙アニメーションなのである。

「大砲の街」の蒸気の煙は凄まじくリアルなのだが、CGで作ったものではない。小原さんが頭で考え、その手で作画したものだったりする。

小原さんは、まず実際の蒸気の動きをスケッチして、「リアルな蒸気らしさ」とは何なのか探ろうとした。

「なんか参考用の映像ないですか？」

といわれたので、ビデオソフトとして発売されていた『世界の車窓から』の蒸気機関車特集のVHSテープを買ってきて、手渡した。小原さんは、コマ送りしながら膨大なスケッチをして、蒸気の何がどう動いて、どう消えてゆくか見極める仕事に入った。

それだけでなく、セルにベタ塗りするのを避けて、こういうふうに素材分けして組み立てればリアルなテクスチャー感が得られるはず、と素材の設計もし、筆で黒色の羅紗紙に白のポスターカラーを叩きつける仕事までした。

テスト撮影された最初の蒸気のカットを見て、思わず浮かんだのはこんなことだったりしてしまう。

あまりリアルすぎて、人間の手が描いたものにはもはや見えないし。観客はＣＧか何かだとしか思わないんじゃないか、せっかく人間の手がこれだけのものを描き出しているのに。それでは損だ。「少し手を抜いてもらったほうが、いかにも手作りしてます的アピールができるんじゃないでしょうか？」

といったのだけれども、もちろん、小原さんはまったく手を抜かずにその仕事をやり遂げてしまったのだった。

この作品のキャラクターには、タッチ線が描きこまれているのだが、これを下請けの動画におまかせしてしまってよいのかどうかはちょっと考えた。結論として、動画発注時にはタッチをつけず、できあがってきた動画が動画チェックを通ったのち、これをつけることにした。動画の二枚に一枚は作画監督である小原さん自身が鉛筆でタッチをつける。残りは、動画チェッカーの梶谷睦子さんがつける。

さらに先へ進むと、小原さんには色鉛筆で塗ってみたいところが出てきた。
「セルの上に塗れる色鉛筆ってないでしょうか？」

ダーマトグラフみたいな油性色鉛筆もあるのだけど、この通称デルマをセルに塗ってもろくな仕上がりにならないことはこれまでの経験でよく知っていた。

この際、普通の色鉛筆で塗れるセルを作るべきじゃないか。

どうやって？　普通の透明なセルの表面に、透明塗料をスプレーで薄く吹きつけて、つや消しにしてしまうのである。自分で実験してみたら、なんとかつや消しセルが作れて、その上に色鉛筆で自由に描くことができた。あとはこれが大量生産できればいいわけだが、制作の連中が、

「ラッカー吹くと臭くなるし、休みの日にやっておきます！」

と張り切って進言してくれた。

「そうお？」

と、おまかせしてしまいつつも、不安もあった。

「相当丁寧に吹かないと駄目だからね。むらができたらオシマイだからね」

「まかせといてください！」

マカセナケレバヨカッタ。

月曜日に出勤したら、気泡まで入ったむらむらのセルが大量にできあがってしまっていた。

「中止！　中止！　中止！」

「仕方ないか」と、プロデューサーの田中栄子さんは、ちょっと割高だけど、と、つや消し透明のプラスチックシートを買う許可をくれた。はじめっからそうしておけばよかったのだけど、ちょっとでも安く上がれば、という思いがあった。

色鉛筆。ハサミと両面テープ。

セルとセル絵の具。ベニヤ板。

ライトボックスの上でフィルムをのぞくルーペ。

パソコンにデジタルカラーコピー機。

モニターをのぞくときにアタマからかぶる暗幕。

人の手と目とセンス。

そして、忍耐。

そうしたものが「大砲の街」を作り上げた。


ひとつ誤算があった。

自分の仕事として撮影目盛を設計している最中、調子に乗ってしまって、あまりに雄大なタイミングにしてしまったところが多々あった。撮影目盛なんていうああいうものでも、

「こーんなスピードでＰＡＮして、さらにここでこうきて――」

というイメージが乗り移ったものだと思ってほしい。調子に乗ってしまうこともあるのだ。

ということで、完成した作品は、映写用のフィルム１ロールに入りきらず、途中でロールチェンジが必要になってしまった。せっかくのワンカット映画なのに、申し訳ない。

誰かが見ていてくれる

スタジオ４℃での「大砲の街」の制作は、美術や特効のスタッフたちとも机を並べて、和気あいあいと楽しいものだったが、終ってしまえば散り散りにならざるを得ない。ここで間髪入れず『アリーテ姫』につながりでもすればよいのだろうけど、そっちのほうはどうも企画の営業が進んでいない様

子だった。4℃内では、それよりも、せっかく「大砲の街」でひじょうに効果的なものが得られた小原さんの蒸気をうまく使ってスチーム・パンクの作品が作れないかと大友さんが発案して、急速にその企画をまとめあげるのに忙しそうだった（これが『STEAMBOY』になってゆく）。

この時点は一九九五年だったはずで、自分は三十代半ばになっていた。

「体力で仕事できるのはここ数年かな」

という思いもある。思い切って、テレビシリーズの仕事をたくさん、しかも絵コンテだけでなく演出も込みで、できるだけたくさん、どこまでできるか試してみたいような気分にもなっていた。

こういうときは旧知の日本アニメーションに相談してみるに限る。

すると、「演出までとなると世界名作劇場はもう埋まってるので、『ちびまる子ちゃん』だったらどうか」という返事がかえってきた。

この年は「チャレンジしたい盛り」の季節だったので、引き受けることにした。『ちびまる子ちゃん』は以前、芝山努さんの監督でテレビシリーズ化されていたので、パースをまったくつけない独特な構図だとか、そうした特異性に挑み甲斐を感じてしまったわけだ。今回の新シリーズは、もらった設定集の表紙などには『ちびまる子ちゃん1995』とタイトルされていた。

「ああ、前のやつと区別するためにね」

と、制作デスクの小村統一さんはいったのだが、そのまま今に至るまでこの第二シリーズは放映され続けている。

小原秀一さんから、

「『大砲の街』の美術で一緒だった勝井和子さんが、片渕さんに連絡してもらいたがってる」

という話があった。

「なんだろう?」と、実はアトリエブーカの代表である勝井さんに電話してみた。

「マッドハウスの丸山さんが、『片渕須直という人を知ってるか?　探してるんだけど』というのよ。『大砲の街』でいっしょだったっていったら、『ああ、それならマッドのほうに電話してもらって』って。いい?　電話番号いうわよ……」

マッドハウスのプロデューサー・丸山正雄という人の名前は知っていたが、探されるいわれにまったく心当たりがなかった。キツネにつままれたというか、よくわからないままに電話してみた。

「ああ、『うしろの正面だあれ』ってやったでしょ」

と、この丸山さんという人はいう。

「やったっていっても、レイアウトですけど」

「ちょっとこちらへ来ていただけるといいんですけど、ご都合はどうですか?」

阿佐ヶ谷のとあるビルの住所を教えてもらった。

しばらくして、その場所に行ってみると、青梅街道に面した一階が酒屋のビルだった。小さいエレベーターで教えられた階まで昇ると、いろんなものでゴチャゴチャになった部屋が現れた。植物の鉢植えがいっぱいあって、窓辺のほうは緑色に染まっていた。

「その辺に座って」

と、丸山さんはいったのだが、植木バサミでチョキチョキ剪定しながら、だった。

「今、樹医になろうと思って勉強しててね」

「はあ……」

なかなか本題がはじまらない。

「さてと……『うしろの正面だあれ』ってやったでしょ」

「はあ。やったっていっても、レイアウトですけど」と、同じことを答えた。

「それでもいいの。虫プロのあの一連の映画は全部見てるんだけど、全部同じスタッフで作ってるはずなのに、『うしろの正面』だけちょっと違うね」

「はあ」

「で、誰のせいで変わったのかな、と思って、エンディング・クレジットの名前を全部見てみたら、この一本にだけ関わってる人の名前を見つけたの。ずいぶん探してたんだけど、まさか同じ『MEMORIES』の仕事やってたとはね。灯台下暗し」

マッドハウスでは、オムニバス映画『MEMORIES』の第2話を作っていた。「大砲の街」は第3話だった。

「というわけです。うちの仕事、手伝ってもらえませんか」

「……はあ」

「今やってるのは、こういう仕事とかです」

と、見せてもらったのは、最近作り始めたばかりという『あずきちゃん』のキャラ表だった。ああ、こういうのなら、自分にもできそうだ。

この際、量で仕事するのを目標とする、と決めたばかりだったので、

「マッドハウスの仕事、やらせていただきます」

と、答えた。

「じゃあ、僕の横の机に座ってもらえるといいんだけど」

「？」

「こういう『あずきちゃん』みたいなのも含めて、たくさんの仕事が僕の前を通り過ぎてくんだけど、そのチェックを手伝ってもらえたらなあ、なあんて」

いったいどういう話なのだ、これは？

仕事量を計算してみる

「えへへ。おれはこの業界にたくさんファンになった人がいるんですよ」

と、初めて顔を合わせたその日に丸山さんはいった。

できるだけ、そういう相手と一緒に仕事をしたいと思ってるんです、とも。その周囲には、丸山さんが丹精する鉢植え、数寄で集めたらしい青磁の器、それぞれのタイトルが貼られた企画書の引き出し、原作本で雑然としていた。

つまり、マッドハウスというのはひとつの「場」であり、それ自体の存在感はそこはかとなく、ただ、丸山正雄というひとりのプロデューサーと、彼が独自の好みで集めた人間たちと、彼がこれならおもしろいと思った企画のみが実体としてそこに集まっているのだった。

こういうのもある、といくつか社内で動いている仕事も並べて見せてもらった。

そのひとつが『あずきちゃん』のキャラ表だった。

「このキャラは川尻」

川尻善昭さんのことだ。やさしい丸い線でできていた。

「川尻ってのは、こういうキャラも描けるはず、と思って」

そう見込んであえて描いてもらったのだ、と丸山さんはいった。

「で、ここに座ってもらうか」

と、丸山部屋の席を指差された。

企画やシナリオをいじることも自分にはやりがいのあることなのかもしれないが、この頃はとにかく絵コンテと演出がしたかった。その数を積みたかった。

現場の仕事のほうがよい。

『あずきちゃん』は自分にとって与しやすい作品かもしれない。

「じゃあ、これが1話の白箱ビデオ」

この時点で二本しかできあがっていなかった『あずきちゃん』のＶＨＳテープを預かった。まあ、見ずテンで即断即決する必要はない。

すでに約束し、最初の一本目に入りかけていた日本アニメーションの『ちびまる子ちゃん』との関係はどうするか。

とにかく仕事の数を積むのが目的だったので、断ることはない。こちらは日本アニメの社内には入らない。打ち合わせのときだけ行けばよい。正確にいえば、「絵コンテ打ち合わせ」「作画打ち合わせ」「作監との打ち合わせ」「美術と仕上の打ち合わせ」「できあがったフィルムの編集」「アフレコ」「ダビング」「初号試写」。五週に一回のローテーションで、十回程度だけ顔を出せばよい。

もうひとつ自分に枷をはめてみる。『まる子』の脚本はすべて原作者のさくらももこさん自身が書く。これに関してはそこに書いてあるものを一言一句変更することなく絵コンテにしてみることにする。それまで、自分で絵コンテを切るときは、脚本に立ち戻って一から考えてみたり、かなりいろいろとやっていたのだが、そういうことは一切やらないことにする。そうしたこと自体が自分にとってはひとつの挑戦だった。

次いで、できる限りカット数を減らすようにしてみること。三十分枠のテレビアニメの本篇尺はおよそ二十分。アクションの多いものならこの尺に対して320カットくらい（時にはもっと多く）ある絵コンテを切っていたのだが、台詞で進める『ちびまる子』なんかの場合、これはもっと減らせる。どのくらい？　目標を200カットくらいにしてみようか。そうすることでレイアウトチェックも原画チェックも三分の二の作業量に減らせるはず。コンティニュイティという言葉は一般にはカットとカットのつながりの続き具合のことをいうように思われているが、1カットの中にもコンティニュイティはある。そのカットの中での一連の連続した芝居の構成。カット数を減らして合理化できたぶんのエネルギーを、ここに費やすのだ。全体の作画枚数が定められて変わらなくても、1カットあたりで使える枚数を相対的に増やすことができる。総じて見たとき、品位の低下を食い止めることができる。

カット数を減らしてカット内の密度を高めるとなると原画マンのことも考えておかなければならない。制作デスクにも前もって、カット数をそれなりに減らすので、原画料を1カット単価ではなく尺単価かそれに近い形で発生させてもらえるよう、お願いしておく。

最初に手がけた『ちびまる子ちゃん』は一九九五年からの新シリーズの第36話「まる子の長電話にみんな迷惑する」だったと記憶する。この回ではまる子が夕飯の支度時に同級生の家に電話するのだが、このあたりの原画は藤井裕子さんが担当した。電話をする同級生のうしろでその父親が野球のナイター中継を見ているのだが、その小さなテレビ画面の中を、野球ファンの藤井さんは広島戦にしてしまった。ベンチの壁のかげから顔を半分だけ出してのぞく古葉監督とか、打棒を握る山本浩二だとか、止めでありつつ、むちゃくちゃおもしろいことが画面の片隅で起こっていた。そもそもさくらももこさんの子ども時代に年代が設定されていることをちゃんと考えに入れた上で監督とか選手が描かれていたのには、大笑いしつつ感心してしまった。

そうしたものでありながら、ちょっと独特な構図やポーズの取り方、芝居のさせ方をする『ちびまる子』のルールをきちんとわきまえた原画になっている。実は、『まる子』的なローカル・ルールに自分がはまるのだろうか、という不安もあったのだが、原画マンがすでにルールを押さえているのだから、演出家はむしろ教わる立場だ。これは教えるよりはるかにラクチンな立場なのだ。

こういう人ばかりで原画チームを固定的に編制することができたら、これは演出家としてはひじょうに楽になる。

「っていうのは無理だよなあ」

と、制作デスクの小村さんに話してみた。

小村のとっつぁんはいとも簡単に、
「できますよ」
と、答えた。こういうところを、事務的にではなく、タスクフォース的に考えてくれる制作は得がたい。これで『ちびまる子ちゃん』は計算可能なものになった。

さて、『あずきちゃん』の白箱を眺めてみた。原作者は秋元康氏なのだが、その卓抜な企画力は、この作品ではトレンディドラマ的な展開を小学生を主人公に行なおうとしていた。本篇が終って第2話の予告篇となり、次は女の子がおまじないを書き込んだ消しゴム一個がどうこう、という話のようだった。日常のほんの小さな片隅に重心を持ってくるということでは、これは自分のやりやすい世界だ。

ということで、マッドハウスでは、丸山さんのいる分室から少し向こうに行ったビルにあるスタジオ本体のほうに席を置かせてもらうことにする。

もてなしの距離感

日本アニメーションのスタジオ内にも自分の机は設けてもらった。毎朝、杉並のマッドハウスに出かけ、それから多摩市の日本アニメに顔を出して机の上にたまっているカットを片づけ、またマッドハウスに戻って仕事をして家に帰った。

日本アニメーションはもともと少し辺鄙な（失礼）場所に立地していたので駐車場はふんだんにあったが、南阿佐ヶ谷の街中のマッドハウスには自由に使える駐車場がなく、原付で行動するしかなかった。ただ、自宅→マッド→日本アニメ→マッド→自宅というルートをたどるとなると、四輪よりも原付のほうが小回りが利いてかえって時間の節約にはなった。この移動量は一日あたり百㎞くらいになり、50ccの原動機付自転車なるものの燃料容量の小ささ、一回給油するごとの航続力の小ささを思い知らされた。その上、原付の距離計はすぐ一巡してしまうし、2サイクルエンジンの排気管は詰まって動かなくなってしまうのだった。とうとうわが愛車は、青梅街道がJR中央線を乗り越える天沼陸橋を登り切れなくなり、途中から押して上がらなくてはならなくなってしまった。そんなふうに原付バイクを消耗品のように使っていた。

マッドハウスは、もともとはボウリング場だったというスペースにあり、壁にはその当時の飾りつけがそのまんまになっていた。りんたろうさんがデザインした派手な装飾になったりするのは、もっとずっとあとの話で、灰色っぽい地味な空間だった。作画部屋にはあちこちにケージがあって、ハムスターが飼われていた。ここではどうもハムスターの飼育が流行っているらしい。ハムスターだけでなく、同じフロアの少し奥まったほうにある撮影部近辺では猫も飼われていた。ネズミと同居してなんともなかったのだから実にのんびりした猫だった。

お昼どきに分室のほうに足を向けると、丸山さんが何かうまそうなものを作っていて、大きな鯛のかぶとを煮付けたのだとか、冷や汁だとか、東北出身の丸山さんらしく少し濃い目だけど、すさまじくおいしく味つけられた美味のお相伴に与ることができた。まったく関係のない用事で行っても、箸と茶碗を渡されてしまうのだった。

丸山正雄という人のこういう面は、今に至ってもまったく変わるところがない。

ロケハンに行くとか、その他の用事であるとか、国内であれ、海外であれいっしょにでかけると、宿は必ず丸山さんと同じ部屋だった。

丸山さんとは、ともに飯を食い、布団を並べて寝る。ずっとそうなのだ。

相部屋で布団を敷いてこちらは先にグースカ寝てしまうのだが、丸山さんは電気スタンドをともして、シナリオや絵コンテを読んでいた。ときどき付箋をつけたり、メモを書いたりしていた。本当に、社内を通過する全作品のチェックをしていた。

こちらも『ちびまる子ちゃん』の絵コンテを持って出かけ、ひとりになったらその日のノルマ分の絵コンテを切ってしまおうなどと思ったりしてしまうのだが、なかなかそんな機会はなかった。

丸山さんには自分の美意識に合った宿屋を選ぶ趣味があり、同じ宿に泊まって損をしたことがない。丸山さんは、普段の住居のほかに、築地近くにマンションをひと部屋持っていた。市場でうまそうな食材を山ほど仕入れてきては、手料理をして人をもてなすための空間だった。ずっとのちの話になるが、あるときなど、『マイマイ新子と千年の魔法』の上映継続でお世話になったこの映画のファンの方々を招いて、手料理を振る舞って御礼したりもした。このマンションの一室は、丸山さん独特の趣味で模様替えしてあり、壁にかかった棚には刺繍が並んでいた。

フランス人の日本のアニメーション研究家イラン・グエン君は、海外の映画祭で出会った丸山さんが、合間にその地方の美術館に出かけ、同行の一同を相手に美術史の蘊蓄に満ちた解説を行なってくれたのが、「すこぶるおもしろいお話ばかりでした」と語ってくれた。

『マイマイ新子と千年の魔法』のロケハンに出かけた山口は、ダダイズムの詩人・中原中也の故郷でもあり、その生家跡には記念館があった。丸山さんは合間を見つけてはそこに出かけ、「前に、中也についての絵本を作ったことがあるんだ」と、いった。

丸山正雄とはそうした人なのであり、その人物が「僕はあなたのファンになりました」と、人を引っ掛けてきては、この距離感の小さな空間に引き込んでしまうのだった。

めぐるめぐる季節感の中で

『あずきちゃん』の監督は小島正幸さん。斉藤博さんの『楽しいムーミン一家』で演出をしていた人で、スタジオジュニオから出向でマッドハウスに来ていた。『あずきちゃん』のメインのキャラクターデザインは川尻善昭さんなのだけど、現場の総作画監督は芦野芳晴さんが引き継いでいた。そのほか演助兼演出の小寺勝之君だとか、演出の坂田純一さんが席を並べていて、いつも全員顔を揃えているわけではないが、そういう顔ぶれのコーナーに自分も机を置かせてもらっていた。そのほか、『あずきちゃん』の本篇末に必ず一枚だけ絵を描く超ベテランのポンさんこと平田敏夫さんがいて、なぜかポンさんと同じ苗字の原画の平田かほるさんなども同じフロアにいて、身内感があった。

最初にやったのが第17話の「女の意地!?決闘タコ公園」という回で、芦野さんが作監についてくれた。

今思い出すとこれは夏の話だった。プールのシーンがあったような記憶があるし、トンボを飛ばしたりした。並行してやっている『ちびまる子ちゃん』もそうなのだが、こういう日常生活もののテレビシリーズは、季節感がポイントになる。とはいえ実は、そういうのは放映時の季節感なのであって、絵コンテのスケジュールが三週、作画五週、その他いろいろひっくるめてさらに数週間、合計二か月半くらい完成時期からさかのぼった時点でシナリオを手渡されるわけで、絵コンテ用紙を前にするこちらにとっては季節感も何もあったものではなかった。

それでも、そろそろとコンテを切り始めるうちに次第に没入していって、そのうちに自分の体がコンテの中身のほうに迎合してゆく。ふと我に返ると、自分が今いるのが絵コンテの中の夏の世界ではなく、実は春先なのだと気づいてしまうのだ。すると突然、それまで開いていた毛穴がすーっと閉じてゆくような不思議な皮膚の感覚を味わうことになる。体はどうもほんとうに夏だと思ってしまっていたらしい。

もう少しのちに、小寺君が演出する第33話「初公開♡かおるちゃんの恋物語」というのを絵コンテだけやったのだが、これはクリスマスの話だった。その絵コンテを夏休みに妻の実家に帰省中に描いていた。いきなりクリスマスツリーを描いたりして、クライマックス頃には雪が降り始めていて、絵コンテを切ってるあいだはその気分の中にいるのだが、現実に戻って気がつくと、窓の外は入道雲で、それまで耳に達していなかった蟬の声が、急に大量に降り注いでくるのだった。こういうとき、今は冬だと思っていた自分の体は、暑ささえ忘れてしまうらしい。その暑さが急によみがえってきて、肌が妙な緊張感に襲われる。同じような感覚は、ずっとあとになって真冬の日本から真夏のオーストラリアに仕事に行ったときに感じたりした。冬の日本から突然南半球の夏に飛び込まされると、何日間は体が暑がることを思い出せないので、そのあいだはあまり暑くなかったりする。

第17話のその次にもらったのは第27話「ガーン！勇之助くんなんか大きらーい」だった。

こうやって考えてみると、『あずきちゃん』は特段きちんと五週に一本が回されてきていたわけではないのだった。ということはまだまだ仕事の余力があるわけで、『名犬ラッシー』から復帰した『あずきちゃん』の後半戦では、こうした間隙に『カードキャプターさくら』まで割り込ませて、『ちびまる子ちゃん』と合わせて三本並行体制になってゆくのだった。

この第27話は季節感的にいうと「秋祭り」のお話で、神社の参道に並ぶ屋台がやたらと出てくる。「ロケハン」と称してひとりで神社のお祭りに出かけて牛串だとかを飲み食いした記憶があるのだが、これは絵コンテが終って作画に着手する頃、レイアウトの参考用だったのかもしれない。念のためにいうと、ちゃんと写真も撮ってきている。

当然ながらこの回のお祭りシーンには大量の群衆が出てくる。といっても動かせる枚数的余裕がないのでほとんど「止メ」なのだが、止めは止めであるだけに人々のポーズだとかに雰囲気が出ていてほしい。このあたりはレイアウトチェック時に自分で相当量のラフを描いて投入してしまった。群衆のひとりひとりをキャラづけして、小さなドラマを想像したりするのは楽しい。こういうところがのちの『アリーテ姫』で、姫君が高い塔の窓から小さく見える城下に住む人々に思いを馳せる場面に直結していったりする。

なんとなく、順番からいうと、この次に回ってくる『あずきちゃん』は第37話くらいになりそうだった。この時点では、『あずきちゃん』は第39話で終了の予定となっていたから、最終回一回前の第38話になるかもしれなかった。だが、シリーズ構成表を見たときに、第35話の―ナイショ!赤ちゃんはどこからくるの」というのが、どうしても自分がやらなくてはならないものだと思いこんでしまった。前話で小学生同士が思いもよらずキスしてしまう。知識のない男の子のほうは「妊娠させてしまったかも」と焦りまくり、あずきちゃん本人はどうもちゃんとした知識があるらしく平然としている、というお話だった。

「これは絶対に自分でやりたい。こういうもののために自分は『あずきちゃん』をやってきたのだといってもいい。順番変えて」

と、制作プロデューサーの吉本聡さんにねじ込んでみた。吉本さんは、にやにやして「いいよ！」とあっさりローテーションをひっくり返してしまった。こういう融通がツーカーで利くところが素晴らしい。

ちょっとしたストーリー上のミソもあって、ハンサムで背も高く勉強も運動も抜群、とあらゆる面で主人公あずきちゃんの目から憧れの雲の上の人と見えていた勇之助くんが、性の知識ひとつで彼女と同等のところに降りてきてしまう、という話でもあった。第39話でこの小学生同士の恋愛模様を完結させるなら、是非ともおさえておきたい話でもあった。そういう自分なりにシリーズの全体像を見渡した計算でもあった。

だが、それ以上に、自分としてはなんだかこうした刺激的な内容が楽しくってたまらなかったのに違いない。

この回のラスト、身近な存在に降りてきた勇之助くんと並んで元気よくブランコを漕ぐあずきちゃんは尾崎和孝君の原画だ。尾崎君の中からはこうした天真爛漫なカットが天然に溢れ出してくるのだった。

ファンとの遭遇

これは最初に『あずきちゃん』をやっていた頃だったか、それとも、数か月後にもう一度復帰した頃のことなのか記憶が定かでないのだけど、メインスタッフのコーナーに何冊かファンの方が作った同人誌が届いていたのを見た。

舞台になっているモデルの場所と思われるあたりの風景の写真とか、主人公が住んでいる家の間取りを推定してみるだとか、いろいろがんばっておられた。原作もののアニメーション化の場合、われわれも同じ過程を一度は踏むから、気持ちはよくわかる。

そういえば、と思い出したのは、その昔のファン同人誌はやたらとスタッフへのインタビューが多かったことだ。ファンの方々は機会多くスタジオを訪れてはそういうことをしていた。自分が読んだことのある『母をたずねて三千里』同人誌などでは、インタビューの冒頭、取材される側の高畑勲さんが「こんな学校のある時間帯に君たちはこんなところに来ていていいのか?」と小言を繰り広げ、執筆者のほうで「自分たちは大学生だから大丈夫なのだけど、どうも高校生と間違われてしまったみたい」と括弧の中で注釈されていたりした。逆にいえば、当時は高校生の活動率もかなりのものだったのではないか、と今にしてうかがえるわけなのだが、自分なりの印象でいえば、高畑さんにとって高校生も大学生もあまりかわりなく、日中はちゃんと勉学に励んでいるべきだ、と思われたということではなかったのかという気もする。高畑さんは度々インタビューの中で「『三千里』を見て泣ける？　なんで泣くのか？」と反発していたりしたのだが、むしろ大人の立場としてふつうにお説教垂れている感じでもあった。そんなふうにふつうのファンたちがふつうに現場のスタッフを取材するのが許されていた時代があった。

そうした時代というのは、このコラムで述べているこの時点（一九九〇年代なかば）からもうひとつ前の年代のことなので、この頃にはファンの世代も更新されたのか、スタッフインタビューみたいな同人誌はほぼなくなっていた。ファンはファンの側で独自にできることをする、という方向性に変わっていたような気がする。

この頃、通勤用の原付はマッドハウスが入っているビルの裏手のほうに置いていたのだが、夜半帰ろうとするときなど、ときどき、駐車場脇のゴミのコンテナをゴソゴソ漁る人影を見た。そういや、要らなくなった設定も、コンテとか原画の描き損ねも、構わず屑籠に捨てていたけど、ああやって持ち帰ってゆく人たちもいたんだなあ。

遥かなるヨークシャーへの道のり

一九九五年の半ば頃。『あずきちゃん』と『ちびまる子ちゃん』の仕事を重ねてやっていた頃のことだ。仕事場にいる時間は『あずきちゃん』のマッドハウスのほうが圧倒的に長く、『ちびまる子ちゃん』の日本アニメーションへは顔出し程度に行く感じだったが、それでも、以前、世界名作劇場の絵コンテをやっていた頃には一本ごとに一回きりの打ち合わせのときしか日本アニメに足を運ぶ機会がなかったから、ずいぶんと「足繁く」という感じに思えたし、中にいる人たちと顔をあわせる機会も増えていた。

そんなある日、次の世界名作劇場では社内に入ってメインスタッフとしてやってくださいよ、といわれた。

メインスタッフといっても、ここの会社は社員でないと監督になれない内規があったので、監督ではなくてその参謀長みたいなポジションで、ということだった。タイトルは『名犬ラッシー』なのだ、とも。『ちびまる子ちゃん』に費やしている作業時間をこちらに回せばなんとかなるだろうか。

自分たちの世代にはこの題名はなじみ深い。子どもの頃、アメリカの連続テレビドラマの『名犬ラッシー』はよく見ていた、かな？　いや、実のところ『わんぱくフリッパー』のほうがよく覚えている。イルカのフリッパーは「キキキ！」と笑い声みたいな声を上げてはしゃぐのだけど、コリー犬のラッシーは「クーン、クーン」と悲しそうな声で泣くようにしていたのが心に残っている。見ている子どもとしてはご陽気なイルカのほうが楽しみなものだ。

同じく子どもの頃に読んだ本で、家から遠く離れた土地で飼い主とはぐれた犬が、その後、長い長い距離を歩いて飼い主の待つ家まで帰ってきたことがあった、と載っていて、それが『名犬ラッシー』と関連づけて書かれていたことにちょっと驚いた記憶もある。テレビドラマの『名犬ラッシー』って、毎日毎日男の子と行動をともにしていたようだったけど、ほんとうはそんなお話だったのか、と。

で、この一番最初に声をかけられたときには、昔のアメリカのテレビドラマみたいにアメリカを舞台にするのがいいか、原作のままイギリスを舞台にするのがいいか、とたずねられた。

自分にとっては、アメリカのだだっ広い中西部だとか全然イメージが湧かないのに対して、英国のほうは児童文学のふるさとみたいなところがあって、

「そりゃあイギリスですよ、イギリス」

と、答えておいた。

「キャラクターデザインは誰がいいと思う？」

とも聞かれたので、『七つの海のティコ』の森川さんはよかったから、森川さんがいいんじゃないの、といっておいた。

しばらくしてまた日本アニメに行ってみると、両方そのとおりになった、という。

のだ、と。

「はい？」

『名犬ラッシー』の舞台はイギリスになったし、キャラクターは森川聡子さんがつくることになった

正直いってそのとき思ったのは、「そこまで責任もてない」ということだったりする。自分はたしかに自分自身の好みであったり、自分がものづくりするならこういうふうに設計してゆきたい、という部分でそんなふうに口に出してみたけれど、所詮は言葉の端々に過ぎない。現に、この社内にいる別の監督クラスの演出家の人は「自分ならアメリカを舞台にするけどね」といっていたというのだし。

自分の発する言葉を認めてもらえるのはありがたいのだけど、そうだとすると、その背後にある考えだとか何かをもっと自分自身で深めていかざるを得なくなってくる。これからどういう立場でか、この作品に対して述べる「言葉の端々」には十分な「根拠」が必要になってくるし、それはまっとうされなければ意味を持たない意図であったりしてしまう。

と思いつつ、さらにもういくらかアイディアめいたものを出してしまったような気がする。それはラッシーは子犬のときに主人公と出会うことにして徐々に成長させていこう、ということだったかもしれないし、主人公ジョンの母親を職業婦人にする、というようなことだったかもしれない。深入りすればするほどあとに引けなくなる。ことは一点一画の話ではなく、作品全体の重心を限られた支点の上から外したら崩れるバランスの問題になっていってしまう。

そうこうするうちに、第1話のシナリオの第一稿までできあがってきてしまっていた。

自分の知らないところで打ち合わせされてできあがったというその原稿を見て、いろいろ困った。クライマックスにあたるところで、子犬を避けようとした荷馬車が町の真ん中で横転して大騒ぎにな

っていたのだった。作品がそうしたドタバタ劇のほうへ向かうのだとするなら、自分の出る幕ではなくなる。

自分の考えていたのは、「事件」ではなく「生活」からの視点を重視したいということだったし、そこで子どもが子どもらしくあることだったりしたのだと思う。子どもがどうとかいうレベルを超越したドタバタ的事件がいくらでも起こり得る世界なのなら、そうしたことはまっとうできないような気がした。

どうすればよいのだろうか。

おとなしく身を引くべきなのだろうか。

どうも、それができないところまで、いつの間にか深入りしすぎてしまっていたような気がした。自分が出したいくつかのアイディアのようなものは、少なくとも自分自身の中では登場人物それぞれの人物像、「人間」と結びついており、彼らもまた『LITTLE NEMO』や、虫プロそのほかで考えたいくつかの企画や、そしてこの時点では水もの同然だった『アリーテ姫』同様、形をとらぬまま、まるではじめから存在などしなかった何者かとして蒸発していってしまうしかないのだろうか。「物語」はもはや「生活」にまなざしを置くことを許されないのだろうか。

そういうようなことを、現場の知人たちに話してみたら、

「なんとかなんないのかねえ」

という声をもらってしまった。

そこから力学的なことがいくつか起こり、「社員になった上で監督をやってもらう」といわれることになる。

すでに十月になっていた。一月の放映開始まで二か月。企画が決まるのが年々遅くなる、といわれていたのだが、テレビ局の側としても、日曜日のゴールデンタイムをバラエティ番組に回したがっているようであり、そうした逡巡だか綱引きだかがあったがために、企画決定も遅れていたのだろうと想像するのは難くない。

出発はとてつもなく素早かった

放映開始まで二か月、というのは、準備期間が二か月あるという意味ではもちろんなくて、第1話の制作にすぐにでも着手しなければいっそう厳しいことになるということで、実質的な準備期間は「ほぼゼロ」だった。

何と何をしたかなあ。

とにかくまず、第1話のシナリオをライターの松井亜弥さんと打ち合わせして構築し、即座に絵コンテに入った。

参考にすべき映画、たとえば一九四一年のジョン・フォード『わが谷は緑なりき』だとか、エリザベス・テイラーがプリシラを演じる一九四三年の『名犬ラッシー　家路』は、ここに至るまでにすでに見直していたのではないかという気がする。でなければ、ほとんどいきなり絵コンテに手をつけたといってよい第1話があのような内容になるはずはなかった。

そもそも、『わが谷は緑なりき』の影響があって、『名犬ラッシー』の舞台はアメリカより英国のほうがいいと主張していたのではなかったかと思う。あのてっぺんで巨大な滑車が回る竪坑櫓《たてこうやぐら》は、『わが谷は緑なりき』からの引用なのだ。あんなふうにそびえる竪坑櫓がトロッコを上下させていて、その地下には迷路のような坑道が広がっていて、地上に出たトロッコは軽便鉄道で運ばれる。「ただ生活があるだけ」であるよりも、楽しさと躍動感と陰影のある広がりがもてるように思えたのだった。

エリザベス・テイラーのプリシラは素敵だった。気難しい顔をして歩く祖父ラドリング公爵のすぐうしろを、その尊大な態度を物真似して歩く、魅力的でお嬢様的な嫌味がまったくない少女だった。高畑さんの『アルプスの少女ハイジ』で、同じくお嬢様であるクララが初めて画面に登場したときの、その素直さの表現をとても魅力的と思っていた自分にとって、エリザベス・テイラーのプリシラはとにかく素敵だった。

ところで、このお話の原作が書かれたのは一九三八年だった。いかにも世界名作児童文学的な十九世紀の世界でもなければ、二十世紀初頭の時代ですらなかった。第一次と第二次、ふたつの世界大戦の中間の時期、戦間期もほとんど終盤にさしかかろうとしていた頃を描くことになるのだ。空飛ぶものが好きな自分としては、ラドリング公爵には多少の先見性を身に付けていただき、デ・ハビランドの小型双発旅客機ドラゴンあたりで、点在する領地間を飛び回っていていてほしかった。

というあたりで、そそくさと第1話のストーリーをメモにまとめて松井さんに回し、ほとんど並行するように絵コンテに着手した。

美術設定も何もできていないし、それを待っている時間的余裕もなかったので、鉱山町の中にある必要な場所の位置関係を作り、それから主人公ジョン・キャラクローの家の中の間取りを自分で作った。のちのちこの家の中で犬を飼うことになるので、一階にふたつある部屋の境にドアをつけたくなかった。かといってあまり見通しがよすぎると、ひとつの部屋を舞台にしているはずなのに、いつも隣の部屋まで描かなければならなくなってしまう。カメラポジションを考えて、玄関ドア、台所と居間の境のドアのない戸口、裏口の三つがお互いにちょっとずつずれていて、いっきに見通したりできないように配置することを考えた。これをどこかから調達してきた段ボール箱（会社に来たお中元の箱だったかもしれない）を材料に模型に組み立てて検証もした。のちのち、本番の美術設定を伊藤主計さんと打ち合わせすることになったときも、打ち合わせ場所の国立のスカイラークガーデンズまでこのダンボール細工を持参し、主計さんはそんな不細工なものをむき出しのまままきちんと持ち帰ってくださったのだった。

この第1話の絵コンテは、まったく何もないところから三日半くらいで完成させてしまったのではなかったかと思う。

並行して、シリーズ全体の構成プランの心積もりも抱かなくてはならなかった。かつてには一シリーズ一年間五十二本作られていた世界名作劇場も、この頃になると一シリーズが三十九本で編成されるようになっていた。期首末特番だとか、バレーボールのワールドカップ中継だとかが割り込んでくることが、最初から予定されていたのだった。正直なことをいえば、五十二本より三十九本のほうがはるかに気が楽だった。

三十九本3クール分作らなければならないのなら、まずはこれを三つに分けてみる。

最初のパートでは、少年ジョンと子犬ラッシーとの出会いから、両者のあいだの関係構築、ラッシーが成犬に成長してゆくまでの過程を描く。子どもたちのかけがえのない時間を築き上げる。

第二パートでは、子どもたちの視野が、この鉱山町という共同体を作り上げる大人の側にまではみ出していく。大人たちの喜びも理解できるし、矛盾だとか、薄暗いところのあることですら、目に入るようになってくる。町の人たちのあいだで結婚を祝う宴もあれば、鉱山事故も起こって閉山の危機が訪れる。この辺までの展開は、絵コンテ用紙にそそくさとラフなイメージを描きとめて、メモ代わりにしたものだ。

その先、大人たちのあいだに渦巻く葛藤の何かの部分が急にラッシーの身の上に焦点を結び、ラッシーは人身御供となってスコットランドに連れ去られる。以下、原作のとおりラッシーが脱走してジョンの家まで帰ってくるのだが、相応にジョンの側のパートも作る。

結末の感触はまだそこはかとなかったけれど、こんなつもりだった。すべてはうまく運ぶようになり、炭鉱の経営はふたたび盛り返し、町の人たちの仕事も回復する。だけど、その身代わりとしてキャラクローの一家はこの町を出てゆかなければならなくなる。いや、理由は何でもよい。彼らとラッシーははるか新天地を目指して、オーストラリアあたりに旅立ってゆくのだ。

この最後の部分は、やはり『わが谷は緑なりき』の中で、成長した息子たちが次々と炭鉱村を出て自分自身の居場所へ旅立っていったシーンのいさぎよさが心に残っていたのだと思う。さらには、このわずか二年後に起こるバトル・オブ・ブリテンの下に主人公を置いておきたくないという気持ちからでもあった。

十五年ぶりにその村に立った

最近になって、娘がショッピングモールに行きたいというので、車に乗せて出かけてみた。買い物するあいだどっか行ってってなどといわれてしまったので、その中にある本屋で時間を潰すことにした。家から遠くないこんなところにこんな大きい本屋ができていたことにそれまで気がついていなかった。ここはこのあいだまで自動車メーカーのテストコースだった土地だったはずだ。

さっそく、「これは使えそう」と次回作の資料漁りなどはじめてしまうのだったが、ふと写真集の棚で『名作アニメの風景』などという背表紙を見つけてしまい、とはいうもののだいたい自分の仕事はこういうものには取り上げられてないんだよな、という薄暗い気持ちと格闘しながら、ちらちらっと中身を覗いてみた。

目次を見ると、『名犬ラッシー』に『赤毛のアン』や『母をたずねて三千里』と同じだけページが割かれていることになっていて、びっくりした。ページを開けてみてもっと驚いた。

ジョンやラッシーの住んでいた村の俯瞰図が、家の一軒一軒まで描きこんだ詳細な見取り図が載っていた。あの町の名はいったいなんだっただろうか。そうだ、グリノール・ブリッジだ。誰がいつの間にこんな絵を、と首をひねりかけて気がついた。絵の中に添え書きしてあるこの字は自分自身のものではないか。

封印されていた記憶を手繰り寄せてみる。

ジョンの家のある鉱山住宅があって、だらだら下る坂を下りてゆくと、村の広場がある。ちょっとショートカットして広場に下りる小さな階段があって、その下に泉がある。広場にはナポレオン戦争の頃の戦捷記念塔が立っていて、たしか広場を囲む胸壁沿いには本当は大砲も置きたかったはずだ。ここが「町」ではなく「村」なのは、それなりに歴史のある土地だったからだ。古くから牧羊を営む、囲い込みされた貴族の領地があって、新しくできた炭鉱と、それに付随する炭鉱夫たちの住宅がある。

広場から下って橋を渡る道があって、それとは別に子どもたちが近道に使う小さな石段がある。川から向こうのエリアは学校も含めて何も描かれていない。鉱山住宅から上の炭鉱の方向も何も描かれていない。なぜならこれは第1話のコンテを切る中で構築した世界だからだ。村の第1話に登場しない部分はまだ構想されていなかった。

第1話のコンテを超スピードで切り終えて、並行して松井さんが進めている第2話の脚本があがってくるまでのほんのちょっとした合間の中で、これを描いたのではなかったはずだった。淡く漂う村の歴史も地形もそこかしこで遊ぶ子どもたちのさんざめきもすべて、第1話のコンテを描く中で自分が空想したものに過ぎない。

たぶん、学校への行き帰り道だけはちゃんとしておきたかったのだと思う。ジョンの母メリッサの勤め先であるお医者のホッパー先生の診療所もまだ場所を定めかねている。にもかかわらず、鉱山住宅から広場に向かう道を横に曲がった先もちょっと広々と家が描き込んであるのは、将来的にこの辺で何かお話を展開できないだろうかと、想像を膨らますよすがが欲しかったのだと思う。このどれか一軒を診療所にすればいいし、パン屋にすればいいだろう、と思いたかったのだった。学校や炭鉱方面はいずれ描き足すつもりでいたらしかったが、とうとうそんな都合のよい時間は得られずじまいに終ってしまったのだった。


この村のことはずっと忘れてしまっていた。

十五年ぶりに村の道を辿ることができた。

ロケハンどころかほとんどろくに資料らしい資料も見ずに村をひとつ、丸ごと描こうとしていた当時の自分が、少しまぶしく思えた。

この本、ピエ・ブックス『名作アニメの風景50』を編集された方々に感謝します。

黒いあしあと、白いあしあと

『ラッシー』の第2話の脚本が上がってきたら、即座に絵コンテに手をつけた。第1話も第2話も各話題名はついていなかった。それどころの暇もなかったのだ。

あとで第1話完成時にだったか、局側プロデューサーたちと「サブタイトルをどうするか?」という話になった。この頃のテレビアニメでは、やたらと「○○! ○○○○」みたいなサブタイトルが流行っていて、この途中に挟まるビックリマークが時に応じてクエッションマークだったり、ハートマークだったりした。そういうのが「キャッチー」だと思われていたのだった。『ラッシー』ではもう少し別の気の利かせ方、児童文学的なセンスに持ってゆきたいと思ったのだが、案の定、渋い顔をされてしまった。そこで口を開いたのが脚本の松井亜弥さんで、

「『ひとりじゃない』ってどうでしょう?」

と提案された。第1話の内容を深く含みおいた題名だった。

説得力があって、反対意見はなくなった。松井さんはこちらのやりたいことを的確に読み取り、全力で同じ方向を指向しようとしていたのだった。

第2話は結局は局側に否定されてしまったのだが、「黒いあしあと、白いあしあと」にしたかった。人間たちが仕事場や学校に向かってしまって、ひとり家の中に残された子犬が、はじめは暖炉の中ですすだらけになり、最後には台所で小麦粉だらけになっている、というお話だった。森康二さんの短篇『黒いきこりと白いきこり』などというのも頭にあった。

実は自分で犬を飼うようになったのはここ最近のことで、当時は猫しか飼ってなかった。あらためて思い出すのだが、我が家のワン公も、子犬で家に連れてこられて、人間たちがみんな出かけてしまって独りぼっちにされた最初の日にはまったく同じことをした。飼い主がそこにいはしないかと階段を登って降りられなくなって、震えていた。

同じことをこの第2話のときにも考えてしまっていた。子犬は階段を降りられないのだ。なので、子犬のラッシーをお餅みたいにポヨンポヨンにして、ボールにして転がせ、弾ませて階段を降ろした。

これについては、オールラッシュを見た田中真津美さん（『ナンとジョー先生』のプロデューサー補）が、真摯に「世界名作劇場でやってよい限界」について議論を仕掛けてきたりして、有意義な展開にもなった。多少のマンガ的表現を持ち込んでよいのか、日常の生活描写を担保するためのリアリティはどの辺に境目があるものなのか。自分としては、観客側の年齢層が下がるにしたがってできることも現れてくるのだと思っただけだった。マンガ的に、というよりむしろ「絵本的」な方向で。これはそのつもりだった。

テレビ局の編制側は「ファミリー路線」を打ち立て直すためにこの企画を立案したわけだし、背反する要素はない。場違いだなんて思わなければならないいわれはひとつもなく、実に自信たっぷりなものだった。

往きて還りし物語

ほんとうは幼稚園児だった頃に犬に膝小僧を咬まれたことがあって、以来ちょっと犬が苦手だった。このとき咬んだのは大きな秋田犬で、名前を「クマ」といった。大きくなって（？）アニメーション映画を作るようになったとき、同じ名前の秋田犬を作中に登場させて、主人公にひっくり返させては意趣晴らししたりしてしまった。

どうも物心つく前に子犬をもらったこともあったらしい。幼い自分はたいそう喜んだらしいのだが、まったく覚えていない。たぶん、物心つく前の一歳くらいだったのではないか。ところがこの子犬が、飼い始めていきなり、誰かに盗まれてしまった。この話は親や親戚の思い出語りを聞いて知っているだけだ。彼らの言葉の中では、世にもかわいらしい子犬だったらしい。

しかし、せっかくの子犬がいなくなってわあわあ泣き喚いてしまったのだろう。かわりに犬のぬいぐるみを買ってもらったのだった。それも大小ふたつ。このぬいぐるみのことははっきり覚えている。小学生になってもまだ家にあった。古びてとうとう耳が取れてしまったときに悲しかったことも覚えている。中につまっていた藁や針金がはみ出してきて、奇妙な感じがしたことも。それまで自分がずっと人格というか、キャラクター性を感じてきたものが、急にただの物体に戻ってしまう不思議な感じ。

それから十姉妹を飼うようになり、セキセイインコを飼うようになり、『名犬ラッシー』の当時はもっぱら猫を飼っていた。あの頃飼っていた赤猫は、もともとは長男が拾ってきた子猫だったのだが、大きく育って面魂もふてぶてしくも雄々しい雄猫になっていた。

で、ここに子どもたちがまたしても子猫を拾ってきた。こちらはまた、いつも鼻ちょうちん膨らませてる間抜けな顔の子猫だった。蚤もいっぱいたかっていて、風呂に漬けたら、わあーっと逃げ上がってきた蚤が水面上に出てる顔に集まってたいへんなことになった。それこそ、『どうぶつ宝島』か『名探偵ホームズ／海底の財宝の巻』で船が沈むところみたいになってしまって、蚤も子猫もともに哀れ、という惨状だった。

この子猫が、たまたま横になっていた先輩雄猫の腹を枕に寝てしまったことがあった。見るもふてぶてしい先輩雄猫はどうするだろう、と思って眺めていたのだが、子猫が寝ているあいだじっと我慢してそのポーズを維持していた。ときどきこちらと目が合うと、「俺は困ってるのだが」という表情を寄越すのだったが、その我慢強さは賞賛に値すると思って、自分の中のこいつの格づけはさらに向上した。

このことを、『名犬ラッシー』の第2話を締めくくろうとしているときにふと思い出してしまったのだった。ちっちゃな子犬のラッシーがどこかにいなくなってしまい、捜してみたらサンディの家の大きなオールド・イングリッシュ・シープドッグの腹を枕に寝ている。先輩シープドッグのほうはじっと我慢してくれている。

ちなみに、あのオールド・イングリッシュ・シープドッグは、幼稚園児だった頃に訪れた大磯の伯父の家に飼われていた犬を思い出して登場させたのだった。モクという名前で、一度しか会わなかったのにずいぶん記憶に残っていた。あとで、車にはねられて死んだ、と聞かされた。

さて、子猫に枕にされてしまった面構えの雄猫は、ここはもはや自分がいつまでも愚図愚図してい るべき場所ではない、といかにも雄猫らしく悟ってしまったようだった。彼は旅に出てしまった。内田百閒の『ノラや』ほどではなくても、かなり寂しかった。

ところが、この雄猫はそののちずいぶん経ってから帰ってきた。一年以上経っていたのではないかと思う。唐突に猫用の出入り口から入ってくると、全身ぼろぼろになった体をごろんと横たえた。毛並みだけでなく、皮膚病にかかっているのか、あちこち肌が擦り切れて血だらけで、痛痒そうで、見るからに痛々しかった。そもそもこいつを拾ってきた張本人である長男は、しかし、この猫を自分の布団に入れて一緒に眠った。

この猫がどれほどの冒険を積んできたのか、誰にもわからない。けれど、以前そうあったように、今は日常に戻って安らいでいる。その安らぎは何にもまして得がたい。

雄猫の帰還が『名犬ラッシー』より前だったのかどうだったのか、よく思い出せない。しかし、この作品のラストで描きたいイメージはここにあったのだと思う。

往きて還りし物語。出発点も、そして帰着するのも「日常」の中。

本を積むときホンが書き始められる

仮想の世界を描くものづくりをする以上、時代考証だとか何々考証だとかをする必要性には事欠かない。詳しい知識を持っている人に聞いたりもちろんするが、最後は自分で取りまとめることにしている。なんとなれば、所詮考証なんてするのは作品世界を充実させるため、自分がいかにイメージを抱けるかということのためなのだから。どうでもいいや、と思うことは適当に取捨選択の対象にしてしまうこともあるし、おもしろいと思ったところは掘り下げてみる。

『マイマイ新子と千年の魔法』なんて、自分で調べものを始めていなければ、原作になかった部分、つまり千年前の山口県防府市に清少納言が訪れていた可能性なんて自分の中に浮かんでこなかっただろうし、全然違ったストーリーになってしまっていたかもしれない。

できあがっているストーリーを映像に形象するだけのために考証の作業があるのではなく、もっと深い部分を作り出すためにそれは必要なのだと思う。

一九九〇年代の半ば頃にもすでにそういう傾向は自分の中にあり、『アリーテ姫』の準備でも、同僚の森本晃司氏から「学者の仕事じゃないんだし、よせよせ」ととがめられつつも、

「ヨーロッパの中世をある程度理解した上で、描いてみたい」
と思っていたりした。

順序からいえば、『アリーテ姫』の準備開始のほうが『名犬ラッシー』よりも前になる。

当然、『名犬ラッシー』でも沸々とするものはあったのだが、いかんせん、前にも述べたように、準備開始から放映開始まで丸二か月切っているという状況だった。

いろいろな制作プロダクションを渡ってみると、こうしたことのために「設定制作」という職種を設けているところ、そうでないところ、様々だった。

『名犬ラッシー』の日本アニメーションにはそれがなかった。多く現実に存在した土地を舞台にとり、日常生活にそれなりの重点を置く作風である以上、あってしかるべきなのではないか、と今にして思ってしまう。

これもまた今にして思えば、ここのスタジオの基盤を築いた高畑勲さんやそのメインスタッフたちが自分で調べるタイプの働き屋だったことが、専門的な職種を設けないことになってしまったのかもしれない。

それにしても、これまで相当数のシリーズを制作してきたスタジオなのだから、資料のライブラリーくらいあるのではないかと予想していたのだが、応接テーブルのうしろにちょっとした本棚がひとつあるっきりだった。どうも気の利いた人は本は自腹で買って会社に残さない、ということのようだった。

当然、ロケハンに行っている時間はないし、その費用もないといわれた。じゃあ、過去の作品のロケハン写真のアルバムとかはないのかと問えば、それもしまいこまれてしまっているか、まったく会社に残っていないかのどちらか、という話だった。

知識の蓄積は作品ごと、それを支える個人が自らの責任において行なうしかないのである。

インターネットとかが利用できる時代ではまだなかった。知識は本の代金として有料なものであり、何冊かの本は自分の家にあったものを持ってくればよかったが、あと何冊かは時間を見繕って新しく買った。

ヨークシャーのヒースの荒野《ムーア》。

そこにそびえるトーと呼ばれる岩。

家々の造作。食生活。一九三〇年代という時代に見合った小物たち。

そうした中に、運河の閘門《こうもん》の写真もあって、閘門の水を出し入れする蒸気ポンプの写真もあった。

この瞬間、迷子の子犬ラッシーはボートに乗って運河を流れてきたことになった。少年たちは、ラッシーの身元を捜して運河をさかのぼり、そこで閘門番のじいさんと出会う。

第3話のストーリーはそれでどうでしょう？　というと、脚本の松井亜弥さんは、自ら蓄積のポケットを探って、このじいさんに恰好の締めくくりの台詞、バケツで練るココアについての言葉を見つけ出してくれた。

終らない物語

このあたりのどこかで、主題歌の打ち合わせをやったはずだ。

スピッツも手がけている笹路正徳さんのプロデュースだとか、プリンセス・プリンセスのとみたきょうこ（富田京子）さんの作詞だとか、そんなラインがすでに組まれていて、そこに出かけてこちらの意図を述べたりしたはずなのだけれど、正直どこでどなたと直接打ち合わせしたのだか、記憶がかなりあいまいになってしまっている。

はじめに打ち合わせしてこちらの意図を伝えて、音楽デモが何パターンかできてきて、それを聴きつつ、もう一度打ち合わせしたのだったか。それとも、一回目は何か意図を伝えるメモを送って、デモを作ってもらったのだったか。

とにかく、できあがってきたデモは当然のごとく複数あったはずで、うち一曲はカーペンターズの「トップ・オブ・ザ・ワールド」風だったのは覚えている。制作テレビ局側のほうでは「世界名作劇場をファミリーものに戻す」という意向がはっきりあって、そっちの方面から音楽プロデューサーに向けて「そういう楽曲も作っておいて」と耳打ちされていたのかもしれない。このあたりのことは、

『名犬ラッシー』というタイトルをエリック・ナイトの原作に基づいてイギリスを舞台に作る以外に、一九五〇～六〇年代のアメリカのテレビドラマのイメージで作りたい、作るべきだとする方向性が企画の当初から漂っていたことと直接的に関連している。

ただ、こちらでは作品意図をもう少し別のところに置いたつもりだったので、もう一曲のほうの楽曲を推した。テレビ局の編成プロデューサーは、まあいいや、と案外簡単に折れてくれた。

この曲につける歌詞については、自分の手で「こうあってほしい」というものを打ち出して伝えたはずだ。今となっては自分が何をどういったのだか細部が明確でないのだが、できあがってきたとみたさんの歌詞を読んで、かなり正確に理解してもらっていることに驚いて、うれしかったりしたのは覚えている。

とはいえ、ここへきて局の編成プロデューサー氏が、「でもオンエアで使うのは二番にしてね」といってきて、そうなった。二番の歌詞のほうが柔らかいのだ。編曲も、オンエア版では少し丸められて、原曲のいくらか暗がりを持つ部分がやわらかく子ども向けを意識した感じに変わっている。

そうした意味で、『名犬ラッシー』の主題歌「終らない物語」は、オンエア版ではなくCDに収められているバージョンのほうが、自分として正統なのだと思っている。

ちょっとした偶然なのか、ある種の必然なのか、後年『マイマイ新子と千年の魔法』を作る中でも、「エンディングでカーペンターズの曲を使いたい」という話がプロデューサーサイドから出てきて、しかもそれが「トップ・オブ・ザ・ワールド」だった。「トップ・オブ・ザ・ワールド」に「ファミリーもの」というイメージを抱く人が多いのだろうか。

結局、『マイマイ新子』のときも、「カーペンターズを使うこと自体は『あり』とするから、せめて

『シング』にしよう」と逆提案してそちらにしてもらった。さらに、映画の締めくくりとしてはもう一段必要だから、と、コトリンゴさんの「こどものせかい」を新たに作ってもらった。

今、「終らない物語」と「こどものせかい」の歌詞を読み比べると、「時」というものに対する感じ方、意味合いがものすごく共通しているように感じる。

こうしてオープニングの主題歌ができてきて、エンディング曲「少年の丘」ができた。

これに画面を添えなければならない。当時、本篇で手いっぱいになっていた自分にはもう絵コンテを切っている余裕がなかったので、若手原画の丸山宏一君、坪内克幸君たち、それに平松禎史さんを加えた作画陣に、直接打ち合わせの場でイメージを伝えて作画に入ってもらうことにした。小さな小さなラフというか、ラクガキみたいなものをその場で即興で描きつつ構図を説明し、途中、冒険の旅をするジョンとラッシーの行く手を暗示したくて流れ星を飛ばしてみたくなったりしたので、流れ星の塗りわけの処理のアイディアを説明したりしつつやった。

この流れ星はお気に入りになり、その後に自分が作った『アリーテ姫』『エースコンバット04』『BLACK LAGOON』『マイマイ新子と千年の魔法』と毎回使うことになってしまっている。

エンディングのほうは止めの画面にすることを前提として、森川聡子さんに同じく絵コンテなしの打ち合わせをもって絵作りしてもらった。ラストの絵は、冒険を終えた少年の泥靴にした。思えばこれも、『マイマイ新子』のDVDのスリーブの絵（新子の草履、貴伊子の靴）につながっているのかもしれない。

コンティニュイティの意味するところ

前に『ちびまる子ちゃん』と『あずきちゃん』をかけもちで仕事するに際して、毎日の消化作業量の計算などしたことを書いた。

『名犬ラッシー』の場合は、会話劇ではないから一話あたり200カットを切るところまで減らすことはできず、280カットくらいを考えて作ればよいのでは、と目分量してみた。

つまり、毎日毎日40カットずつこなせば、七日で280カットになる。ただし、絵コンテ、レイアウトチェック、原画チェックをそれぞれ40カット／日のペースで仕事できるかどうか。これができるような気がしてしまったのだから、体力はまだあったのだろう。

出社したら、いちばんゴチャゴチャしていない朝の頭でまず絵コンテを40カットやってしまう。絵コンテは毎時10〜15カットくらい切れるとして、これを昼ご飯までに終らせる。

それから、夜遅くまでかけて、レイアウトと原画チェックを40カットずつこなす。レイアウトについては森川聡子さんがチェックをしてくれるので、方針だけ立てて森川さんに回せばよい、とする。原画はクイック・アクション・レコーダーをできるだけ使うようにして、渋滞しないようにする。これも、佐藤好春さん以下三人いる作画監督に直すなりそのままゆくなり方針を立てて回せばよい話なのだが、あとで編集のときなどにゴタゴタしないよう、タイミングだけはきっちり確実なものにしておきたかった。

ということで、毎日毎日仕事し続けられれば、一本あたり280カットのシリーズを、作り上げていけるように思っていた。どこかに落とし穴があるのかもしれないが、それはまたいずれ出会ったときに考えよう。

そんな構想を持ったのは、全カットを自分の手で演出することで、作品全体をひとつの表現としてみたいという思いがあったからだ。

大学の教室で、昭和四十年代後半のテレビアニメーションを適当に並べてDVDで観てみたことがある。昭和三十八年『鉄腕アトム』から十年後くらいの時期のものだ。

『アトム』では極端な作画内容の軽減策が採られているのだが、これは通説でよく述べられる低予算のせいではなく、毎週毎週完成品を創出していかなければならない時間との戦いに備えたものだったのだと論じる人があり、自分もそう思う。

そこで何が行なわれたかといえば、1カット内の作画内容をできるだけ単純化し、カットとカットのモンタージュで映像を構成していこうとする方法だった。

それから十年ぐらいのあいだに作られたテレビアニメーション（たとえば『巨人の星』『宇宙戦艦ヤマト』など）を見ても、基本的なところではやはり「『鉄腕アトム』以来のもの」という感じになっている。

ただ、その同時期のものの中では『アルプスの少女ハイジ』だけがまったく異質だった。『ハイジ』

ではカット内での芝居の表現にひじょうに重きが置かれており、同時期の他作品群の中に置いたとき、それはまったく別の考え方で作られたものだということが明らかになっていた。

いわゆる「コンティニュイティ」という言葉がある。「連続性」という意味だ。これは一般に、映像の構成要素である「カット」と「カット」の相互関係の上に連続性を構築しようとするものだと捉えられることが多い。

だが、「連続性」は当然、1カットの中に流れる一定の時間の上にも、しかるべく存在しているのである。つまり「1カットの中で複数のことを連続的に行なう表現がある」ということ。

『鉄腕アトム』以来のテレビアニメーションが、基本的にはそれぞれ「意味」を表象する「カット」をつなぐことで構成されているのだとしたら、『ハイジ』は基本的には「カット内の出来事」で「意味」を表そうとしているのだった。

すなわち、カットの中での演出に「表現」があるのである。

というようなことをなんとなく直感的に把握していたのかもしれない『名犬ラッシー』当時の自分は、それぞれのカットの中身に演出をほどこさなければこの作品で「表現」を行なったことにならない、という気分でさえいた。これが「280カット／毎話」の根拠なのだった。

放映一話分の正味本篇尺は二十分、つまり1200秒くらい。

1200÷280カットは、おおよそ四・三秒くらい。

毎カット平均四・三秒の中のコンティニュイティーに「表現」を求めてゆくのである。それを全話にわたって自分の手でやってみたかった。

原画はほぼ全カットをクイック・チェッカーで見るようになった。単純にパラパラめくっているよりそのほうが「速い」からだ。そうやってでも、どうしてもそれぞれのカットの中にあるものを自分で演出しないと気がすまないのは、そうした末にやっと現れてくるのが自分の表現だから、なのだった。

それにしても、いろいろとくたびれきってしまった今、あらためて『ハイジ』を見直そうとすると、限られた時間に対してなんと無謀な挑戦をおっぱじめてしまっているのだろう、と泣けてきそうにすらなる。

『ハイジ』は全五十二本あったが、同じシリーズのずっと後期のものである『名犬ラッシー』は全三十九本予定だった。非才な自分であっても、「いくらなんでも死にはしないだろう」と思って臨んだのだが、甘かった。

すべてやわらかく世界を見つめる眼を集めて

『名犬ラッシー』の第5話では、ザリガニ料理が出てくる。これは、スウェーデンの画家カール・ラーションの絵に、毎年八月十日のスウェーデンのザリガニ漁解禁を描いた水彩画があって、これからヒントを得たものだった。ちなみに、八月十日は自分自身の誕生日で、それゆえ、「誕生日」「そのお祝いをザリガニ料理で」とつながる話を思いついたのだと思う。

カール・ラーションは、かなり以前、おそらく『NEMO』の頃に日本語版が出ていた画集を一冊買って持っていたのだが(今調べると、この画集は一九八五年に出版されている)、『魔女の宅急便』のロケハンでスウェーデンに行ったとき、画集をいっぱい見つけて買い込んで持ち帰っていた。

この画家はしばしば自分の家族が家の中で見せる姿を画題にしている。妻カーリンと七人の子どもたち(スザンヌ、ウルフ、ポントゥス、リスベス、ブリータ、チェシュティ、エースビョーン)が日常に見せる姿を描くとき、彼が向けるまなざしが柔らかくって、やさしくて、日々の暮らしのディテールを感じさせ、ユーモアに満ちていて、そういうものが大事だと思ったのだ。

ラーションが描く彼自身の子どもは、同じ人物が赤ん坊の頃であったり、ずっと成長してほとんど大人になった姿だったりする。背景となる家の中も、単に時が移ろったというだけでなく、そのあいだに加わった人の手のために変化していたりする。ドアの上に画家自身が描いた装飾が、いつの間にか別のものに変化していたり、大きくなった娘も筆をとって、調度に装飾を描きこむようになっていたり。そうした時の流れが染み込んでいる。

そうだ。

もう少し先の話だが、第13話に出てくる牛バターカップも、カール・ラーションが描いた牛舎にいる雌牛の絵を眺めていて思いついたのだったはずだ。この第13話は英国の作家ポール・ギャリコが書いたお話の影響も受けている。

ポール・ギャリコを知ったのは、高校生だった頃。先輩が作った8ミリ映画のBGMとして、かわいらしくって心地よい曲が使われていて、あんまり気にいったので、このレコードのライナーノーツを読んで、これがギャリコの代表作『スノーグース』を題材にしたものだと記憶したのだった。

そんなふうに、自分は『名犬ラッシー』を作るために、自分の中にある、ある特定の毛色の印象を持つものを総動員して、あたっていた。

そうした意味では林明子さんの絵本なんかも欠かせない。さらに、欠かせないのがロベール・ドアノーの写真だったりした。

教室で石板を前に計算するジョンは、ドアノーがパリの学校に通う子どもたちをユーモラスに撮った写真から引用している。

ドアノーの写真集とカール・ラーションの肖像画集は、キャラクターデザインの森川聡子さんにも渡していて、ヨーロッパの人々を描くための造形的な参考にもしてもらっている。『ラッシー』には、二階の窓辺からいつも町を眺めていて、町中の出来事をすべて知っているという、魔女のようなフォレストのおばあさんが出てくるが、この人物のデザインなど、ドアノーが撮ったジプシーの老女そのままのはずだ。

ドアノーの写真集はこのあとに作る『アリーテ姫』でも『エースコンバット04』でも活躍してくれた。『アリーテ姫』のときなど、もういちどキャラクターデザインをお願いした森川さんのほうから、

「また参考にしたいから、あの写真集ありませんかね？」

と、リクエストがあったほどだ。

一九九六年の正月は元日一日しか休まなかった。

放映開始が間近に迫っていたにもかかわらず、完成フィルムのストックは一、二本しかなく、にもかかわらず自分自身の手元には第6話めの絵コンテがまだ完成にほど遠い姿で横たわっていて、休んでいるどころではなかった。家にも絵コンテを持ち帰って、その元日も、結局は、自宅の机で何かゴソゴソやっていたはずだ。くたびれるより疲れ果てるより、少しでも前に進めるのならそのほうが気が楽だった。むしろ、気が楽になりたいものだ、と思ってあがく、というのが正直なところだった。

この第6話あたりから、アフレコ用のフィルムの状態が悪化した。記憶にある限り、第4話はまだ画面がちゃんとあるものに対して、台詞を吹き込めていたはずだったと思う。だが、第6話は、画面など全然できあがらないままアフレコに臨まなければならなくなって、夜中の編集で白味に色マジックで線を引いて、台詞のタイミングを作ったりすることになっていた。

この話ももう終る

一九九六年一月から放映が始まった『名犬ラッシー』は、視聴率が思わしくなかった。

それはそうだろうとも思った。このシリーズはひとつ前の『ロミオの青い空』で視聴率がいくらか伸びていたとして、それは本来のこのシリーズが対象としていたはずの年齢層とは少し外れたところでの支持があったからにほかならない。

引き続きその同じ視聴層に向けて突撃をかけ続けることだってできたはずだし、はなからそういう企画なのだとしたら、自分にもそれなりにできることはあったと思うし、企画がそんなふうにアップ・トゥ・デートされた方向に走らないことに感じる疑問もあった。そういう意味では、少なくとも自分自身はかなり懐疑的だったように思う。

しかし『名犬ラッシー』は、テレビ局編成部サイドの意向として、典型的な「ファミリー向け」を目指して企画されたものだった。ある種の不幸があったとすれば、かくいう自分自身がそうしたものにかなり強烈に食指の蠢きを感じてしまう性を持っていたことだったのかもしれない。

ともあれ、自分も脚本の松井さんも、正面突破を試みればなんとかなると思う部分を、心情的にかなり大きく抱いていた。誠実に、持てる力を投入する以外に道はなかった、ともいえるのだが。

結果として、『名犬ラッシー』はかなり早い時期に打ち切られることがほぼ決定的になってしまっていた。局の編成部に赴くと、お偉いさんらしい人が、

「ハヤクヤメサセロッ、アンナモノ！」

と、大声で怒鳴っており、それに対してこちらの本来の打ち合わせ相手である局側の番組担当者(なかなかキレものだった)が、自分のデスクから、

「もう少しだけ待ってくださいよ！　こっちも絡んで始めちゃったことなんですから！」

と、弁明する声が飛んで戻っていた。

われわれが座って打ち合わせを待つ応接テーブルはなぜかお偉いさんのデスクの真ん前にあったので、こんな応酬の声が自分の頭越しに飛び交っていたのだった。暗澹とした。

済んだことはまあよい。この上さらにいろいろ積み重ねて語ったところで何にもならないし、自分も書き連ねたくはない。ただ、ひとつ思うのは、打ち切りになることを現場スタッフに話さないように、と厳命されてしまったことだ。これは大きな痛手となった。話せなければ、孤立してしまうだけだし、逃げ場も失う。

毎深夜、自分で運転して帰宅する車で、リアウィンドウにぺたんとついた娘の手形がバックミラー越しに見えた。それが自分を最後まで支えていたものだったように思う。

のちのちの再放映のために一定本数は確保したいという声と、一刻も早く打ち切らせたいという強硬な声がぶつかりあって、放映本数は二十五本、さらに2クールちょうどに本数を揃えるためにもう一話余計に作る、という方針が出され、そのとおりになって、夏には作業が終了した。いずれにせよ、この辺までがいろいろなことの限界だった。

ほかの何よりも気がかりだったのは、登場人物たちを見捨て、投げ出してしまうことにならないか、ということだった。だが、ジョンやコリンやサンディやプリシラには、最後にでんぐり返りをさせることで、子どもらしい彼らをまっとうさせてやることがかろうじてできたのではないかと思う。自分がどんなにひどい状況になろうとも、彼らを活き活き描くことだけは通し抜きたかった。

全部終えて、久しぶりにマッドハウスに顔を出した。

丸山正雄さんに、

「仕事ください」

といったら、

「あれ？　なんで今頃ここにいるの？」

と、不思議がられた。

打ち切りになっちゃいまして、と正直なところを話すと、

「あれ？　だって、ずいぶん評判いいって聞いてたのになあ」

と、いうのだ。

そうか、こちら方面での評判はよかったのか。

小黒祐一郎というライターの人が訪ねてきて、『名犬ラッシー』に注目していた、と、インタビューを受けたりもした。小黒さんにはその後もいろいろな作品でお世話になる。

もし味方がいてくれるのなら、それはもっと早くにこちらから動いてでも見つけるべきだったのだろう。こうした経験が、のちの『マイマイ新子と千年の魔法』で意味を持ち、世の中が振り向いてくれるまで貫き通そうという登場人物たちの虚仮の一念を描く根拠になってゆくのだが、この時点ではまだ、やがてそんなことになろうなどとは予想もできずにいた。

夕日が沈むまでが残された今日

ひとつだけ、『名犬ラッシー』のことで書いておかなければならないことがある。

後先考えず、第1話で飛行機から牧場へ降り立たせてしまった少女のことだ。彼女の存在は、当然、後半の展開への伏線なのだが、これはどこかで使ってゆかなければならないものだった。

第8話までで、主人公ジョンとその飼い犬ラッシーの関係性は、ひととおりエスタブリッシュメントされた。なので、第9話以降数本かけてこの公爵令嬢プリシラにまつわるエピソードを挿入することにした。

ジョンとプリシラが知り合う場面を、牧場の生け垣の中に双方左右から頭を突っ込んだ状態で行ないたい、と脚本打ち合わせで述べたら、局の編成プロデューサーから猛反対された。彼はたしか自分と同年生まれだったと思うのだが、切れ者で、自分でも演劇の台本を書いたりするような人だったはずだ。何をどう思われて反対されたのか。ロマンチックではない、と思われたのだろうか。

「だって片渕さん、今までそんなシーンが出てくるの、映画で見たことありますか?」

といわれた。

見たことないのなら、それでいいではないか。

唐突で印象的な出会いこそ特別なものであるはずだ。この時点でプリシラが希求しているものの象徴として、ジョンとラッシーが彼女の眼前に登場するのだとしたら、それは普通の出会いではないはずなのだ。シリーズが打ち切られることは仕方ないにしても、ここは貫かせてもらった。

プリシラの人となりのイメージは、実はこの時点で抱いていたアリーテ姫のキャラクター像を流用してしまっていた。アンネ・フランク的な文学少女だとか、たまたま帰宅の車の中で聞いたラジオドラマの『ソフィーの世界』のソフィー(島本須美さんが演じておられた)だとか、そういったものをまとめて漠然とアリーテ姫のイメージとして自分の中に転がしていたのだった。世間知らずだが、世間のあらゆるものに触れ、それを楽しんでみたいアリーテ姫。

いまだ構想中のままになっていた『アリーテ姫』では、アリーテの塔を訪れる騎士二名のほかに、自ら意を決して塔に登らないことを決めた三人目の少年騎士を作っていた。彼には人の心を思い図る能力があったから、塔には登らないのだ。そして、魔法使いから与えられた二番目の難題「機械仕掛けの銀色の馬」を見つける旅の途中、アリーテはそうとは知らずこの少年と出会い、それぞれの未来のことを語り合って、そして別れ、それぞれの道をたどる。そういう展開になるはずだった。その辺の感触めいたものを、この第8話、第9話あたりのプリシラで蔵出ししてしまっている。

この次の第10話では、ジョンの家を訪ねてきたプリシラがケーキ作りに挑戦し、そこでサンディと出会う。ケーキ作りのプロセスは、いったい何ケーキを作るのかというところからはじめて、絵コンテの寺東克己さんが克明に調べ、プランを作ってくれたのでたいへん助かった。なぜか、この回の脚本はいつもの松井亜弥さんでなく、その夫君であり男性である三井秀樹さんで、ケーキのレシピなんかにはいささか詰めきらないところが残っていたのだった。

このケーキ作りは、結局女の子ふたりのがんばりどころになって、プリシラが訪ねてきた本来の相手であるはずのジョンは、おミソになって家の表にはみ出してしまう。「あの感じがおもしろかったです」と、あとで小黒祐一郎氏から感想をいただいてしまうのだが、そういうところが、女の子ふたりの『マイマイ新子と千年の魔法』につながっていくのだった。

プリシラはやがて自分が本来いた場所に戻らなくてはならなくなる。その前の最後の一日を岩のトーに登ることに費やす。この文字どおりヒースの荒野にそびえる「岩の塔」であるものは、『名犬ラッシー』の原作にも登場する。第6話で嵐が去ったときそびえる姿の健在を示しておいたりしたのだが、やはりその先どう使うのか深く考えずにいた。まさかプリシラと絡めて使うことになろうとは思ってもいなかった。その中に「王様の椅子」があろうなどとも、自分で絵コンテを描くまで全然知らなかった。

ここで、以前、大塚康生さんから聞いた話を思い出していた。いつの頃の話なのか、大塚さんが高畑勲さんとふたりで尾瀬の至仏山《しぶつさん》（それとも燧ヶ岳《ひうちがたけ》だったか）に登ったとき、山頂で高畑さんが降りない、といいだした。

「だって、想像してもみてくださいよ。ここで夕日が沈むところを眺めなきゃ、何のために登ってきたのだか」

現実的な常識のある大塚さんは、闇の中で下山する怖さを考えて反対したのだが、

「いやあ、パクさんがなかなか動いてくれなくって」

といっていた。

山。

夕日。

佢える記憶は何でもよい。使え。

そうだ、プリシラは岩のトーの上で夕日を眺めるために登るのだ。それが、彼女に残された最後の時間、最後の今日の使い方なのだ。

あの高みにだけは、まだ沈まぬお日様の光が当たる今日がある。

それを目指して、彼女は登る。

現実には制作打ち切り内定済みという状況下、放映を何話で終らせるかというタイムリミットが迫ってきつつある。自分自身は最悪の鬱状態の中にあり、もはや人と口をきくのもしんどくてかろうじて、という状態だった。それでもこうして「前を向いてひたすら登る子どもたち」を描こうとしていたことを思うのだが、いや、もうそれ以上何をいってよいのかわからない。

ストレスなく高野豆腐になる

そこからしばらく、仕事は元に戻った。

『名犬ラッシー』に入る前と同じ、『あずきちゃん』と『ちびまる子ちゃん』。

以前に携わっていたマッドハウスの『あずきちゃん』は、全三十九話で終るはずが終らず、毎年三十九話ずつ三年間にわたって制作する話に変わっていた。年間五十二週のうち三十九本放映しては十三週お休みが入る。こういうスケジュールの組み方をしてもらえると、現場的にスケジュールのどん詰まりに追い詰められるのを避けられて、いくらか余裕ありげな態度をとることができていい。一九九六年の夏の終りか秋口頃から絵コンテと各話演出の編制の中に戻してもらって、第72、81、85、92、101、106、112話と携わることになる。平均六週弱に一本やったことになる。さらに、だんだんと調子に乗ってきたらしく、絵コンテだけのも二本ほど余計にやっている。

もうひとつ以前と同じに戻ったのは日本アニメーションの『ちびまる子ちゃん』で、こちらも同じ時期に復帰したから、『あずきちゃん』も『ちびまる子ちゃん』もともに一九九六年十二月放映分から自分の仕事が再び電波に流れることになった。自分にとって二回目の『ちびまる子ちゃん』は第98話に始まって、延々第219話に至るまできちんきちんとローテーションの中にはまって仕事している。

制作デスクの小村統一さんには、以前と同様、自分のローテーション分の原画の編制を固定してもらって、無理なく仕事できるようにしてもらった。当時オープロにいた西山映一郎さんが半パート、残り半パートは福冨和子さんと山崎登志樹さん、ときどき助っ人で入好さとるさん。

さらには、作画監督武内啓さん、美術監督野村可南子さん、それから色指定はスタジオキリーから出てもらい、編集も小野寺桂子さんで固定されている（編集はのちに『名犬ラッシー』の編集でお世話になった名取信一さんに替わる）。

顔ぶれが定まっているというのはいいもので、打ち合わせなども、

「あのときのあれと同じで」

「はいにいはいはい。あれね」

と、実に端的に運ぶ。

要するに、『あずきちゃん』も『ちびまる子ちゃん』もまるでストレスがなかった。おかげで、抑鬱的などつぼに嵌まったままにならずにすんだ。

「貧すれば鈍す」の反対みたいな話で、調子に乗れるのはよい。『あずきちゃん』の第92話「大スク

ープ！ヨーコちゃんの学級新聞」には、小学校の教室の壁に貼られた壁新聞が出てくる。同じ壁新聞がまた別のカットに出てくると、まったく同じものをアングルを変えてまた新たに描き起さなくてはならない。デジタル化以前のセルとフィルムの時代の話なので、一枚描いたマスターをパースに合わせて変形、という芸当はできなかったのである。

どうしたか、というと、多少無理をお願いできる原画の浦谷千恵さんが、登場する各カット分の壁新聞をいちいちサインペンで書いてくれたのだった。小学生らしい記事の中身も、浦谷さんが自分で考えて書いてくれていて、いちいちおもしろかった。お任せしてしまえばよいのだから、こちらにはまったくストレスのない話で、とにかくありがたかった。

こうストレスがないと、マッドハウス方面から、

「あのさあ、給料分仕事してほしいんで、もう一本仕事突っ込んでもいい？」

などといってきても、大丈夫、大丈夫、という気になってしまう。

これが、『カードキャプターさくら』だった。当時、マッドハウスの仕事はほぼ、他社製作の下請けばかりで、内容的な主導権はきちんと持っていたとしても、著作権は持てずにいた。ということは、インカムとしては、与えられた制作費がすべてということになり、マーチャンダイズだとか二次使用での収入はほぼ期待できない。『カードキャプターさくら』は、マッドハウス自体が製作元受となるべく考えた自社企画で、ということはその辺が期待できる、ということになる。丸山正雄さんなどは「この際、一話あたりどーんと八千枚かけるつもりでやっていい」と勢いよくハッパかけてくるのだった。

この頃のマッドハウスのテレビシリーズは、第1話を監督自身が演出を施し、なぜか第2話を小島

正幸さん、第3話は自分が手がけるのが常道になっていたような気がする。「シリーズ全体としてコンスタントに作画枚数八千枚かけてよいという話なら、シリーズ劈頭の第3話までなら一万枚くらいかけても叱られないのじゃないだろうか」と個人的に考えてしまった。ここが自分の見積もりが甘すぎた部分で、自分で担当した第3話は一万二千枚かかってしまった。まあ、この辺は、実におおらかなものだった、ということにでもしておきたい。

結局、民放テレビ局への営業が不調のまま終始し、『さくら』は『あずきちゃん』の後番組としてNHKに引き取ってもらうことになった。となると、仕掛け上、NHKエンタープライズを元受会社とせざるを得ず、マッドハウスはそこから受注する立場になった。そこから先は一話あたり四千枚という通常路線に戻っている。いずれにせよテレビの仕事はそれくらいが無理がなくてよい。一万二千枚の仕事はそれ相応にくたびれた。


吉祥寺の喫茶店で、スタジオ4℃の田中栄子さんと待ち合わせをし、久しぶりに顔を合わせたとき、

「なあに、片渕さん、高野豆腐みたいになっちゃって」

といわれた。

「だしがらみたい」というようなニュアンスの栄子さん的表現だったのだろうか。ひとつひとつは内容的にストレスなく仕事できていて、それでいて全体の総量的にはパンパンもいいところだったのだ。

「そろそろ『アリーテ姫』を再稼働させてみたい、と思い始めてしまって」

というと、

「どうすればそれができるか、考えましょう」

と栄子さんはいった。

まずは、とにかく一歩前に出てみたところ

原作『アリーテ姫の冒険』は一九九〇年五月に刊行されている。新刊のとき新聞に載った広告を目に留めたのが自分のファーストインプレッションだったのだから、この時点ではそれからすでに七年ほど経ってしまっていたことになる。

男女共同参画的な観点で意味を持つこの本は、刊行から最初の数年は新聞で取り上げられることもあったが、さすがにそうした話題も途絶えていた。俗な話だが、一言でいうと、この書物を原作にとって映画化する意味は、マーケティング的にはひじょうに薄い、ということになる。この本をネタに一般興行用の映画を作るのはおそらく「業界的非常識」というにほかならない。

そもそも数年前にこの企画をスタジオ４℃に持ち込んだ人たちとも、その後何度にもわたって話をしていた。

原作『アリーテ姫の冒険』とは、本来あるべき両性が参画する社会をもたらすために必要となる基本的なものを子どもたちに伝えるべく、社会教育的な意味をもって、教育書の出版社から出された本

だったわけで、そうした意味合いを映像でもって行なうためにアニメーション化をはかりたい、という。それはわかる。そうした副教材的な映像なら安価に作れる道もあるだろうし、ビデオパッケージとして作って全国の図書館に引き取ってもらうなどすれば、元はとれるのかもしれない。そうしたものならば、個人的には人形アニメーションで作るのがよさそうにも感じていた。

相手が子どもであれ誰であれ、何かを感じ取って考えてもらうことが目的なのだとしたら、むしろ映像は多くを語りすぎないほうがよいように思う。その目的のためには、ホワイトスペースというか、そういうものがたっぷりある映像を作るべきなのだと思う。登場人物の表情ひとつとってもそうで、立体造形された人形は顔の造作があまりフレキシブルでないのが、この場合逆に魅力的だ、と思ったりもした。

けれど、ここへきて『アリーテ姫』を作らねばならない気持ちが自分の中に渦巻いてしまっていたのは、ちょっと違っていた。最初に新刊広告としてこのタイトルに出会ったときには、難しすぎてゴチャゴチャして棘のように、壁のように立ち塞がる「世間」というものを、いともかんたんにヒラリヒラリとかわしつつ、自分が目的とするところにたどり着けてしまう、そんな主人公の到来を予感させられたのだった。

そして、作品作りの上で何度にもわたる挫折を経験してきた自分としては、今ここでそんな主人公の登場する作品で、自分自身が活性化されたかった。

何をもってか自分自身を活性化できるのなら、大なり小なり世の中と渡り合う厳しさに直面している人はたくさんいるはずであるし、そうした人たちに対しても働きかけられる映画になれるのかもしれず、ならば世に問う意味も生じてくるというものだろう。

もうちょっというと、映画を観ているあいだだけ世の中の憂さを忘れて気楽になれる、という類のものにはしたくなかった。刹那的な憂さ晴らしではなく、映画を観ることで活力源みたいなものを観た人が自分の中に据えることができるような根源的なものとなってほしい。無謀にもそんなふうに思ってしまった。そうした本質の部分に迫ってゆけるのなら、このものづくりには意味がある、そう思ったのだった。

この時点で自分もたぶん平均寿命の半分近くを生きたのであるし、残り半分を迎えるにあたって「このまま」であってよい感じはしない。何か仕切り直しみたいなものが必要な気分でもある。思えば、昭和三十年代に劇場用、テレビでアニメーションが大々的に作られ始めたのと同時に物心ついた世代も、いつの間にかそんな年齢に達していたわけで。だけど、自分だけがそうであるわけでなく、当然、同世代はたくさんいるわけであり。

それは無謀な話ではある。何らかの意味合いを込めた映画を作れたとして、そうした相手に届くとは限らないわけなのだから。

そうした現実的な障壁が幾重にも立ちはだかって、『アリーテ姫』の出発はここまで延び延びになってしまっていたのだが、ここへきて、自分自身がこの映画を欲する内部圧力が最大になっていたのもまたたしかなことだった。

様々な難しい問題に直面してブレイクスルーしていかなければならないのが、まずプロデューサーという立場であり、その手腕、ということになる。いろいろ面倒をお願いすることになる。

しかし、田中栄子さんという人は、いったん踏み切ればキップのいい人だ。吉祥寺の喫茶店で再会し、

「そろそろ『アリーテ姫』をやりたいんだけど」

と、いったときにも、

「そう。じゃあ、やりましょう。考えなきゃならないことはたくさんあるけど、なんとかなるでしょう」

と、早かった。

ここで、うなずいてもらえたことが、再出発の最初の一歩だった。それは得た。その先はおそらくなんとかなってゆくのだろう。

一方で監督・脚本という立場も多くを考えなければならなくなる。この企画は、内容的な本質だけが意味を持つという作品作りになるだろうからだ。「作りたいんだけど」といっておいて今さら何なのだけれど、どうすれば自分が望む内容的目的地に到達できるのか、まるで見当がついていなかった。

千姫の銀の腕輪

完成した映画『アリーテ姫』については、氷川竜介さんがアーサー・C・クラークやラリー・ニーヴンなどのSFとの関係を説明してくださっている。

しかし、最近とある本を読み直して、そうか、あの頃もたしかこの本のことを思い出していたのだったなあと、もっと奇妙な方面からの刺激があったこともよみがえってしまった。それは、ＳＦなどとはかなりほど遠く、合戦についての時代小説、司馬遼太郎の『城塞』だったりしてしまうのだった。

自分の寿命が尽きる前に豊臣氏を始末してしまいたい徳川家康がいて、立ち向かうためそれぞれの理由をもった武将級の牢人たちが呉越同舟、巨大な大坂城に集まる。『七人の侍』が遥かに巨大にスケールアップされた姿だ。人格的に結束の中心となる後藤又兵衛がいて、耐え忍ぶ頭脳である真田幸村がいる。彼らに教育され、感化されて、まだ若い木村重成、豊臣秀頼、あるいは近習の若侍たちは成長してゆく。限られた時間と空間の中でせっかく築けた関係をいとおしみ、互いのことをいつくしみ合い、ただ運命にあと一歩足らず、ほとんどの者が滅んでゆく。

ちょっとした愛惜感を覚えてしまう小説なのだが、そうしたこと自体は本質的に『アリーテ姫』とは何の関係もない。ただ、この小説の冒頭に近いところで、家康の孫娘・千姫が登場する。

政略結婚。千姫は六歳にして、十歳の秀頼に嫁すことになり、以後、この名目的な城主の単なる名目上の妻とされて、大坂の巨城の奥深く住むこととなる。何せ六歳なのだから、まったくの無垢なるままに。千姫は婚儀の日を過ぎると、秀頼の姿などほとんど見ることもなく過ごすことになる。彼女の身に自由はない。なぜならここは敵方の城内なのだから。

この大坂から山ひとつ越えた大和の国には大きな仏がおわされます、と侍女が城の外に広がる世界のことを語ると、千姫は、巨大な仏がゆっくりと歩き回る国を思い浮かべる。そうした千姫の想像は愛らしい。

あるいは、『アリーテ姫』の世界観は、中学の頃からの愛読書であるこの小説のこの場面を、何度目かに読み直した瞬間、定まっていたのかもしれない。

城の奥深く幽閉される姫君のイメージは、『アリーテ姫』の原作である『The Clever Princess』には存在しなかったものだ。原作のアリーテ姫は何の制約もなく闊歩できていた。だが、閉じ込められるからこそ、外界への想いが果てしなく募るのだと、千姫がいう。

アリーテが目標とする巨大な金色の鷲は、千姫が思い描いたそぞろ歩く長谷の御仏を原型としている。『The Clever Princess』に出てくるちょっと大きなくらいの鷲ではない。徹底して巨大である必要がある。何も知らない少女が空想する奈良の大仏と同等のイメージでなければならないのだから。それらが棲む「外界」は閉じ込められた少女たちのいる場所からは遥かに遠く、今は差し伸べる手すら持ちえない。

やがて、秀頼は城内で千姫を「発見」し、恋をする。障壁となるのは徳川方を忌避する生母・淀殿であり、彼は「妻」に近づくため、忍んで来なければならない。小説のこの前後で城大工・中井大和守などが登場しており、城には秘密の抜け穴がつきもの、というイメージがなぜか去来することになる。

ここでさらに脳裏に登場したのは、アーシュラ・K・ル゠グウィンの『ゲド戦記』二巻「こわれた腕環」だった。

この世界では、チベット仏教のダライ・ラマよろしく、先代の聖なる巫女が死ぬと、その生まれ変わりと思われる子どもが見つけ出され、まだ確たる意思もないその幼い女の子を神殿の奥深く収容して、特殊な環境の中で育て上げることになる。女の子アルハはその名を捨てさせられ、巫女テナーとして育てられる。しかし、彼女は自分ひとりの心の秘密として地下の神殿のトンネルを歩き回り、そこで自分の正体を取り戻させてくれる魔法使いと出会う。

重要なのは、失われたアイデンティティと、闇に彩られた地下の迷宮だ。

こうして、原作とは違って城の奥深く幽閉されたアリーテ姫は、これも原作とは違い、城の地下深く張り巡らされた秘密の抜け穴の迷路を遊び場としていることになる。

問題は、アリーテ姫の魂だ。それは、千姫のように、アルハのように、以前のアイデンティティを捨てさせられ唯唯諾諾と過ごしているものではない。いや、別にそうであってもよいのだけれど、そこから始めると、物語が映画に許容された尺を遥かに超えて長いものになってしまうだろう。

したがって、アリーテの迷路は、アルハのそれとは違い、すでに出口が見出されていることになる。象徴的な意味でも、表層上の意味においても。暗くはあるが、彼女は迷宮を支配しており、どこに出口があるかもきちんと知っている（完成した映画では、出口がいばらのとげの下にあったのがまた象徴的なのではあるが）。

もうひとつある問題の置きどころは、すでに「出口」の姿を知っているアリーテ姫は、映画の冒頭において「孤独」なのか、ということになる。彼女に「秀頼」は存在しないのか。あるいは、原作の邦訳版『アリーテ姫の冒険』（英語原文に対し内容の改変がある）で独自にそう名づけられていた「ワイゼル」は存在しないのか。

結果的に自分はアリーテを「孤独」にさせる道を選ぶことになるのだが、失われた「相棒」を求めて『マイマイ新子と千年の魔法』やその先にまで至る道を歩むことになる。だが、それは文字どおり、また別のお話だ。

アリーテに心の上で寄り添う「秀頼」は、三番目の騎士「シル」と名づけられて、脚本を逡巡するあいだずっと存在することになる。「ワイゼル」もいつか原作に出てくる老婆の魔女から離れて、アリーテ自身と同年代の少女のイメージになって、彼女をアリーテ姫の侍女とする案、別バージョンのストーリーを最後まで抱き続けていた。

100℃的道のり

いくら頭の中でストーリーを繰り広げ、キャラクターを動かしてみたところで、所詮は妄想に似たものでしかない。映画を作りたいといくら思ったところで、徒手空拳でしかない。ものづくりのためには、いかに現実的な足場を得てゆくかという部分を欠かすことができない。

こういうときには、まず最初に製作資金をどうするか、という話になりそうだが、実は違う。予算規模をどれくらいの高に見積もるか。それが一番最初に踏まなければならないステップなのだ。

最初の取り掛かりとして、田中栄子プロデューサーとまずこの件についてふたりで相談しあったとき、なんとしてでも映画を作る、と肚を据えたときの栄子さんはさすがなもので、普通では考えられないくらい破格の低予算を提案してきた。あまりのロー・バジェットっぷりに、度肝を抜かれた。だが、それがこちらのリアルな身体サイズに見合ったものだったのもまたたしかなことだった。この予算額でどれくらいの仕事ができるだろうか、真剣に考えてみなければならない。

映画の長さは？　作画枚数は？　期間は？　スタッフの人数は？　発注単価は？　それらすべてを勘案して、実現可能かどうかを考えてみる。当然ながら無理だ、という結論に達するのはたやすい。しかし、ならばこそ、さらにいっそう真剣にならざるを得ない。最低限のものを超えていけばいくほど、それはどこからか捻出しなければならない、映画完成時には回収しなければならないものになってゆくからだ。

いかんせん困難は困難。難しいということになったら、栄子さんは次なる数字を提案した。最初のものの25％増しだ。

この日、さんざん、足し算掛け算を繰り返した挙句、結局、最初の叩き台の二・五倍強まで拡大することになった。それが最低限の数字のように自分には思えた。けれど、最初の数字から下駄を履かせれば履かせるだけ、「無理」を積むことになる。だが、栄子さんは、わかった、といった。「なんとかする道を考えてみる」と。

最終的な実行予算はさらにその一・五倍にまでなり、それでもちょっと赤字が出てしまったのだが、それはのちのちのこと。それでも、完成した『アリーテ姫』の試写を松竹の試写室で観た丸山正雄さんから、「ほんとにそんな低予算でこの映画が作れたのか？」といわれてしまうことになる。

だが、この話の時点では、もう少し谷底に近いところで考えている。今の自分自身のリアルに見合った最低限度の予算で、この映画を作るにはどうすればよいか。それでも、自分が語りたいことの本質を維持するためには、どうしたらよいか。そうしたことと真剣に直面しようとしている。

実は、これ以前、自分にとって劇場用長篇を作るということは、正当な漫画映画の復権を目指すことを意味した。前々から温めていた『アリーテ姫』にも、そうした匂いはふんだんにふくませようとしていた。魔法使いボックスがレオナルド・ダ・ヴィンチ的な（あるいは全日空の旧マーク的な）空飛ぶ乗り物でやってくるのは、物語中盤、アリーテ姫にそれを操縦させ、金色鷲と空中戦をさせようとしていたからだった。あまつさえ、マストが折れ、帆（というかローター）が使えなくなってからは、魔女の鍋状のそのゴンドラから着陸脚として大きなカエルの脚が生え、ピョンピョン跳ね回らせようとすら考えていた。そうしたドタバタこそ自分の真骨頂だと思っていた。

後日、フィルムになった『アリーテ姫』をかけたビュワーの前で、編集の瀬山武司さんから、「当然宮さんみたいなことをしてくるもんだとばかり予想してたんだけどね」という意味のことをいわれてしまっている。そうしてこなかったんで、意表を突かれた、と。瀬山さんには、まさにドタバタ漫画映画の真骨頂である『名探偵ホームズ』以来、編集でお世話になっていた。

今回はドタバタには向かわない。それは、それこそ二歳十一か月で『わんぱく王子の大蛇退治』を観て以来、染みついてきたものだったが、それよりもここでは、なぜ自分が今あらためてこの映画を作らなければならないと考えたのか、その根本を思い返してみなければ、と思った。その切実な一点に絞って、ほかは捨てる。本質さえ自分自身の前で明らかになっているのなら、それを、例えば台詞劇として表現することも可能なのではないか。

動かしてみせることなど、今の自分にふさわしくないと捨て、自分自身と、あるいは観客自身の心と地続きなものを作ることだけを考える。それができるならば、この映画を作り始める道も開けるだろう。

経済的なことといえば、『アリーテ姫』の予算が発生するまでのあいだ、日々の糧を得るための仕事もしなければならなかった。

『ちびまる子ちゃん』はこの際続けることにした。これはその当時ずっと不動の制作デスクだった小村統一さんと意思疎通もしっかりできていて、こちらが何も思い煩うことなく仕事できる態勢が整っていたからだ。

さらにスタジオ4℃ではゲーム『ポポロクロイス物語2』のゲーム内のキャラクターの動きを請け負っていたので、これの演出という立場もあてがってもらえることができた。これはまあ、アニメーターも粒が揃っていたし、難しいことをいわずに済む楽な仕事だった。

楽をさせてもらいながら、自分にとっての本線で何をすべきか頭を巡らしている。

4℃本隊は映画『SPRIGGAN』の仕事をしていたはずだったが、そのスタジオのどこか片隅に机をもらっていたのだったかどうか。その辺の記憶はちょっとあいまいになっている。

しかし、そのうちに『アリーテ姫』の準備室を開設することになった。吉祥寺のちょっと裏手のほうで、華やかなこの街のたたずまいとはちょっと違った感じの六畳一間（風呂なし、和式トイレ）のアパートを栄子さんが見つけてきた。棕櫚の木の庭から鉄の階段を上った二階の部屋だった。

一九九八年の夏になりかけていたと思う。

夏が来ようとも、この準備室に冷房はなかった。ひたすら暑くって、「スタジオ100℃」と思った。

ここには机を三つ入れた。

準備室の人々

監督とプロデューサーを除くと、スタッフとして一番最初にいたのは、制作の笠井信児だったかもしれない。笠井は『ポポロクロイス物語2』も担当していて、そのまま最初期の『アリーテ姫』も担当した。

準備室があまりに暑いので、笠井と冷風扇を買いに行ったのだが、そのホームセンターには冷風扇本体はあっても、屋外に排気するためのパイプの在庫がなかった。笠井は「そのうち取り寄せてもらいますから」といっていたのだが、今に至るまでそれっきりになっている。笠井はまあ、そんなふうにちょっといい加減な感じを漂わせた奴なのだが、そういうところがちょっと魅力的でもあった。

冷風扇の排気問題は、仕方ないので、六畳間を冷やして出た熱い排気をガラス戸のあいだから台所に放つことにして誤魔化していたが、冷房効率としてよろしくない上に、台所がものすごい温度になってしまった。

この冷風扇はいまだに手元に存在していて（そもそも自分の財布で買ったのだった）、最近の次回作準備作業がまた六畳一間になってしまい、二〇一一年夏にも活躍していた。排気パイプは仕方ないので自分で作った。そうだ、この準備室の台所でスイカを食べようと買ったナイフもまだ自宅で使っている。それから仕上の林亜揮子さんがいた。林さんには、その前にマッドハウスの仕上でお世話になっていたのだが、新しい仕事を始めるといったら、「おもしろそう」とついてきてくれた。

スタジオ4℃を最初に始めた頃は、世の中はアニメーション制作のデジタル化などほとんど行なわれておらず、あれは一九九四年だったか、「大砲の街」のとき、大友克洋さんがゲームのキャラクターデザインをてがけたギャラ代わりにもらってきたというマッキントッシュが持ち込まれたのが最初の一台だった。

それから少しだけ時間が流れて、この時点は一九九七年か九八年くらいであるわけだが、そのとき4℃でまさに作っていた劇場用『SPRIGGAN』は、一部デジタル化しつつも、基本はいまだセルを使っていた。それを、『アリーテ姫』から、仕上のセルも、カメラを使って撮影することも一切しない、フルデジタルに移行しようということになっていた。

そうしたこともあって、林さんには、デジタル仕上の修業方々『SPRIGGAN』班に送り込んで、何か習得しておいてもらおうと思ったのだが、どうも、大判セルのカットが多いらしくて、セルに手馴れた林さんはその手の作業ばっかり回されていたらしかった。

というようなことで、このふたりは準備室には入っていない。

準備室での仕事をお願いしたのは、キャラクターデザインの森川聡子さんだった。

準備中断前の『アリーテ姫』の頃、『七つの海のティコ』でキャラクターデザイナーとして登場した森川さんには、その後に『名犬ラッシー』のキャラクターもお願いすることになり、今度はその復仇戦である以上、やはり森川さんのキャラクターでいきたかった。

前にも書いたが、森川さんは準備室に現れるなり、『ラッシー』のときに参考にしたロベール・ドアノーの写真集を今回も使いたいのだけど、といった。日本人が茶髪になっているみたいなのではない、ヨーロッパの人の骨格をきちんと取り入れたい、ということだった。そういうところは、森川さんはこちらが注文を出さずとも理解してくれていた。あとでできあがったキャラクターを人に見せるときにも、「ね、ラッシーみたいでしょ」といっていた。

といいつつ、今回は二十世紀が舞台ではなく、「中世ヨーロッパ」の蠱惑的なイメージを振りまかなくてはならない。別のレファレンスも必要だ。そこでまず、小さなテレビデオを買って来て（これも自費）、まずジャン＝ジャック・アノーの『薔薇の名前』を観てもらった。『薔薇の名前』の登場人物たちは皆、不思議に顔が変形している。それがいかにも文明以前という感じがする。もちろん、そういうふうに役作りが施されているわけなのだが、そこのところを参考にしようと思ったわけだ。

「はあ、はあ、はあ、なるほど」

と、森川さんは、これもたちどころに理解してくれた。

それから、イングマール・ベルイマンの『処女の泉』も観た。この映画は、黒澤明が『羅生門』で使った、中世の日本を時代劇風にではなくリアリズムをもって描写しようという手法に刺激を受けて、同じ方法論でヨーロッパ中世を描こうとしたものだ。この映画の中に現れる衣装など、昔風のデザインのはずなのだけれど、まるで現在のようにも見える。そうしたリアリズムは大切だ。

この『羅生門』とか『処女の泉』は、大学の映画学科に学生として通っていた頃、登川直樹教授の映画鑑賞批評という授業で見せられたものを思い出したのだったが、その頃目にしたものがちゃんと自分の中で生きているようで、それがおもしろかった。そんな中で、作るべき映画『アリーテ姫』で語るべきことも定まっていったのだと思う。

そういえば、『処女の泉』のラストで起こることのイメージは、『アリーテ姫』のクライマックスに重なるものがあるのだが、それも偶然ではない。準備作業の中で見直した映画たちは様々に心の中に住むようになっている。

そうした映画は、吉祥寺あたりのレンタルビデオ屋で借りてきた。14インチのテレビデオを準備室に持ち込んでこれらを見ていた。

姫君の髪型

中学生だった頃、新聞の日曜版で不思議な絵を見た。「遠雷」と題されていた。木陰でひとりの女性が、顔に帽子を被せて昼寝している。今から思うとブルーベリーであるようなのだが、ぶどうみたいな青黒い小さな粒々の実がはいった箱、双眼鏡が近くに置かれていて、少し離れて犬が寝そべり、眠そうな目をしている。空は一面ほとんど白い光の色で塗りつぶされていて、遠い草の上には日差しがあり、どこにも遠雷の気配が感じられない。女性は完全に眠り込んでいて、もし、遠くの空に何かの気配を感じている者があるとすれば、それは画面の中の犬なのかもしれない。犬の目は眠そうにしばたたかれているが、何かを感じて顔を起したところのようにも見える。それは犬にしか聞こえない何かなのかもしれない。絵は、人の手でここまで描き込めるのだろうか、という緻密さで草の一本一本が描かれており、したがって遠方までピントが合っていて空気の透明を感じさせている。この驚異的な緻密表現が産み出す質感、空気感も魅力的だった。画家の名前はアンドリュー・ワイエス。

中学生男子としては殊勝なことに、母親が竹橋までアンドリュー・ワイエスの画展を見に行くというので、お供することにした。それまでは絵画になんか興味を持つことなく過ごしてきていた自分だったので、わざわざ絵を見るために出かけるという自分の行動が我ながら意外だったのだが、それだけに、スポンジが水を吸うみたいに、壁に展示されていた絵のいくつもに吸引されてしまったようだった。今、そのときの図録を横に広げているのだが、この絵にはこう感じた、という逐一が思い出されるような気がする。

あちこちの絵に登場するブリキのバケツの質感表現ひとつとっても、ほとんど心に「焼きついた」といってもよいほどだった。それにしても、この画家はなんでこう「木目」「日あたり」「ブリキ」「水」みたいなものを絵の中核に置くのだろう。その不思議さが充満していた。

そして、それを筆と絵の具で描き出すことができる、人の手に秘められた可能性にも感じ入ってしまった。

この画家がこんな目でアメリカ東部に存在する世界の小さな片隅のディテールを捉え、こんな緻密な筆致を武器にするようになったのは、イラストレーターだった父親ゆずり、というような話も読み知った。

そのアンドリュー・ワイエスの父、N・C・ワイエスの絵に出会ったのは、「大砲の街」を作っていた頃だった。この仕事では大友克洋さんや小原秀一さん、美術の人たちが絵画の話をする中で聞き耳を立てているのが楽しかった、というような話は前にも書いたのだが、あるときみんなで晩御飯を食いに出た吉祥寺の街で、どこか開いている店を借りてだか、画集が並べ売られているのに出くわした。

そこにN・C・ワイエスの画集もあった。雲より高くそびえ、もはや空気遠近法で青く霞んでいる巨人を、浜辺の子どもたちが見上げている、そんな絵が表紙になっていた。中学生の頃には言葉の意味を捉えきれていなかったのだが、N・C・ワイエスの職業を「イラストレーター」と翻訳するのは今風に過ぎ、彼は挿絵画家だったのだった。

父ワイエスの画集には「物語」がふんだんに詰まっていた。西部劇の挿絵。『宝島』『ロビン・フッド』『アーサー王』『ロビンソン・クルーソー』『子鹿物語』『ハイジ』『親指姫』。息子ワイエスよりもずっと鮮やかな色彩で、同じように細部にこだわった緻密さだった。こういう挿絵の入った本を子どもの頃に持っていたら楽しかっただろうな、さらに空想が膨らんでいたろうな、と思った。

その画集の存在を『アリーテ姫』の準備室で思い出した。ちょっと大きな本だけど、明日持ってきますから、と森川さんにいった。

中世のお姫様の髪型なんて、われわれの想像だけでは限界がある。『スター・ウォーズ』のレイア姫の髪型などもヨーロッパ中世の女性のヘアスタイルを取り入れたものだが、何かそんなふうに自分らが想像し得る「おひめさま」とはちょっと違った、特徴的な外観にアリーテをしてみたい。

このN・C・ワイエスが描く『ロビン・フッド』のマリアンの髪型なんていいのではないか。宝冠みたいなのじゃなくてシンプルな金の輪（帯？）を頭に巻いているところも。

森川さんは意図を察してくれ、アリーテ姫のデザインができた。

その数ページ手前にある邪悪な顔をした占星術師の絵は、ほぼそのまんま魔法使いボックスのものとなった。この絵の占星術師が被っている先のとんがった帽子はちょっと図式的な「中世」のイメージで、それはさすがにやめようとは思ったのだが。

何より、ワイエス父子のことを思い出したことで、「人の手に秘められた可能性」というような思いが蘇ってきて、それがそのままアリーテ自身の言葉となった。

この時期、キャラクター造形の模索をする森川さんの横で、自分は脚本で考え込みまくっていた。ひとつ課題が生まれた。アリーテが冠の変わりに金の輪を嵌めているのは気に入ったのだが、それは果たして「金」に見えるのだろうか。われわれのセルアニメの画法で、「金色」を表現できるのだろうか。脚本とか、ストーリーの運びとか、そこで繰り広げられるテーマに頭を悩ませる中で、こうした逃げ道的なことは楽しい。

この作品では「金の質感」をどう表現してみようか。

そういうところに挑んでみたくなった。

ヨーロッパへ行こう

少し話がさかのぼるが、『アリーテ姫』の準備体制を整える時期、一九九七年頃には、アニドウ・フィルムの『この星の上に』にも関わっていた。この作品は、神奈川県立地球市民かながわプラザという施設で定時上映する展示映像の仕事をアニドウのなみきたかしさんが受注してきたものだった。なみきさんには自分がプロデュースするならそれなりの意味を持たせたいという思いがあり、仕事として受けた以上のものを傾けてでも、独立した「作品」として成立させるべく、布陣を敷いていた。アニメーション・南家こうじさん、脚本・翁妙子さん、撮影・白井久男さんのスタジオコスモス、そして、動画にはなみきさんの古巣のオープロダクション、音楽にはなみきさんの大好きな坂田晃一さん。

ストーリーは翁さんが組み上げてしまうのだし、画面の基本的なものは南家さんが作ってしまうので、ここに加わって、初段のストーリーの打ち合わせにちょっと嚙んだあとは、南家さんが描かれた素材を撮影に回せるようにするとか、仕上のスタジオを紹介するとか、そんなことをしておればよいくらいのものだった。南家さんの仕事をそばで眺められるのが役得だった。

ただ、考えてみればこの編制には録音監督が存在しておらず、それは演出役の自分がやるしかないようだった。録音監督の仕事はあとでいくつかやるようになってゆくのだが、これがその皮切りだったように思う。声の芝居の録音も当然演出したのだが、何より、いきなり坂田晃一さん、あの『母をたずねて三千里』の音楽家相手に音楽メニューを書いてしまったりしたのが、ちょっとした度胸ものだった。おまけにその坂田晃一さんから「質問がある」と、拙宅に電話がかかってきたりして、一層どぎまぎした。

音楽の録音は青山通りだったように覚えている。録音を終えて外へ出ると、街路樹がクリスマスの電飾で輝いていたから、これが一九九七年の年末だったのだろう。

もともとのスケジュールではフィルムは十一月前には完成している予定で、アニドウとしてもお披露目上映の場所を取っていたのだが、これは別の映画の上映に差し替えられていた。ちゃんと完成してお披露目できたのは、年もあらたまった一九九八年一月二十八日のことだ。その翌日だったか、納品先である横浜本郷台の神奈川県立地球市民かながわプラザまで赴き、そこで携帯電話を受けたアニドウの金子由郎さんの顔が急に暗くなったのを覚えている。金子さんが以前スタッフとして仕えていた石ノ森章太郎さんが亡くなった、というのである。

『アリーテ姫』準備室で暑い夏を耐えていた頃に、なみきさんから電話をもらった。『この星の上に』を、ザグレブ国際アニメーション映画祭に出品して、入選したので、ザグレブに招待される、というのだった。

『アリーテ姫』では作画監督を尾崎和孝君にお願いすることにして、準備室の第三番目の机を埋めてもらうことになったばかりだった。森川さんがキャラクターを作りつつある横で、尾崎君にはお城のデザインを取りまとめてもらうことにした。自分はザグレブへ、クロアチアへ出かけてしまうのだった。なんといっても、本物のヨーロッパへ無料でロケハンに行けてしまうのだ。

参加メンバーは、南家こうじ、片渕須直、なみきたかし、金子由郎。クロアチアへの直行便はないので、一泊目はロンドンで、ということになる。

ヒースローで降りたロンドンでは、なみきさんが森淳さんに紹介してもらっていたというギリシア料理の店に食べに行った。森やすじさんのご長男森淳さんは、イギリスで映画監督をされていて、エーゲ海を舞台にした映画を撮ったりされていた。今回『この星の上に』を海外で上映するにあたっての映画字幕は、森淳さんに翻訳していただいている。

翌朝の英国風朝食はすごく早朝に準備してもらって、けれど残念なことに駆け足のように詰め込み、ガトウィックからザグレブ行きに乗り込む。たしか、中が狭苦しいボーイング727だったと思う。チロルアルプスを飛び越えて見えてきたクロアチアの田園は、以前空から見たドイツよりもずっと緑が濃かった。ところどころ垂れ込めた雲の中で、雷が光っていた。

着陸したザグレブは、旧オーストリア・ハンガリー二重帝国の地方首都。市街地の建物は十八世紀の大都会そのままで、さらに、旧市街にはもう少し古いたたずまいの赤い瓦屋根がたくさん残っていた。西ヨーロッパの街並みよりもよほど中世的だ。

この当時はまだデジカメにはなっておらず、APSのカメラを使っていた。これのカートリッジ式フィルムは、普通の35ミリより小さな24ミリでしかなかったが、アスペクト比16：9なのだ。ファインダーをのぞくだけで、劇場版の「枠」がそこにある。

日本チーム敗退す

この原稿は、当時のメモだとかはまったく見ずに、ほぼ記憶だけで書いている。ただ、日時だけは少しはっきりさせられないかと、何かのようすがを探してみたりもする。

ザグレブへ行ったのが一九九八年だったのは間違いないのだけれど、それは何月だったのか。

たしか、こちらがザグレブへ行くことになったことを話していたあたりで、当時まだ携わっていた『ちびまる子ちゃん』のダビングのとき、音響効果の松田昭彦さん（フィズサウンドクリエイション、『名犬ラッシー』でもお世話になった）が、

「息子とふたりでワールドカップを観にフランスへ行くんだ！」

と、張り切っておられた。

この大会は、旅行代理店の観戦ツアー・オーバーブッキングが問題となり、松田さんとはその次のダビングのときに、

「行けなかった……。がっかりだよ」

と、ほんとうに残念な顔でお目にかかることになる。

このワールドカップの大会では、われわれがザグレブにいるあいだに「日本対クロアチア」戦がちょうど行なわれることになった。「敵地」にあって、もし日本が勝ってしまったらどうなるのか、と思いつつ、ザグレブへ赴いたのだった。

記録を見ると日本対クロアチアの試合は六月二十日だったようなので、ザグレブ国際空港に降り立ったのはその数日前ということになる。

当時、その数年前までボスニア紛争で盛んに揉めていたためか、クロアチア国内に日本人はほとんどいなかったようだった。前回だか前々回のザグレブ国際アニメーションフェスティバルでは、開催中に空襲警報がなったとも聞いた。少し大きな建物（当然病院なのだろうと思うけど）の屋根の上に、大きな赤十字の対空標識が描かれたままになっているのも見た。

日程的には、開会式のセレモニーがあって、大会側がゲストを招待して山のほうに行くピクニックがあった。といってもこれは山歩きするわけでも野外で炊飯するわけでもなく、山小屋みたいなホテルだったかに車で行って、いわゆるバイキング形式の立食パーティみたいなことだった。このとき、自分の皿に盛った食べ物は写真に撮って、そのまま、『アリーテ姫』本篇で、城の高い塔にいるアリーテに出される食事として使ってしまった。

コンペティションでの『この星の上に』の上映は、六月十九日だったはずだ。ただ、その直前、一本前に上映されたのが、アレクサンドル・ペトロフの『マーメイド』だったりしてしまうのだった。どうしても輪郭線を大事にしてしまうわれわれの仕事からすると、ペトロフの油彩ガラスペインティングは、もちろん技法自体は知ってはいたのだが、目の当たりにさせられると強烈な印象があった。この大会のグランプリはペトロフ作品の上に輝いた。

翌日、気持ちを取り直すため、南家さんとふたりで列車に乗って小旅行に行くことになった。自分としては、『アリーテ姫』的風景を求めて、中世の町ドブロブニクか、もしくは隣国スロベニアの首府リュブリャナまで行ってみたくもあったのだけれど、ドブロブニクへは長距離バス、リュブリャナには飛行機で、ということになるようで、乗り物が不安だったので、列車で行こうということになった。

目的地はクロアチアのアドリア海岸の町リエカ。この町は旧イタリア領で、建物も食べ物もイタリア風であり、クロアチアにいながらイタリアを楽しめて二度美味しい。ただ、アドリア海は曇りだった。せっかく梅雨の日本を離れてきたというのに、こちらも湿度が高くて蒸し蒸ししている。

この日、クロアチア時間の昼頃、フランスでサッカー「日本対クロアチア」戦が行なわれている。当地ではサッカー観戦に熱心なようであるし、日本が勝ちでもしたらわれわれの身はどうなってしまうのだろうか。などと小心翼々となりつつ町を歩くと、案の定、酒場みたいな店が昼間から開き、労働者階級みたいな人たちが詰め合わせている。

「何対何かね?」

と、その一軒をのぞいて、テレビをちらっと見ようとした折しもそのとき、クロアチア側がゴールを決めた。すると、町のどこかで、「ボン!」と大きな音がした。興奮して放たれた銃声なのだろうか(ただの物音だったのかもしれないのだけど)。

リエカからの帰りの列車は、よくありがちなことに遅れに遅れ、八時間くらいかかってザグレブに帰り着いた。駅前をクロアチア国旗をはためかせた車が走り回り、酒瓶を握った上半身裸の若者たちが車体に貼りついていた。その騒ぎっぷりを見るだにつけ、日本チームと日本のサッカーファンには申し訳ないのだけれど、正直、負けてくれてありがたかった。

翌日、ザグレブの町中を散歩していたら、道で仕事していた建具職人にいきなり肩を叩かれ、慰められてしまった。

姫君の塔を求めて

彼女がもともと住んでいた城の中で、アリーテ姫はどのように過ごしていたのか、原作ではあいまいにされている。

生真面目な文体の邦訳からではわかりにくいが、この原作はちょっとアンバランスなブラックユーモア感のある筆致で書かれていて、いかにも『モンティ・パイソン』なんかの国の産物である感じがする。われわれにはあまり馴染みがないコンテクストの上に存在するストーリーなのではないかと思ってしまう。そうした不条理な綱渡りの上では、たいして束縛もされていないお姫様が、不思議に頑固な父王の下で、のほほんとしているのも悪くはない。なかなか客観的でもある。だけど、それはやはり、われわれに馴染み薄いコンテクストの上にあってのものなのだと思う。

やはり、ここはわれわれ自身の、もっというと自分自身にとっての「切実さ」で語ってゆくことにする。

それで何が変わるかというと、姫君であるアリーテは「幽閉」されてしまうことになるのだ。どこへ？　まさか地下牢ではあるまい。こういうときは、高い塔のてっぺんの小部屋に、ということになる。それこそ、コンテクスト的に。

さて、最上階に姫君の住まう小部屋を有する城塔とは、果たしてどんなものになるだろうか。ほっそりとたおやかな尖塔を想像してしまいはしないだろうか。少なくとも、自分はそうしたイメージを抱いてしまった。

では、それは直径何メートルになるのだろう。

まず、部屋には最低寝台を置かなければならない。天蓋つきの寝台を置ける部屋の広さを想像してみる。さすがに寝台を置いていっぱいいっぱいではなく、多少はテーブルなどしつらえられるくらい。

ついで、それを取り巻く壁の厚みを考える。西洋の石積みの城の場合、これが馬鹿にならないのだ。壁なんてペラペラしたものだと思うのが、まず日本の感覚だ。大げさなバットレス等の支えなく、石を積んだだけの円筒をそびえ立たせようとするなら、相当な壁の分厚さが必要になる。おおよそでいうと、塔の直径の四分の一くらいだ。これはいろいろな城の経始図を眺めたのだけど、だいたいそんな傾向であるように思われた。一枚あたり四分の一厚の壁がぐるりを囲むのだから、その中に設けられる部屋の広さは塔の直径の二分の一ということになる。

準備室の机の上で、寝台とテーブルを置ける広さの床面を作図してみることにする。ついで、その二倍の直径の円をその周りに引いてみる。ものすごくデカい直径になってしまう。今となってはちょっと記憶もあいまいだが、たしか、ミニマムで十四メートルくらいという感じだったのではなかったか。

その数字を持って外に出てみる。六畳一間の準備室の中では、十四メートルという寸法は理解不能だからだ。道路で、ここからここまでおおよそ何メートルと割り出して、それで十四メートルをイメージしてみる。全然たおやかなイメージではない。ずんぐりしている。

これを、しかし、「リアル」だと思うことにする。現実はファンタジーを凌駕して、仕掛け切れない偶然性とともに存在する。うまくそれに出会えたなら、映画の神様が舞い降りてくれることだってあるかもしれない。

クロアチアでリュブリャナだとかドブロブニクに行きたかったのも、それっぽい石造りの塔なんかありはしないか、などとはかない期待をいだいてしまったからだった。結局、行けずに終ってしまったのがとても残念だ。

けれど、ザグレブの旧市街に格好の塔が立っているのを見つけた。これは、六月十七日にひとりで街中を散策しているときに見つけたのだった。珍しく日付がはっきりしているのは、APSで撮影した写真プリントの裏に撮影日時が記録されていたからだ。

それはザグレブ大聖堂こと聖母マリア被昇天大聖堂を囲う城壁の塔だった。目分量で直径十四メートルぴったり。高さはかなり足らないが、それはなんとでもイメージを補正できる。中はどうなっているのだろうか。

中をのぞいてみる。その一階は、なんと教会の売店になっていた。少しお年を召した尼さんがふたり、店番をしていた。

二階を見たい。その上にあるはずの天井がどうなっているのか、窓がどうなっているのか見たい。

だが、残念なことに、うまく言葉が出てこないのである。ザグレブは旧オーストリア・ハンガリー二重帝国の都市であるわけで、英語よりもドイツ語のほうが通じるようだった。別の土産物屋に入って何か買ったとき、店のおねえさんは明らかによその国から来た外国人であるこちらに「ダンケシェーン」と礼をいってくれた。この地での国際語はドイツ語なのだった。

ただ、格好の悪いことに、ここでの問題はドイツ語が話せないことではなく、英語ですらまったく出てこないことだった。語学についてはてんで駄目なのだ。

いずれにせよ、教会の前の塔の二階は明らかにパブリックな空間ではないようだったので、あきらめて退散した。

ザグレブへ来るときロンドン経由で来たように、帰りもロンドン経由となった。ロンドンでは丸一日時間があった。なので、南家さんに連れて行ってもらい、ロンドン塔を訪れてみた。これこそ想定するアリーテ姫の時代の建築物なのだが、残念なことに塔の断面が四角い。姫君の塔は円塔にしたかったのだ。

とはいえ、ここでは螺旋階段だとか、大広間のシャンデリアだとか、その他いろいろ見ることができた。このとき写真に撮ったものも、そっくり写真のままの構図で絵コンテに取り入れてしまったものが多い。

お中元の箱、ありがとう

ザグレブから帰ってきたのはまだ一九九八年六月で、『アリーテ姫』準備室で酷暑にあえぐのはそのあとのことになる。

ボール紙が欲しい、と思った。前に『名犬ラッシー』のとき、主人公の家をダンボールで仮組みして、カメラの入れ方や何かを検討しながら配置を決めたことが、そのときの自分にとって良い方法だったという記憶になっていたらしい。ましてや、今度は円筒形の室内になるのでどんなふうに見えるのか、あるいは広さの感じだとか、様子を見たいと思ったのだったと思う。

歩いて少し行ったところにあるスタジオ4℃の本拠まで赴くと、ちょうどよくお中元が来ていて、缶ジュースの詰め合わせがあった。この外箱をいただいた。それから、セルの梱包の台紙にもボール紙が入っていたので、これももらった。

姫君の塔の直径だとか、その中に納まる部屋の広さはだいたい目安がついていた。まず、アリーテ姫のおおよその身長を割り出し、何分の一スケールにするか決めてから、森川さんがすでに描いていたアリーテ姫のデザインを縮小コピーし、それに合わせて塔の直径分の円をボール紙から切り出した。

コンパスくらいは買ったように思う。そこに、塔の内壁を立て、だいたいの寸法で作った寝台を置き、縮小コピーしたアリーテ姫を人の形に切り出して立ててみる。

この辺に暖炉が欲しいとか、この辺にもうひとつ窓が欲しいとか、だんだんわかってくる。

なんとなく、高い塔のてっぺんの小部屋ができたところで、塔のプロポーションも見たくなる。ほっそりしたイメージにしたいのだけど、お城というものの構造上、あまり細くもできないことは、前に述べた。ならば、高くすることで細身なイメージにしてみたい。

ボール紙を切って丸めて外壁を作り、くずかごふたつ重ねたくらいの高さにしてみる。その上部に、小部屋をはめ込めるようにしてみた。これくらいの高さの感じがあれば十分だろう、と思いつつも、てっぺんにとんがり屋根がのっていなければ、格好がつかない。なので、円錐も作ってかぶせてみる。結構かさばるものができあがってしまった。

もうひとつ様子を確かめておきたいのは、アリーテ姫が魔法使いにさらわれたあと、幽閉される地下室だ。これをどういう形にするか。ボール紙をいじりながら、そもそもいたお城の塔の相似形みたいな、ただ上下が反転したみたいな感じの地下牢を作ってみる。

「同じ形なんだ」

と、思った瞬間、脚本的な何かがいろいろ膨らんだ。はあはあ、なるほど、同じ形の場所に閉じ込められるんだ。だったら、こういうやりようが……と脚本が充実してゆく。

さらに、地下牢の遥か上のほうには、虜囚の様子を見下ろすためののぞき窓が欲しい。窓を開けるくらいは簡単だが、のぞき降ろす監視人のいる部屋はどうしようか。その上にあるはずの構造重量を支えなければならないから、石造りのアーチを設けてみたい。アーチの中央に監視窓があって、一応念のための鉄棒が一本だけはまっている。どうせ登ってこれやしないから、牢獄的な鉄棒などいらないようなものなのだけれど、ちょっとでもアリーテが脱出できそうな隙は塞いでしまっておきたい。絶体絶命、脱出不能の窮地に主人公を落としこんでから、その先を考えるのがよい。

少し味つけ程度にちょっとした段差があるのもよい。立体的な造形を楽しんでみる。

ということで、魔法使いボックスが見下ろす監視部屋も、ダンボールで作った。これも、円筒型の地下牢の上にはめ合わせるように作っておいた。なんだか、これもずいぶんかさばるものになった。

こういう地下牢がその内部にある魔法使いの城というのは、どういう外形なのだろう、と考えて、思いっきり壁の分厚い建物なのに違いない、と踏んだ。これはさすがに立体物としては作らなかった。ただ、西洋の城の廃墟の写真をいろいろ集めて眺めていたら、そうやって抱いたイメージにぴったりで、なおかつ、外壁が一枚はがれて、外側に傾いている城があった。分厚い石造りの中にトンネル状の通路があって、それが剝き出しになっている。まるで、ガラス板のあいだに作らせた蟻の巣を観察するように、迷路みたいな城の内部通路が見えるのもおもしろいか、と思った。

穴の底にある地下牢の上にある、その穴の壁面は、ただだだっ広くってつまらないと思った。ここには模様でも描くかな。以前、『魔女の宅急便』のロケハンでストックホルムに行ったときにケーキを食べた店が、十一世紀以来の造りで、天井に筆が走ったような星の模様が描かれていた。ああいうのなら中世の雰囲気が出てよいのじゃないか。ただ壁に描いてあるのもおもしろくないから、これの使い方も考えてみようか。

脚本的にも、デザイン的にもどんどん膨らんでゆく。お中元の箱、ありがとう。

このとき作った姫君の塔と地下牢の模型はいまだに存在している。映画の完成後、飛驒高山の飛驒国際メルヘンアニメ映像祭で『アリーテ姫』を特集上映してもらったとき、このボール紙を切り貼った工作物まで展示してもらった。そんな紙工作を見た人は何だと思っただろうか。

別の名前

原作付きのものを手がけるときには、いろいろヒントが欲しくなる。原作なしでだってまあそうなのだが、原作があればヒントはおのずと増える。まず、何より原作者の人となりを知ることができる。われわれがこれから映画を作ろうとしている企画の原作『The Clever Princess』を書いた人ってどういう人なんだろう。

普通、出版物の著作者についてたずねるなら、まず、出版社が窓口と考える。英国方面に問い合わせてもらった。連絡がつかない、といわれた。出版社自体、現存しているのかどうかもよくわからないそうだ。どれくらい真剣にコンタクトの努力をしてもらったのかよくわからないが、ここは疑うべきところじゃないし、映画を作るのに本質的に必要なことではない、という気もたしかにしてしまう。この線はあきらめた。

原作の邦訳本は『アリーテ姫の冒険』という。この「冒険」という文言はこだわりどころなのかどうか。どうも違うような気がした。原作の中では、本来「冒険」という言葉にふさわしい局面になりそうなところで、そうはならない。相対して臨もうという世界のほうが、急にやさしく、やわらかに主人公を受けとめる姿勢をとるのだ。ここでの「冒険」とは、逆説的な意味をもって使われる言葉なのだろうか。とりあえず、映画としての題名は『アリーテ姫』でよいのじゃないかと考えた。

けど、そもそも「アリーテ」って何なの？

「arete」を辞書で引くと、たいてい載っているのは、

——やせ尾根

という地理の用語だ。

発音記号は、[əréit]。アレイト。

高校の頃、字引を引くならオックスフォードの英英辞典を引けと教わったのだが、ここで初めて引いてみた。とんがった岩尾根か、と思った。孤独で、澄んだ感じなのかね、などと見当はずれなイメージを抱いてしまった。

大分としばらくして、同じスペルで[æreti:]と発音するギリシア由来の言葉、「徳」を意味する単語「アレテー」の存在にようやく気がついた。

（ずっとあとになって「arete」は「破城槌」のことではないかと指摘をいただいた。なるほどと思う）

さてしかし、ここは原作には申し訳ないところなのだけれど、世界にはそうやすやすと主人公に微笑みかけてもらいたくなどない。ここは厳然と厳しい顔で居続けてほしかった。そういう意味では、原作から逸脱していこうとしているのは間違いない。ならば、いっそ『アリーテ姫』ではなく、自分自身の問題意識によって書かれた自分のオリジナル脚本として、『アレーテ姫』とか『アレイテ姫』という題名でもいいんじゃないかなあと考えてしまう。

この当時はまだパソコンなんて持っていなくって、文字の仕事はシャープのワープロ「書院」でやっていた。そこに入っているシナリオの表紙に『アレーテ姫』と題名を打ち込んでみる。ちょっと字面を眺めて、すぐにやめ、『アレイテ姫』としてみる。次いで、脚本本文の「アリーテ」という文字も全部「アレイテ」に打ち変えてしまった。

案外なことに、この仮題名は、誰からも何の反対も受けないまま、かなり長生きしてしまい、しばらくはそんな題名の映画だと思って仕事をしていた。

脚本の本文のほうでは悪戦苦闘している。

主人公をぜったい脱出不能の窮地に陥れ、そこから主人公自身の力で逃れさせ、情勢を反転させたいのだ。単なるトリックめいたことでなく、書いている自分自身にとって本質的と思える方法で。決め手を欠いたまま時間ばかり経ち、焦り、逃れようと思って、いっそ全然別のストーリーなんかも書き始めてしまう。

魔女は老婆でなく、少女。姫の侍女である少女は、かつて栄えていた魔法使いの一族の子孫。だが、魔法の使い方は絶えてしまっている。彼女はなんとかしてお姫様の力になりたい。魔法を使わぬまま、ふたりはそれをなしとげ、自分たちの場所を得る。すると、そのとき、ふいに魔法が使えるようになって、彼女の魔法で現れた無数の花びらが空から降ってくる。

森川さんは、このお話でもよいのじゃないかというのだけど、いや、だめだめ、といって本筋に戻ってやり直す。悩み続ける。

この時点でストーリーはまだSF的な様相を呈するまでになっていなかった。

表現主義的流星の思い出

生家が映画館を営んでいたりしたもので、あまりお金を払って映画を観ない感じになっていた。

じゃあ、どこで映画を観てたのかというと、もっぱらテレビだったりする。以前はテレビが実に雑多な映画を放映してくれていて、よかった。あまり潤沢に番組編成できなかった頃の東京12チャンネルなんか、午前、午後、夜と一日のうちの三回も映画をやっていた。そんなふうに、フィルムを回して流しておけば間が持つ映画番組は、テレビ局にとってはお金をかけなくてすむ経済的な枠として重宝されてたのではないかと思う。当然、たいしたことない映画も多かったはずだが、そうしてたまたま観たものの一場面なんかがずっと長いこと記憶の座の一部を占め続けたりするから不思議だ。

ラジオもあった。ラジオで映画というと、最近では浜村淳さんの名調子なのだが、関東エリアで聴けなくなってから久しく、悲しい。

もっと以前だと、『淀川長治ラジオ名画劇場』だったりする。そう、TBSラジオ月曜日夜八時からだった。

自分が高校生くらいのとき、淀川さんがこのラジオ番組で、得体の知れない映画のことを述べていた。いくら聴いても、ストーリーの断片はわかっても全体像が見えてこない。『未知との遭遇』という題名だけはわかったので、映画館に観に行くことにした。たぶん、このときのおかげで、また映画館に足を運ぶようになってゆく。

そこから今に至るあいだで仕入れた知識で整理を試みると、『未知との遭遇』という映画は表現主義的な映画なのだということなのだろう。あからさまに物語的でない部分が映画を作り上げているのだと思う。だから、ナラティブに物語を叙述しようとしても通用し難いのであって、淀川長治さんはその行間を語ろうとしておられたのだった。

大学生になってアルバイトして、ビデオの録画機を買った。SONYのSL－J7だという話は、前に書いたと思う。そのときは、それで『ハイジ』や『母をたずねて三千里』を録画して観まくっていたのだが、ほかにも、たまたまテレビ放映されたのを録画できた『七人の侍』『ジョーズ』なんかも繰り返し観ていた。大学で同級生だった安達瑶なんかから『ジョーズ』に入れ込んだ話を聞かされていたのがきっかけだったのかもしれない。

あらためていうまでもなく、『未知との遭遇』と『ジョーズ』は同じ監督の映画なのであって、『ジョーズ』なんかもナラティブな部分ももちろんおもしろかったが、表現主義的な面もおもしろかった。なんでもない空を、突然、流れ星がよぎったりするのだ。あれがたまたま映り込んだものではないことくらいわかる。わざわざ合成されているのだ。『未知との遭遇』の裏話みたいなことで、スピルバーグは、子どもの頃、父親に突然起こされて、車で家から遠いところに連れて行かれ、そこで流星雨だったかを見たというのがある。なんだか、そんな映画の豆知識みたいなものが記憶に残ってしまっていた。

だいぶ時期が飛んで、『アリーテ姫』を作り始めた頃（一九九七年だったのではないかと思う）に、しし座流星群が流星雨になるのではないかと期待されたことがあった。妻なる浦谷さんに話したら、それはぜひ見に行かなくては、と彼女のほうが燃え立ち、寝袋やら何やら一式買ってきてしまった。どこへ見に行こうか、と考えて、南に向いている小高い斜面で、周囲に市街の明かりがないところを思い浮かべようとした。赤城山かねえ、などといっていたが、結局、もう少し近場の秩父東方に出かけることにした。

車に家族と荷物を積んで、現地に着いたら、同じような人たちがすでにたくさんいた。子どもらも連れて行ったのだが、彼らはそのときのことを覚えてるだろうか。

自分自身ははっきり覚えている。

流星雨は出現しなかった。

だが、大火球が空をよぎっていった。周囲で流星見物していた人たちのあいだに歓声が上がった。

流星は、『名犬ラッシー』のオープニングですでに使っていた。透過光でピカピカしたものを作ると、静謐な夜空にならないので、セルの塗りで階調のステップを作って、遠めに見ればグラデーションに見えるようにしてみた。

実際に火球を見たあと、『アリーテ姫』でも流星を使ってみたくなった。『アリーテ姫』は、ハリウッド的ローラーコースター的にではなく、ヨーロッパ映画みたいな装いで作ってみたかった。制作費が潤沢に得られない状況では、そうとでも考えるしかなかった。ヨーロッパ映画の表現主義について考えようと、フリッツ・ラングなんかまで観たりもしたのだが、なんとなく容易なのは、その流れの川下にいるスピルバーグのことなど思い浮かべることだろう。

今回の『アリーテ姫』では流れ星をどう使おうか。どんなふうに意味を持たせようか。考えるうちに、魔法使いボックスの背景がＳＦ化し始めた。

終りなき戦い

シナリオを書くときは、一応、箱書きらしきものも作ってはみる。それは、コピー用紙を細かく切ったものにサインペンで書いて、壁に順番に貼る。パネルボードみたいなものがあるときは、そっちのほうが便利なので、それに貼る。ずっと同じやり方をやっている。『ＮＥＭＯ』のとき、すでに大塚康生さんとふたりっきりの準備室でこれをやっていた。

もう何年も準備を続けている『アリーテ姫』でも、カードを作っては壁に貼ることをすでに何度も繰り返していた。だけど、そこでいくらやってもシナリオなどできないことも、とっくに知っていた。構成などいくら整えたところで、何かの計算ができても、通じてくれなくてはいけないものが通じてこない。それは、気持ちなのだろうか、辻褄なのだろうか、心なのだろうか、自分自身が感じるおもしろさなのだろうか。そのどれでもあるような気がするのだが、あえてはっきりさせないことにしている。要素は限定されるべきではないからだ。わかっているのは、「一貫させなければならない」ということなのだと思っている。

まず、冒頭をどうするか考えて布石する。それにそぐう次のシーンを考える。さらにその続きを考える。いつしか、初めに考えた構成からはみ出してしまっていることもある。しかし、そこまで書いた具体的な展開が納得できるならば、構成のほうをなんとか直せないかとがんばってみる。そこまで書いた具体的な展開が納得できないならば、また冒頭に戻ってみる。ストーリーがどこまで進んだとしても、何かつまずいたら、とにかく冒頭に戻ってそこからなぞり直してみる。

量の問題もある。限られたフィルムの長さの中で語り終えられなくてはならないのだ。量がかさみすぎてるなと思えば、カットできるところ、ショートカットして近道できそうなところ、その他なんでもいいから、打開策を見つけ出さなくてはならない。それもまた、冒頭からなぞり直す中で行なう。

常に頭から順番にというのは、学生の頃に恩師から教わった絵コンテ採録の方法だった。採録すべき作品を頭から全部見る。記憶しているコンテを書き出す。記憶があいまいになってつながりがわからなくなったら、また作品を頭から通して見直せ。常に冒頭から一貫している構造物だと思ってあたれ。シナリオを書くときにも同じことをするべきだと思ってしまっていたわけだ。もはや完全に自己流の域なので、正しいのかどうかもわからない。しかし、ほかのやり方もよく知らない。

頭からなぞっては際限なく書き直す作業にはワープロが向いている、とこれも自己流でそう思う。原稿用紙に書いたものを赤鉛筆やら青鉛筆やら繰り出して修正しまくるのも、なんだかわからなくなっていきそうな気がしてしまうからで。

『アリーテ姫』の頃に使っていたワープロもネット接続できるようになっており、実際、そういう機能のついてる機械を持っていたので、その気になればパソコン通信くらいできたはずなのだが、『アリーテ姫』の準備室には電話回線が通っていなかった。スタジオ4℃で加入したＰＨＳがひとつあって、それがこの部屋の唯一の通信手段だった。

すでに、冒頭は何度も書き直していた。

町へ忍び出たアリーテ姫が、自分が縫い取りした太陽の刺繍が入った胴着を仕立て屋の親方に売りつける場面はカットしてしまっていた。親方にはちょっと違う役回りで登場してもらうことになっていた。

宝捜しの冒険の旅から帰還する「三番目の騎士シル」は、貧乏騎士の父子で、着物はぼろぼろの半裸状態で城下にたどり着く。しかし、この格好では城中に参内できないので、父である頑固な初老の騎士がなけなしの最後の貨幣で仕立て屋から胴着を買って、息子の少年騎士に着せる。これもカットしてしまった。彼らが持ち帰り献上した「魔法の宝」が、間抜けにも、要求された「本物の魔法技術の産物」ではなく、魔法のなんたるかについて書かれた「ただの本」だった、という部分だけ残した。

したがって、自分自身、魔法の宝捜しの旅に出ることを魔法使いボックスから命ぜられたアリーテが、二番目の難題「白銀の馬」の元に向かう途中で、この父子と出会うこともなくなった。二番目の難題自体、白銀の馬もろともなくなっていった。

こうした諸々はいったん脚本として書いたのだが、ストーリーに「はまらない」ということではなく、はめられるものならなんとかはめてみたかったのだが、映画としての全体の尺が際限なく長くなってしまいかねなかったので、泣く泣く切り落とした。

そうした度に、いちいち冒頭に戻ってやり直す。なかなかラストにたどり着けない。

その苛立ちから、途中で全然別のストーリーを作って息抜きしていたことは前に書いた。

一観客のように冒頭からストーリーを味わい直すことを何十回か繰り返して、ようやくラストまでたどり着いたと思った。へとへとになっていたので、これでよいと思うことにした。印字して制作の笠井に渡した。すると、しばらく経って笠井から、プロデューサーの栄子さんが納得してない、と返してきた。

栄子さんはその当時、肋骨かどこかを骨折して入院していた。笠井とふたりで栄子さんの病室まで出かけた。

「こんなラストでいいわけないいじゃないい」

といわれた。

絵コンテの紙

最近の絵コンテ用紙には、なんだかツルツルした紙のものがある。ザラザラの紙でないとさらっと引いた鉛筆の粉がうまくひっかからないので、ガキガキグリグリやることになり、腱鞘炎気味のひじが痛くなってしまいそうだ。

昔の絵コンテ用紙は、今のものよりもっと透けてる感じだったのだが、あれは青刷り用の原紙の紙を使っていたのだという。自分が仕事に携わりはじめたのは、絵コンテも青刷りコピーではなく、白黒刷りに変わっていた頃だったので、その時点ですでに前世紀の遺物だったものだが、ただ、透けていてザラザラした紙が、絵を描くにしても字を書くにしても、筆圧薄く鉛筆を走らせやすくて楽だった。

『アリーテ姫』のときは、シナリオの改稿を待たずに、冒頭のほうから絵コンテに手を着けてしまったような記憶があるが、ぼんやりしている。ただ、そんなふうに仕事を進めるのがふつうだったように思うので、たぶんそうだったのに違いない。

この時期、さらに並行して『ちびまる子ちゃん』の絵コンテ・演出もやっている。なんだか、やたらと右ひじが痛かったのははっきり覚えている。

この頃の『ちびまる子ちゃん』は須田裕美子さんが監督だったのだけど、第一シリーズで監督だった芝山努さんの名も「監修」とクレジットされて載っていた。

芝山さんはもはや何も関与していないようだったが、最初の時点で芝山さんが敷いた、この作品ならではの手法は、少し緩和されながらも活かされていた。最初のほうの『ちびまる子ちゃん』はまったく「ななめ」というのが存在しないレイアウトで、カメラは真正面か真横にしか入らないし、パースもまったくついておらず、全部がほぼ直角だった。『ちびまる子ちゃん』は本来、ものすごく実験的でデザイン的な表現をやっていたわけだ。これはスタイリッシュだと思っていた。

人物の振り向きも「中二枚以上は絶対に入れないこと」という注意書きが設定に書き込まれていて、第二シリーズでも引き続き使われていた。斜めから見たアングルの顔はまったくないわけではなかったのだけれど、基本的に真正面か真横の顔ばかりでできている。ということはどういうことになるかというと、演出チェックのときにちょっとした微妙なニュアンスをなんとかしようと原画を足すことを思い立ちでもしたら、真正面か真横の顔を延々引き写すことになる。これをやってるうちになんだか腱鞘炎っぽいことになってしまい、その上、絵コンテも数多く切っていたので、治る暇もなかった。

これ以前には「量で仕事する」という方針を自分で立てていろんなことに臨んできて、田中栄子さんから「高野豆腐みたい」といわれるほどにヨレヨレになっていたわけで、それゆえに、これからはもうちょっと作品らしい質的なところで仕事しようかと思っての『アリーテ姫』だったわけなのだが、その『アリーテ姫』の絵コンテはひじが痛くってもうだめで、ほんとうによれよれになってしまった。『アリーテ姫』の絵コンテはそれでもいいから描きとばしてしまうことが肝心と思っていた。丸にちょんちょんの目鼻でいいから、もう、絵なんて最低限わかる程度に描いてあればいい、という絵コンテ。それでも、なんとか一歩でも二歩でも映画の中身の地歩を固めてしまいたいという気持ちが先走っていたのだと思う。

映画ができてから、「絵コンテを出版してやろうか」などといってくれる奇特な人もあったのだけれど、絵コンテ実物を見て「ああ、こりゃだめだ」といわれてしまった。ほかの仕事の絵コンテはそれほどひどい評価でもなかったので、『アリーテ姫』の絵コンテはきわだって絵が（字も？）メタメタだったようだ。

そういうことがあったので、『マイマイ新子と千年の魔法』は絵を清書してもらったりして万全を期したつもりだったのだけれど、生憎、誰もこれを出版しようといってくれない。

サーコートにさらに一色

いつものように『アリーテ姫』もまた、脚本未了のまま絵コンテの作業にとりかかり、絵コンテ未了のまま作画にとりかかってゆくことになる。

不安と焦燥は残るのだが、少しでも確とした形になっているものを目にしたくもある。

脚本や絵コンテという設計図の段階のものはさておき、観客の目に直接触れることになる「形」ということでいうならば、造形や芝居やアクションをひっくるめた作画の部分が四割、音響の占める位置が四割、美術・仕上が醸し出す色、雰囲気、ルックといった部分が四割くらいに考えて仕事することにしている。合わせて100パーセントを超えてしまうことになるのだが、意識の上ではそんなつもりで臨むのだ。

『アリーテ姫』はカゲをつけないことにしようと考えた。

以前に別の場所で、自分の横で行なわれていた自分が関わらない作品で、ほぼ完成後にクライアントから、全部カゲなしでできあがっていたものを「品位が劣って見える」からと全面的にカゲつきにやり直しさせられた例を見たりもしてきた。

そのときも、ちゃんとやれば別にカゲなんか要らないのになあ、と思いつつ傍観してしまっていたのだが、では「ちゃんとやる」とはどういうことなのか。別に誰に対して前記のような言葉を投げたわけでもないのだが、我が心の中にこぼしてしまった言い出しっぺとして、なんらかのカタチを示してみせる必要があったのだった。

学生時代にアニメーションの仕事でお給金をいただくようになって最初の機会に大枚はたいて購入したディズニーの『イリュージョン・オブ・ライフ』（フランク・トーマス、オーリー・ジョンストン共著、当時はまだ原語版が出たばかりだった）などを眺めてみても、彼らはカゲなしでの光の処理を、ある程度うまくやっているように思えるところがあった。要は、周囲の背景の色に合わせた適切な色を指定できればよい。自分たちとしては初めての全面的なデジタル彩色の仕事になる『アリーテ姫』なのだった。絵の具瓶の数だけしか色数がない在来の仕上とは異なって、見た目上ほぼ無限の色数を繰り出せるデジタル彩色に切り替える意味をそうしたところに置いてみたくもあった。

それにしても、アナログといわれるセルに絵の具のインク・アンド・ペイントのほうが絵の具の数が限られていて色調がステップ的にしか存在しないという、本来的な意味での「デジタル」的であり、デジタル・ツールを使う新作業では、現実にはやはりステップ的にしか色は存在しないのだが、そのステップが実用上「ない」とみなせるくらい細かくて、無段階に色が存在しているのに等しい「アナログ」であったことには、なんだかおかしな感覚が伴う。これで、ディズニーみたいに、必要になるたびに攪拌器を回して混色した絵の具の新色を作り出すことが、自分たちもできるようになるのだ、という興奮めいたものもあったりした。

カゲをつけない、輪郭だけのフォルムで成功しているといえば、日本画ということになる。敬愛して止まない小田部羊一さんも日本画の出身だった。そしてまた、小田部さんは、自作のキャラクターには色のイメージも持っていて、それをベースにしたのがあの上品なキャラクターたちの上品な色合いである、というようなことを伝え聞いていた。

フォルムだけの輪郭の中にベタに塗られる色は、上品で、渋く落ち着いた岩絵の具の色でありたい。何年か前に電車の中で、小倉遊亀展の吊り下げ広告を見て、そこでポスターになっていた「浴女」という絵の、揺らめくお湯までもフォルムの力で描き出してしまう表現力に驚かされて以来、画集なんかも買っていた。だけど、印刷物は「色」ということではやはり一歩引く。

色彩設計を担うことになる林亜揮子さんに、「日本画を観に行こう」と、もちかけてみた。また、めんどくさいことをとてもいいだされるのだろうか、どういう顔をするかなと思ったら、

「おお、それは行きたい！」

と、一瞬だった。こうした前向きなところがいい。

折しも、上野（だったと思う。違うかもしれない）で、女流画家だけによる日本画展が催されていた。そこへ行った。何人もの傾向の違う画風を眺めて、これが一番センスいいと思う、と林さんがいったのが上村松園で、こちらと一致した。

その色を目に焼きつける。図録を買ってもいいが、今この目の前にある色をカッコイイと思ったのだから、それを焼きつける。

スタジオに帰ると、暗幕で囲ったマスターモニターのところに行って、今見てきたばかりの色を再現しようとした。展覧会の絵の上で、「ここ」と「ここ」と「この色」のコーディネーションでアリーテ姫の色を作る、と決めてきていた。それをマスモニ上で再現しようと足掻いてみる。観てきた絵と同じ取り合わせにするなら、森川聡子さんのデザインにプラスもう一色必要、ということになって、アリーテはチュニックの上に袖なしのサーコートを重ね着しているのだが、その裾のところに色違いの帯を一色足した。今ここでの仮のものとして、林さんがささっと、マウスを動かして線を引いて、塗り分けた。あとで正規のキャラ表にもフィードバックして反映してもらう。

これでいいんじゃない、というものができた。アリーテ姫はこの色で決める。ほかはこれに合わせていこう。

林さんはまた、いわゆる「ノーマル」の色彩設計シートは作らない、と宣言した。今ここで塗ったのはいい具合に塗れたけどさ、下にどんな背景くるかで変わるよ。カットごとに背景に合わせて色を作りたい。そういった。

アニメーションの仕上というのは、各キャラクターごとに、ノーマルの場合これ、夜色の場合これ、と塗る色が決まっていて、それで大量生産するように塗る。

それを今回はやらない。背景が上がってくるごとに、それに合わせて最適な色を塗る、ということを方針としたい。

こちらから何かいう前に、彼女のほうからそう進言してきた。

「たいへんになるよ」

「おもしろくないじゃん。そんなでもしないと」

たいしたスタッフを持ってしまった。

美術にも仕掛けをしたい

仕上の話が先になって、美術のことがあとになってるのは、美術監督をどなたにお願いしようかという話が遅れていたからだ。

その何年か前、部分的にデジタル処理を使い始めた『ＭＥＭＯＲＩＥＳ／大砲の街』のとき、作監の小原秀一さんが通常技法（アナログ）でものすごくリアルに見える蒸気の表現を作り上げてしまい、人の手がこれを作り上げたのだということがちゃんと観る人に伝わればよいのだけど、と思ってしまったことがある。そういう意味では、仕上や撮影の作業がフルデジタルとなる『アリーテ姫』だからこそ、ちょっとばかり考えてしまうこともある。

アニメーションの背景があまり無意味なままに写真的にリアルな方向に流れていくのもおもしろくなく、正反対な方向に傾いていってみたい気持ちもあったりもする。

そんなふうに思ったこの時期、ふと取り出してしまっていたのが、東山魁夷画伯が描くヨーロッパの風景スケッチだった。『アリーテ姫』で必要としている中世的な建物が描かれているということももちろんながら、本制作の絵画のほかに画文集に収められている習作的なスケッチの味わいがおもしろいように感じられていたのだった。色がはみ出ていたり、筆目がこれでもかと自己主張していたり。

全カットをそんなふうに手描き感たっぷりに作り上げられないだろうか、と思ってしまうのが悪い癖だった。

デジタル・コンポジットだからこそできることもある。

これまで、線画台の上にセルと画用紙の背景を重ねてカメラでフィルム撮りしていた状況下では、当然のことながら、セルと背景は同じ大きさに描かれている必要があった。

デジタル・コンポジットでの両者は単なるレイヤーであり、実際に重ねられるわけではないので、きちんと相似形にさえなっていれば構わない。

レイアウトを描いたのち、作画用にはそのままのサイズのものを手渡し、美術用には縮小コピーしたものを回す。背景は一定比率で縮小したレイアウトを元に小さいサイズに描き、コンポジットの際にその逆数をかけてセルと合成する。おのずと筆目も誇張されることになるのじゃないだろうか。

たいていのプロデューサーなり制作ならば、そんな面倒なことは否定してくれるのだが、田中栄子女史ときたら「いいんじゃない」と肯定してしまうのだった。

「で、そんなことをお願いするとなれば、美術監督の人選がいっそう困難に……」

と、いいかけたとき、栄子さんは、

「西田さんって知ってる？」

と、間髪を入れず、いってきた。

「西田稔さん？　仕事したことはないけど……尊敬してます」

「じゃあ、よかった」

その昔、「ファントーシュ」なる雑誌に、ランキン・バス・プロダクション製作、トップクラフト制作の『ホビットの冒険』の美術ボードが載ったことがあった。以来ずっと、カラーインクで描かれたというその色彩とその筆致が印象に残っている。その描き手が西田稔さんだった。

「西田さんにお願いできるんですか？」

「頼んでみる」

西田さんご本人が見えられて、これこれこんな具合の仕事なんですけど、と説明してみた。

「はあ、はあ。じゃ、何パーセントに縮小して描けばいいか、試しを作って割り出しましょう」

と、とても話が早かった。

常識的ではない「縮小BG作戦」であるのに、周囲が簡単に受け入れてくれる。大丈夫なんだろうか。

いくつか原図を作り、86％、81％、70％と比率を変えて縮小したものを西田さんに託す。比率の設定は、コピー機のものそのままだ。逆数にして拡大しやすい。

サンプル・ボード用の原図を西田さんにお渡しして、そのあと、さらに話をうかがってびっくりした。西田さんは、かつて、ヨーロッパを遍歴して渡り歩いたことがあるらしい。

「石で組んだ壁とかはよく知ってます」

「空もベタじゃなくって、マチエールの残る質感のある空で」

「ああ、じゃあ、色もグレーっぽくして」

「晴れている青空がまったく青みの残らないグレーそのものでもよいかもしれませんね」

一枚も描いてもらわない前から、いろいろと注文を出し、受けとめてもらう。ちょっとでも表現的に普通でないことをやってみたい作品だった。

色彩を見つめる目

色彩設計の林さんが、微妙な顔をしていた。

「会社で使うフォトショップのバージョンが変わったんだけど、このあいだ塗った色が変わった」

女流画家の日本画を観てきたその日に作ったアリーテの色のことなのだが、ソフトが改変されてしまったら、もう元どおりの発色でモニターに映らない、という。

ほんのちょっとした微妙な差異なのだが、自分たちが理想とした色調はもうそこにはない。

「もう一回作り上げるか?」

「やってみたんだけど、うまくいかない」

たしかに。ほんのわずかなのだが、決定的に再現できないものがある。再チャレンジしてみたのだが、やはり同じようには発色させられなかった。

色のことに神経を集中し始めると、ものすごく鋭敏になる。

あるとき、作監の尾崎君や林さんとトランプのババ抜きをしていたことがあったのだが、どれがババなのか、人が手にしているトランプの背中を見ているだけでわかってしまった。ほんのわずか、使用頻度の低いジョーカーのカードが、わずかだが他のカードより色褪せておらず、ちょっぴりだけピンクの色が鮮やかなように思われたのだ。そのカードは避けて、ほかのを引いてゲームを終らせてみると、最後に一枚残ったそいつがやっぱりババだった。

「色が違う」

「ええー、わからない」

と、尾崎君はいう。

「そういわれるとたしかに」

と、色彩設計の林さんはさすがに敏感だ。それくらいの目でもって色の仕事に臨んでいた。

プロデューサーの田中栄子さんが精力的に企画書を持って歩いたおかげで、この頃には製作スキームがある程度固まっていた。スタジオ4℃、4℃の前作『SPRIGGAN』の縁で、小学館、電通、イマジカ、というのがそれぞれ出資を行なう製作委員会が設けられ、４℃がその幹事社ということになっていた。以前、自己調達が可能な数千万円規模の予算で映画を作れるだろうか、と栄子さんと相談していた頃とは格段に違う状況がすでにセッティングされている。

スキームに加わったイマジカには技術も提供していただくことになる。

セルと画用紙の背景をカメラで撮影すれば、自ずとフィルムはできあがるのだが、パソコン上のデジタル・データの場合は、それをＲＧＢの三色の信号に分解し、その信号でパソコンのモニター（この頃は当然ＣＲＴだ）の中の電子銃に電子ビームを放たせ、蛍光面上の三色のターゲットを撃って発色させる。この電子銃をＲＧＢ三色のレーザーに置き換えて、それでフィルムのエマルジョン面をスキャンしてやると、デジタル・データがほぼダイレクトにフィルムに転写できる。これをこなすのが、フィルムレコーダーなる装置だ。

ところで、同じ信号を送ったからといって、モニターとフィルムは同じに発色するものだろうか。この問題は前に『ＭＥＭＯＲＩＥＳ』でも相当苦労したのだが、両者の発色特性は当たり前のように同じではない。発色させる原理がそもそも違うし、フィルムひとつとってみても、イーストマン・コダックの各製品、富士フイルムの各製品、様々な発色特性のものが作られている。さらに、そのあいだに介在する装置がまったく同じにデータを受け渡ししてくれるように挙動してくれるはずもない、とも思う。

折しも、西田さんの美術ボードが上がってきた。アリーテのキャラクターのカラーデザインも、最初のものの完全な復元こそできなかったが、仕方ないからこれで行こう、というものを作り上げてあった。これを組み合わせてコンポジットし、イマジカへ持ち込んで発色テストを行なう。

できあがった、という知らせを受けて五反田のイマジカの試写室まで赴く。

試写室の電灯が落とされ、真っ暗になる。いつもそうなのだが、ドキドキしてしまう瞬間だ。映写機が動きだす音がし、スクリーンに映し出された映像は、4℃に据えられたマスターモニター上で見たものと決定的に発色が異なっていた。この最初の第一回目の発色を正確に覚えているわけではないのだが、肌色からしてすでに肌色でなかったような記憶がある。

いつもならば、セルに絵の具で塗ったキャラクターを持参するのだが、今回はそれがない。基準にするものがない、というのは実に厄介だ。幸い、西田さんの美術ボードは、画用紙にポスターカラー描きだったので、これは持ってきていた。それをイマジカのカラー・タイマー平林弘明さんに見ていただく。

「なるほどー。こりゃあ……」

どうやって調整してゆくか。

調整してゆくにしても、基準になるのは、林さんと自分の目と勘があるだけだ。それだけを持ち駒になんとかしていかなければならない。

色の転び方について考える

色のテスト用に主に使ったのは、城の石垣に野いばらが絡んでいて、その茂みの中に実は隠し扉がある（見えない）というカットのための本番ボード（美術ボードでありつつ、本番用の背景としても使う）に、アリーテも置いてみたものだったように記憶する。この野いばらの葉の黄緑が黄色になったり、赤みがかった石垣がマゼンタを帯びたり、アリーテの衣服、肌色など、いろんなものがフィルムの上でうまく発色してくれない。

自分たちが調色に使ったパソコンのモニターと、フィルムレコーダーが出力したものの色調が違うわけなのだが、といっても、それは無秩序に変形しているものではないはずだ、と考えた。フィルムレコーダーからフィルムに至る一連のブラックボックスの中を通るあいだに、色彩に関する情報が変形しているのだが、これは一定の法則に従った変形を遂げているのに違いない。

さて、ここから話がややこしくなる。

自分たちの調色用パソコンのモニターに映し出される色を「A」、加えられた変形を「B」、フィルムでの発色を「C」とすると、

A＋B＝C

という関係になるのだ、と考えてみた。本当は、足し算なのだか、掛け算なのだか、実はもっと複雑な関数なのだかわからないけど、物事は簡単にしたいので、とりあえず足し算ということにして考えることにする。

で、考えたのは、

(A－B)＋B＝A＝C

ということにできれば「AとCは一致する」ということだ。

つまり、パソコンのモニターに映し出されている色は「A」なのだが、データそのものは「A－B」という感じになってフィルムレコーダーに受け渡されればよいはずなのだ。このデータをA'ということにする。つまり、A'＝A－B。

ということは、

A＝A'＋B

なのだから、実際のデータの上に一定の調整レイヤーを重ねた状態をもって常にモニター上での見た目とすればよい。フィルムレコーダーというブラックボックスの中で行なわれている変形と同じことをそっくりそのままフォトショップの調整レイヤーを使って行ない、それを常に重ねた状態で調色し、次いで調整レイヤーを外してコンポジットし、できあがったデータをフィルムレコーダーに送ってやればよい。

と、ひどく簡単なことをグルグル考えて、一瞬わけがわからなくなったりしながら、とりあえずの解決策にたどり着いた。

あるいは、「-B」という調整レイヤーを作れれば、できあがったデータに後づけすることができて、より簡単になるはずなのだが、どうやって作ればよいのかわからない。「B」と同じものならなんとか作れそうだ。

というところまでの道筋を、（よそでいえば撮影監督にあたる）CGI監督の笹川恵介君に話してみると、

「ん？　ん？　ん？」

と、理解するまでのしばらく、首を捻っていた。

さて、それでは、この場合の「B」、すなわちブラックボックスの中で色彩の変形がいかように起こっているのか、この目でダイレクトに確かめる方法はないだろうか。

ある。

フィルムレコーダーで出力したフィルムを持ち帰り、4℃のマスターモニターに投影された映像と見比べることだ。

こうなってくると、美術ボードだとかキャラクターのカラーデザインのように、限られた色だけで

構成されたものをテストピースとして使うのは危険になってくるので、色彩設計の林さんに頼んで、全方位のカラーチャートを作ってもらう。全色相、全明度に関して、満遍なく網羅し、任意に選んだ色ではなく数値的に等間隔のステップで標本化したカラー・ステップ・タブレットだ。これをフィルムレコーダーで焼いてもらう。

これのフィルム上がりも、一応イマジカの試写室で試写してもらったのだが、単にたくさんの色があるだけでほかの人たちはぽかんとしていた。

だけれども、この時点でも注意して見ていれば、元の調色用パソコンに接続されたマスターモニター上に映し出されていたカラーチャートとは色の見え方が違っていることに気がついていたはずなのだ。

そそくさとこのフィルムのコマを切り出してもらい、自分たちの仕事場に持ち帰る。

このフィルムのコマを光に透かして、モニターと見比べることにする。

その前に条件を整えておくべきことがふたつあった。

まず、マスモニをイマジカの標準でキャリブレーションしてもらい、それ自体が適正に発色するようにすること。

もうひとつは、フィルムのコマを透かしてみるときの光源の入手だ。蛍光灯の光は緑色だし、白熱灯は赤い。映写機の標準と揃えた色温度の光源が必要なのだ。これは4℃にはすでにあった。『MEMORIES』で同じようなことをしたときに購入した、適正色温度のライトボックスだ。ただ、これは以来何年かのあいだに変色してしまっている可能性もあった。そこのところをどう乗り越えたのか、今となっては忘れてしまっている。

マスモニにカラーチャートを映し出してみる。カラーボックスに載せたフィルムに焼きつけたカラーチャートを並べて、見比べてみる。

自分たちのモニターの上で発色している各色が、それぞれの明度のとき、どのように変わっているのか、一目瞭然、明白にわかる。同じ色でも、明度によって色相の変わり具合が違っている場合もある。また明度自体のステップも違っていたりもする。

モニター上のカラーチャート（フォトショップを使って表示されている）の上に、数種類の調整レイヤーを重ねて、これを操作し、フィルムのコマと同じに発色する状態を作り出してみる。これら調整レイヤーは統合せずに外せるようにしておいて、コンポジットに回す前に取り除いて素の状態にする。すると、なんだか奇妙な色調の画面として仕上がるのだが、このデータをフィルムレコーダーで焼いてもらう。

果たして結果は……。

色の道は細くて、長い

テストをやってみた結果得たものは、「一発では満点の正解は出せない」とわかった、ということだ。色彩だけでなく、白から黒への明度の階調も、こちらのモニターでの表示と、焼いてみたフィルムの上がりが一致していなかった。

なんだか、そういうことをやっていると、その昔、映画学科の大学一年生の頃、「技術基礎」なるコマで使うために自在曲線定規を買わされたことなどが思い出されてしまった。焼いたフィルムのステップをデンシティ・メーター（濃度計）で測って、そのフィルムの特性曲線を自分でグラフ用紙にプロットし、点と点のあいだをなめらかな曲線として引くための自在曲線定規だった。その当時助教授だった先生は、その後、学部長にまでなり、今は定年になったあとも嘱託となって教壇に登っておられるのだが、それにしても今の後輩の学生のやっていることはデジタル一辺倒で、フィルムとは縁遠くなりかけている。フィルムなんてシネカリグラフの実習でしか触らない、という学生も多くなってしまった。

そんな思い出を繰り延べていても仕方ないのだが、考えてみれば、『アリーテ姫』当時だって、スタジオ4℃の社内が増勢したといっても、フィルムにはまったく縁のないデジタル系のスタッフばかりなのだった。セルに絵の具で塗ったもので作業した経験があるのは、現場では色彩設計の林さんと自分くらい。フィルムを直に触ったことがあるのは、もう自分ひとりしかいなかった。

ということで、ちょっとくらい基礎教育をうけたくらいの身で、ここは自分でなんとかしなければ、という不相応な自負心みたいなものを感じてしまったのだが、そうしたら林さんがこういった。

「トーンカーブだったら、フォトショップも入ってるよ」

「？」

なにしろほとんど十五年も前の話なので、フォトショップ三昧の今とは違って、その当時は、自分の手ではほとんど試し程度にしか触ったことがなかったのだ。だが、フォトショップは「写真屋さん」、フィルムのアナロジーなのだから、特性曲線が仕込んであって当然だった。結局、全然ど素人の自分がいただけだった。

早速、フォトショップを立ち上げ、テストデータを開いて、調整レイヤー「トーンカーブ」を重ねてみる。色調のときと同じく、これを使ってフィルム上がりの見た目と同じになるよう、階調を調整する。例のテスト用のカラーチャートには、白から黒への明度の階調も仕込んであった。

色調については、例えば、黄色になるはずの辺縁、橙に近い黄色が赤に含まれる色になってしまい、黄緑に近いほうの黄色も緑に含まれる色になってしまう。色そのものがそんなふうに変わってしまっていたりもした。この調整には調整レイヤー「色相・彩度」を使う。この中にある「レッド」「イエロー」「グリーン」「シアン」「ブルー」「マゼンタ」の六原色の色相をコントロールしてやることで調整する。

二枚重ねになった調整レイヤーで調整を繰り返し、何度かテストを踏むにつれ、モニターの見た目と、イマジカの試写室のスクリーンに映し出されるものが一致していった。

赤みがかった城の壁の石組み。そこを這ういばらの緑。そして、その花。ほとんど灰色でわずかに青みのある空。日本画的なアリーテ姫の衣装。それらがスクリーンの上で結実したときに思ったのは、この方法ならば、フィルムで撮影していた頃よりもはるかにダイレクトにこちらの色彩設計をフィルム面に定着できる、ということだった。

カメラにフィルムを詰めて撮影していた頃には、一定のフィルムの感度特性によって、色調や明暗の階調がある程度「転ぶ」ことを予期し、含み合わせた上で色を決める必要があった。その昔、『名探偵ホームズ』の「青い紅玉」では、宝石の青さがフィルムに再現されなくて困ったが、モニター上でほとんど誤差なく色調を決め込めるのならば、これに勝るものはない。

最初のテストさえ万全にやっておけば、色調については手堅く確実なものになり、あとはこちらがいかに色のイメージを抱けるかに絞ることができる。

ついに、実用上問題ないと判断できるまでになったときに、本番のカットの作業に移行した。

最初のプランどおり、キャラクターの色調については、大まかなイメージだけ作り上げておき、あとは各カットの背景に合わせて、その都度作り出す。

そのためには、まず、背景のモニター上での見た目の調整をしなければならない。紙に描かれてスキャンされてきた背景は、階調もまばらで一定していない。光るべきところが光っていなかったり、翳るべきところが明るかったりしてしまう。この調整は美術監督の西田さんとともに行なうべきなのだが、西田さんはご自分の所属スタジオの都合でこちらに常駐いただくことができない。紙に描かれた絵の上がり具合を根拠に、林さんと自分とでこれを調整することになる。

「明度少し上げ」

「色相ちょい右、もう少し右。少し戻して」

「少し」「ちょっと」「ちょい」の語感に、ニュアンスを含ませる。

モニター上の見た目を頼りに、そんな感じで指示を出すと、林さんが処理をする。

結局、この作業は、ほぼ全カットの背景の調整と、全カットにわたる各カットごとの色彩設計という作業にまで広がってしまうのだった。

林さんは時に自分の意見もきちんといい、しかし、こちらの指示にも適切に反応してくれた。だが、マウスを奪って自分の手でパソコンをいじろうとでもしようものなら、とたんに怖い顔でにらまれた。いうことはすべて聞いてやるから、自分のテリトリーは決して侵すな。そういう目だった。

背景の部分的な調整のために、マスキングが必要になったりもし、林さんひとりで対応できるうちはよかったが、物量的に無理になってくると、ＣＧＩ部のスタッフたちにもご協力願うことにもなっていった。

色の道が起こしたシワ寄せについて考える

成り行きの結果として、あるいは何らかの必然として、背景とセルの色調を全カットにわたってチェックしてゆくことになったのだが、監督の仕事というのは当然のごとくそれだけではすまない。いまだ未完成なままの絵コンテをなんとかしなければならないことがまずあって、さらに大きなところではレイアウトと原画のチェックを日々の仕事としてこなしていかなければならない。

レイアウトがＯＫになっていなければ原画も背景も描かれないし、原画がＯＫにならなければその先の仕事、動画や仕上が干上がってしまう。

原画のチェックにはいろいろな側面がある。絵柄については作画監督の尾崎君にお願いしてしまえるのだが、演出家のサイドできっちりおさえておかなければならないのは「演技」に関する面だ。ここを効率よく突破してゆきたい。

原画チェックで一番面倒なのはなんだと思われるだろうか？

自分なりに、それは「台詞のタイミング」だと思っている。

日本語の台詞は、平均して、その台詞を平仮名で書き表したとき、一文字あたり4コマくらいになる、といわれている。これを「ひと口4コマ」などといったりもする。思いっきり機械的に片づけるなら、この「ひと口4コマ」のルールで通してしまっても、アフレコの現場で目茶苦茶に破綻することはない。台詞の話し手がおばあさんだとかなのならば、もっとゆっくりに、ひと口6コマとかにしておけばよい。

台詞と次の台詞のあいだは何コマとするか。矢継ぎ早な掛け合いならゼロコマだろうし、6コマのときも9コマのときも12コマ、15コマの場合もあり得る。間をとりたければ最低24コマだ。それぞれの場合で、もちろんテンポも変わるし、台詞と台詞の関係ですら変わる。

こうした「ひと口何コマ」だとか「間、何コマ」だとかが、それぞれどんな印象の台詞を作り上げるのか、定量的なものと効果との関係をあらかじめ覚えこんでしまうのが、アニメーションの演出の第一歩であるともいえる。人の走るスピード、歩くスピードが、一歩6コマ、8コマ、12コマ、15コマ、その他のそれぞれでどんな印象を作り出すのか覚えておくのと同じく、意味あることなのだ。

とはいえ、これはやはり第一歩のところに過ぎないのかもしれない。

ものすごくスケジュールが厳しくって、一晩に何百カットかチェックしなければならないときには、こうした定量的なものがはっきりと有効になってくる。

だけれども、「演技」とかぎ括弧でくくってしまうと、もうそれではすまないだろう。その時々で千差万別、ごく微妙な差異がものをいう世界であるはずなのだ、と思ってかからなければならない。もしくは、身のほど以上にそう思い込むことで、自分が今行なっているのは特別な仕事なのだ、という意識を高めてかからなければならない、という筋のものなのかもしれない。

道具はストップウォッチとタイムシートの用紙があるだけ。

まずは絵コンテを横に置き、そこに記されている台詞を自分でブツブツつぶやき、その速度をストップウォッチで測ってみる。黙読してもよさそうなものなのだが、実際の口の動きがついてこられない理想的すぎるタイミングになってしまう恐れがある。なので、あくまで自己流なのだけれど、最低でも唇は動かしてみたほうがよいと思う。

あとは、それが「自分が読む台詞」に留まらず、その登場人物としての適切で意欲的な「演技」としてイメージできていることだ。

そういうことを、一本の作品の台詞の数だけ行なう。

以前、ゼンマイ式のストップウォッチを使っていた頃は、途中でこれじゃ感じが違うなと思ったり、読み間違えたりしたときでも、リューズを押せば、バネ仕掛けで瞬時に針がゼロまで復帰してくれたものだが、その後、同じ針式でも電池式になったストップウォッチでは、この復帰時間それ自体が三秒くらいかかるようになってしまった。測りはじめて数コマとか一秒目くらいで、こりゃ違うなと感じてやり直そうとしても、針は近道して元のゼロに戻ってくれない。そのまま三秒かけて時計回りにまわってゼロにたどり着くような、そういう仕掛けになってしまっている。

もともと、ゼンマイ式のストップウォッチが自分の仕事を通じて長持ちせず、すぐに壊れてしまったのは、この復帰を頻繁に繰り返しすぎて、針が吹っ飛んだりしてしまうことが多かったためだ。だが、それだけの頻度でいちいち三秒もかかってしまっては仕事にならない。おまけに、ストップウォッチでタイミングを取るのは、台詞だけでなく、演技のアクションの部分にも及ぶのだから。その三秒で気分が変にリセットされてしまったりもする。せっかく摑みかけていた「その場の気分」がそんなわずかなインターバルで薄れてしまったりもする。

色の道も抱えてしまって、できるだけ効率的に仕事をはかどらせなければならない『アリーテ姫』監督の身としては、いっそ、クイック・アクション・レコーダーを使って原画をタイミングどおりに並べながら、そのタイムライン上で同時に台詞のチェックもしてしまえばよいのではないか、と思うに至った。

クイック・アクション・レコーダーへの取り込みなど、演出助手がいれば任せてしまえる仕事なのだが、あいにく、今回は予算の都合があるので、「演助要らない」と宣言してしまっていた。

「ほかにも大量の仕事抱えてて忙しいところ悪いけど、制作でやってもらえないかな？」

と、おそるおそるうかがいを立ててみた。

「いいですよ」

と、制作の高橋靖君は気安くいってくれた。以前制作についていた笠井はもう別のところへ去ってしまっていた。風来坊がよく似合う奴なのだ。今は、『アリーテ姫』の制作担当として高橋君ひとりがいるだけ。

「全カットだよ？」

「大丈夫でしょう」

例えば獣医のように

先日、うちで飼っている犬がリンパ腺を腫らし、膨れたところをどこかで擦ってしまったらしく、肌が赤剝けになっていて、仕方ないので夜でも開いている動物病院を探して訪れた。応対してくれた先生は、「動物病院」という都会の住宅地的な雰囲気よりもいかにも「獣医」という感じの似合う、裸足にサンダル履きの野人的な風貌の人だった。

そこで、「これなんですが」と、ワン公の腹を見せたところ、ゼロ・コンマ数秒眺めた獣医の先生は、瞬時に、

「〜〜」

と、症状名を口にするのだった。

ついで、獣医の先生は続けざまに、

「〜〜。〜〜。〜〜。〜〜」

と、日本語ばなれした術語を、大きな声で並べ立てて助手たちに伝える。ここまでが診断で、おおよそ（自分の体感では）八秒くらいしかかからない。

その次に、どういう症状であるのか、「ここ触ってみて。丸い腫れの頭があるでしょ？　腫れはここから縦に伸びるんです」と、こちらの指先を導かれたら、本当に犬の腹の皮膚の下に丸いグリグリがあった。そうして具体的な説明をしたのち、処置に移るのだが、いくつか並べ立てられた「呪文」は処置法か投与する薬の名前だったらしく、その順番に実行されてゆく。

人間の医者でいうと映画に出てくるいかにも海千山千の外科医の典型的キャラクターみたいによれよれな感じでありつつ、どこかの学部で教授もされていたようでもあり、声がデカくて、周囲に聞こえよがしであるのは、診断・治療と教育を兼ねた現場にいたからなのだろう。

こんなことを今回書いているのは、アニメーションの演出における原画チェックの雰囲気を察してもらいたいからだったりする。絵コンテと作画打ち合わせという形で、目的を伝え、表現方法を提案する。それに沿って上がってきた原画をチェックすることになるのだが、いろいろな観点からこれを精査してＯＫを出していかなければならない。場合によってはＯＫといえる形になるまでに、修正が必要な場合もあるだろうし、仕上面、カメラワークその他のことで演出側が補っておかなければならないこともある。

修正するにしても、補足作業を加えるにしても、まず、そうしたポイントのあるなしを判断しなければならない。これを可能な限りゼロタイムに近く行なわなければならないのだが、実は、原画とタイムシートをチラ見しただけでも、それは可能であるともいえる。

というところで、前回からの続きの「できるだけすばやく行なう原画チェックの方法」についての話になる。

獣医さんが「診断」「処置法の構築」「処置」という三段階の手順で進めているのだとしたら、最初の「診断」の部分は突破可能だ。これはこちらがどれだけ海千山千であるかだけにかかっているといっても過言ではない。

そしてまた、「処置」の部分は、原画マンの方に相談して直してもらうことになるだろうし、あるいは作画監督に頼るという逃げ方もできる。

実は、「処置法」を構築して並べ立てるのが一番時間がかかる部分だったりするのだった。先日の夜の獣医さんみたいに、瞬時に「〜〜。〜〜。〜〜。〜〜」と口にしてゆくことができる場合も、純技術的な部分に関してはもちろん多いのだが、ことがいったん「表現」めいてくると、これが「ああでもない、こうでもない」という逡巡の世界に陥ってゆく。

最初の「診断」の部分にQARを使わなければならないとしたら、アニメーションに関わる上で本来必要であるはずのスキルの重要な部分が欠けていることになってしまうのかもしれない。だが、自分としては、その次の部分を突破するために、QAR多用という戦術に出ようとしていたのだった。

QARとも呼ばれる「クイック・アクション・レコーダー」とは、撮影関係の技術屋さんである株式会社ナック（現・株式会社ナックイメージテクノロジー）が、一九七〇年代に開発したデジタル機器で、一九八〇年頃、自分が大学生だった当時、大学のアニメーション室にもすでに一台入っていた。

ある日、講師の月岡貞夫さんから、

「これの売り込みにさ、札幌に行ってくれない？　バイト、バイト」

と、QARの営業のデモンストレーションのバイトを斡旋されそうになり、人前で動画を描く度胸がなかったので辞退したこともある。

機械としては、動画（もしくは原画）を置いて撮影するライトテーブルとカメラがセットになったものがまずあり、これを処理する本体の箱があり、コントロールするキーボードがあって、6インチくらいのブラウン管モニターがふたつついていた。ライトテーブルの上に動画（もしくは原画）を載せて、撮影すると、映像は白と黒に二値化されて（データとして軽くして）取り込まれる。

ワンレイヤーなので、別々にとったものを重ね合わせることはできない。だが、どうしてもセル重ねになってるものを重ねて見なければならない場合もあったので、そういうときは、ライトテーブルの蛍光灯で透かして一発撮りした。動画一枚ずつそれぞれについてそれを何コマ表示するかキーボードから入力して指定してやることはできたが、AセルもBセルも重ねて撮ってしまっているので、それらを別々にタイミングを変えてやることはできなかった。呼び出しは撮影順で、前後の入れ換えもできたのかもしれないが、ちょっと面倒なので使わなかった。

現場の仕事についてからもこの機械は各所にあって、テレコムの頃にも『名犬ラッシー』の頃にも有効に使うことはできていたが、今挙げたような操作上の難点もあった。

とはいえ、こちらとして『アリーテ姫』の原画チェックを全面的にこれで行ないたい、と希望を出したのだが、もっといいものができている、という。『アリーテ姫』のときには、さすがに本格的なデジタル化の時代を迎えていて、パソコンで操作できるソフト「Quick Checker」が株式会社セルシスから出始めていたのだった。

4℃のCGI部にセルシスとコネクションがあるスタッフがいて、この新しいQuick Checkerの試供品を使わせてもらえることになった。「Ver.1.0」だったか「Ver.1.0.1」だったか、かなり初期のもので、バグ取りも完全にはまだ未済な感じだったように記憶するのだが、こちらが使ううちに改善されていったところを見ると、自分たちが何かの役に立っていたのかもしれない。

それではアリーテさん、リハーサルよろしく

その昔、ディズニーのアニメーターたちから彼らの方法を教わったことがある。

まず、ストーリーボードを撮影して、全体の尺に並べた一本のフィルム（ライカリール）を作る。各カットの作業が進捗するごとに、原画撮、動画撮などを行ない、これらをライカリールの中のカットと差し替えてアップデートしてゆく。原画が完成するまでのあいだに、ラフであっても盛んにそれを撮影して、ラインテストを繰り返す。

彼らのスタジオの中には、撮影スタンドはおろか、ラボ（現像所）まであるので、ラフ原画を撮影してもらうにせよ、それが遅滞なくラッシュフィルムとしてあがってきて、試写室で見ることができる。そういうあたりの環境の恵まれ具合には、羨ましさを感じていた。

そういう話は、『NEMO』に携わっていた頃のことだった。あのとき、ディズニーを抜けて『NEMO』に参加するために東京へやってきたアニメーターのランディ・カートライト氏は、ちょろち

ょろっと描いてはそれをラインテストしていたのだが、こちらが持っているQARは使わず、アメリカから取り寄せたビデオのコマ撮り装置を使っていた。たしか、VHSを使っていたのだと思う。

一九八〇年の暮れに、日本アニメーション協会主催のアニメーションワークショップに参加したときには、会場となった阿佐ヶ谷美術専門学校の持ち物である、やはりビデオテープを使うコマ撮り装置（こちらは¾インチUマチックを使っていた）を使わせてもらったことがある。この手のアナログ的な装置でテープに記録する場合、回転ヘッドとビデオテープの相対速度が定速に達している必要があり、1コマ録画するごとに、テープが一定長巻き戻り、それから正回転に加速して、ようやくガチャンと録画される。それを原画の紙を置き換えるたびにいちいち繰り返すのだから、わずらわしいし、時間もかかる。そういう意味では、デジタル的に録画してくれるナックのQARのほうがはるかに手早くて便利なはずなのだが、ランディ氏は頑としてVHSの装置を使い続けていた。手に馴染んだものので作業するほうが早く、新しい装置の使い方を一から覚え直すほうが面倒くさいと思ったのかもしれない。

同じことを、『アリーテ姫』のときに、ナックのQARからセルシスのクイック・チェッカーに乗り換えたときに感じたので、なんとなくあのときのランディ氏の気持ちもわかるのだった。

ビデオテープを使うアナコグ式のラインテスト機材の場合、決定的なのは、あとでタイムシートを打ち直すことができないことだ。デジタル式のQARの場合、それができた。あとから原画の順番を入れ替えたり、新しい原画を撮り足して挿入したりも、たしかできたはずなのだが、どうもその辺の使い勝手が悪いように（個人的に、なのかもしれないけれど）感じられた。タイムシートが画面に表示されるようになったセルシスのクイック・チェッカーに道具が変わってからはできることがたくさん増えた。

　アニメーションのタイミングというのは、基本になるのは音のリズムなのだと思っている。音というのはこの場合、仕草が立てる効果音と台詞のミックスされたものだ。作画上のタイミングが完璧に見えたとしても、そこに乗せる台詞がブツ切れになるようだと、意外と鼻白んでしまう。仕方なくアフレコのときに、本来なら不要かもしれない息の音なんかアドリブで足してもらって、できてしまった間を埋めたりすることにもなる。結局、アニメーションの「編集」で行なわれる作業の大半は、そうした部分の事前調整だったりしてしまうのだった。

　なので、事前の事前に位置する演出家の仕事としては、まず、タイムシートの上で台詞のタイミング、効果音のタイミングを確立してしまうことにしている。それに合わせるように、動作や芝居やアクションの位置や速さを変えることになる。しかし、そのために何度もストップウォッチを押しまくることになるのを簡略化したいと、このときには思っていた。

　まず原画をクイック・チェッカー上でもともとのタイミングのまま動かしてみて、その動いている画面に自分で台詞をかぶせる方法を採ってみることにした。台詞をいい終えたところでマウスをクリックすると、台詞尻のタイミングで絵が止まり、台詞の長さも割り出すことができる。つまりクイック・チェッカーをストップウォッチ代わりに使うことにしたのだが、まずタイムシート上で調整してから、原画をそれに合わせてゆく、という二度手間が一度で済む。台詞の尺が出たら、「吹き出し」のレイヤーを作っておいて、その長さ分を表示する。

　うまく動きと台詞の芝居のニュアンスが合わないときには、動きの芝居を修正する適当なラフを描き、撮り足してインサートする。

こういうことを繰り返していると、「演技」が体感的なものになってゆく。演出家として、モニター上の演技者の芝居のリハーサルを眺めている感覚になってゆく。

心の中で、

「用意。——スタート！」

と、声をかけると、小さなモニターの中でアリーテが動き始める。

その息づかいまで感じ取れるような気になれでもしたら、このカットのチェックは「オーケー」になる。

制作のほうから、この原画チェック用のラインテストの映像を、いずれ編集時にオールカラーにできず歯抜けが残ってしまった場合の線撮素材としてそのまま使わせてもらえないか、といってきた。できないのじゃないか、と答える。

われわれは、原画をパラパラめくるときに、中割のところにその枚数分だけ白紙を挿入してタイミングをみるようにしてきている。自分がクイック・チェッカーで作業するときにも、中割のところは白コマにしている。慣れない人が見たら、ときどき原画の絵がパッパッと、2、3コマだけ浮かんでは消えるだけの真っ白な画面に過ぎない。そんな真っ白な上に「体感的」な「演技」を感じられてしまうところが、この仕事のおもしろさだったりする。

グルグルするもの、キラキラするもの

ＣＧを使うのは慎重にやらなくては、と思っている。それ以外の部分が手描きのアニメーションであるところに混ぜて使うのだから、混ぜていることを気取られないように使ってみたい、と思う。

以前、同じ仕事場で仕事してた河口俊夫さんが、当時出かかっていたＣＧアニメーションのことを、

「あんなのには全然驚かない。だって、パースが正確に出てるだけで、所詮、立体をぐるぐるするだけでしょう。あんなの、自分たちが普段アタマの中でやってることだもの」

といっていたのを思い出す。

パースとか形状とかが多少フワフワしてるほうが味があるという観点に立つなら、いっそう安易には使いにくい。

『アリーテ姫』でもモデリングを組んだ３ＤＣＧアニメーションを使っている。それは、魔法使いボックスの乗り物、レオナルド・ダ・ヴィンチ式のヘリコプターの回転翼、というか螺旋状の帆の部分にだ。あの立体は形状としていかにも面倒くさい。回転を追って中割りするのも、しにくそうに思える。そういうものをいちいち修正したり、中割り用のあたりを用意したりする手間を省きたくて、こ

ここにはCGを使ってみることにした。

まず、作画のほうでラフ原画を普通に描いてもらって、回転翼の回転以外の動きを作ってしまう。これをCGI部に送って、ラフ原画の動きを踏襲した上で、3DCGアニメーション化して、それをさらにプリントアウトしてもらう。

この時点で、めんどくさい形状も押さえられ、中割りも入った状態になっている。それを原画マンに戻し、タイムシート上の原画のところだけ原画の形に仕上げてもらい、あとは通常の手描きのアニメーションとして動画に回して中割りを入れてもらう。ただ、そのときの各中割りのあたりはCGからのプリントアウトで用意されていることになる。

こうしたCGは、放っておくと1コマ打ちで上がってきてしまうのだが、最終的に3コマ作画にしたいのだから、プリントアウトは三枚に一枚だけ出力してもらっている。

ということで、複雑な立体形状もきちんとクリアでき、こちらは何も考えずとも、機械的に動画処理することができるものになっているわけだ。CGでモデリングしたものを手書きに戻すのは、ひたすらに「味」の妙を得たいがためなのだが、作画監督の尾崎和孝君はその辺のことをきちんとわかっている人で、上がってきた原画にさらに修正を乗せて、布のたわみだとか、縫い目の書き込みだとか、帆布のツギあてだとかを、手描きの味わいを強調する方向にディテールアップしていってくれた。圧巻なのは、ボックスの城の「飛行甲板」への降着失敗して、床板を突き破って不時着するところで、ここは尾崎君が相当に手を入れてくれている。

思えば、準備作業中断前の脚本ですでに、金色鷲と空中戦させるべくアイディアとして登場させていたヘリコプターだったのだが、こうして様々な人の手によって、最終的な画面に定着できるところにまで至っている。

CGを使うことすらできずにめんどうだったのが、魔法使いボックスの杖の先についている水晶だった。いつでもキラキラしているのだ。

このキラキラは、表面にハイライトが走り回るのと、水晶自体の内部にカゲがうごめくのと、両方からできていて、それらが絶えず感覚的に動く。

感覚的、というのは言い換えれば法則的ではないということで、こういうものはモデリングしたCGでは作り出しにくい。そういうことは予見できたので、これはやらなくていいよ、といったのだが、CGI部のほうで「やってみたい」といわれ、しばらく試行錯誤していたようだったが、結局、「何をどう動かしていいのか、理屈がよくわからない」という、案の定みたいな感想がひとつ述べられておしまいになった。

画面になった水晶のキラキラは、その相当部分を、尾崎君が作監時に全部動きを描いていたように思う。こういうものは中割りのところもすべてあたりを入れなければならないのだが、それを原画マンと作画監督のところでやりきっている。アップのカットで、十分にあたりを入れきらずに動画に出したら、やっぱり破綻してしまって、結局全部描き直しということになってしまったこともある。うかつなアイディアが現場をたいへんな目にあわせてしまう例になってしまった。

『アリーテ姫』の完成後、その次の仕事のしかかりをしていたら、動画机ひとつ隔てた向こうに新設されていた『MIND　GAME』の準備班に湯浅政明君が入ってきて、スタッフたちに、

「今、『アリーテ姫』を観てきた」

と、話し始めたのが聞こえてきた。こちらの存在に気づかずに話しているのを聞き耳立てる感じになって申し訳なかったのだが、

「水晶球が絶えずキラキラしてて、作画的にすごい労力が払われていて、あれはすごい」

と、作画の同業の湯浅監督がしゃべっているのを耳にして、尾崎君たちの苦心を思って、報われた感じがした。

金色と書いて〝こんじき〟と読む

アリーテ姫の風体については、有名なアメリカの画家アンドリュー・ワイエスの父である挿絵画家N・C・ワイエスが描いた、ロビン・フッドの恋人マリアンをモデルにしている、ということは前に書いた。別にロビン・フッドであることに特に意味があるわけでなく、中世的であってなおかつちょっと特徴的な髪型を得たかったのだ。

N・C・ワイエス描くところの〝Robin Meets Maid Marian〟（一九一七）というこの絵では、マリアンは耳のところをふわふわと覆う横に広がった髪型をしているだけでなく、金色に見えるヘアバンドをしている。というより、ヘアバンドで額のあたりを締めているから、その下が広がっているわけ

で、この髪型にする以上、ヘアバンドは欠かせない。

ワイエスが描いたのは、たぶん金糸を織り込んだ布で作ったヘアバンドなのだろうけれど、われわれのアリーテ姫ではこれを金属の輪ということにして、姫君の冠の代わりとしようと思った。思い立ってしまったらたいへん、これを金色に塗るすべを考えなければならなくなってくる。

その昔、演出助手の仕事を始めてすぐの頃、『名探偵ホームズ』の「ソベリン金貨の行方」のとき、ギルモアの御金像なるものを試し塗りしてみろといわれて、仕上で絵の具を借りて塗ってみたら、

「なんだ？　こりゃ、カレーか？」

といわれてしまったこともすでに書いた。マンガ的に黄色で塗って「これは金色です」という前に、もうちょっと何かできないかと思ったからなのだが、どちらにしても、金色とはなんなのかを見抜くには自分のアプローチが浅すぎた。端的にいえば、コントラストについての思慮が浅すぎた。

『アリーテ姫』の頃になると、『名犬ラッシー』のオープニングで使った流れ星の手法が使えないか、と思うようになっていた。『ラッシー』のオープニングの流れ星は、セルの塗り分けだけで作ったのだが、階調を塗り分けでうまく作れば、明暗のグラデーションを作り出すこともできるはず。「金色」を作り出すのが明暗のコントラストなのだとすれば、これを塗り分けで表現することも可能なはずだ。

アリーテの頭の金色の輪には、必ず撮影するカメラ側にハイライトをつけることにする。反対側、カメラから遠い側にあたる左右の両端にはカゲ色をつける。そして、これらをうかつに当たり前な「ハイライト」だとか「カゲ」だとか思わないようにする。アリーテが頭を回転させてもこの関係は不変であることを貫くし、光源がどこにあろうとそれに影響されないことにする。ごく単純にカメラに近い手前が明るく、遠くが暗い、という関係を作るだけにして、「ハイライト」「ノーマル」「カゲ」

という三色の塗り分けを、単純に、丸い輪の「手前－奥」の立体を示すためだけに使うのだ。その上で、ハイライトはほとんどホワイトに近いまでに明るく、カゲはブラックに近く暗くしてコントラストを作る。

と、そのようなことを考えていたのは、まだキャラクターデザインの頃のことだったのだが、ひょっとしたら今回の作品で仕上がデジタル化したことで、もっと金らしい金色の表現ができはしないか、と考える端緒となった。

金というのは、金属光沢そのものなのであって、本来は固有の「色」ではない。光沢面に周囲の光や、景色が反射して映っているだけなのだ。だとすれば、光沢を持つ面が向きを変えれば、明るさや何かは途端に変わってしまう。この様子を連続的に作り上げれば、つまり次々と向きを変えさせて、そのつど塗る色を変えていってやれば、金属光沢自体が表現できるはず。その過程には、実に微妙な色調を使わなければならない瞬間があるはずで、従来の絵の具の瓶の数に制約されていた色指定ではそんなのは無理だろうけれど、実用上無段階に色が使えるデジタルであったればこそ、そういうこともできるのではないかという発想が開けた。

それはまだキャラクターデザインの頃、つまり、まだ冒頭付近の絵コンテを切っている頃だったので、実際の仕上テストなしに、金色のものをどんどん内容に取り入れていってしまった。「猫脚の金の宝石箱」「永久機関」「城の地下工房で職人たちが作りだす金貨」「金の表紙の本」、そして最後の大物である「金色の鷲」。

実際に作業するにあたって、金貨だとか、本の表紙なんかは、面の動き方が二次元的なので、そこにあたる光の変化も単調で比較的楽だったが、単純に「暗」→「明」→「暗」と変化させるのでなく、

「暗1」→「明」→「ギラリ」→「明」→「暗2」

として、光沢面が光源からの光をカメラ真正面に向けて反射する、眩い瞬間を作り出してやると格好がいい。そして出発と終点の暗いときの色を同じに揃えてしまわないのもミソであるように思ってやってみていた。

「猫脚の金の宝石箱」「永久機関」「金色の鷲」くらいになると、立体がもっと複雑なので、それぞれの時点での明暗のつけ方も考えなければならない。こういうとき、浦谷千恵さんが頼りになった。彼女はアニメーターとしての初期教育で塗り分けを教わっていた。こうした金色の立体物が出てくるカットは、カゲ・ハイライトの塗り分けなく原画で動きを作ってもらって、それに浦谷さんが塗り分けを（しかも、光の受け方が変わるぶんだけ、カゲやハイライトのつけ方が変わる塗り分けを）、載せていった。

それを動画に回し、仕上に回ってきた時点で、モニター上で色を作る。すでに背景が上がってきていることが、このときの条件で、その背景の空間に置いたときに初めて金色に見える色を作る。それも一番多い「猫脚の金の宝石箱」で、ワンカットについて5パターンくらいもやってくれた。DVDできあがりは、DVDでも回してどうなっているかご覧になってほしい。ついでにいえば、DVDの特典映像には、この辺の金色作りの過程がチラッと紹介されている。

結果として、まるで3DでモデリングしたCGじゃないかという感じになっているのではないかと思う。実のところ、もう少し手作り感の味わいが出せればよかったと思う。

しかし、金色のものが画面の中に増えてくると、途端に「中世」の趣きが増してくるからおもしろい。逆にいえば、金色なんて現代ではさほど魅力的なものでもなんでもなくなってしまっているのだなあ、と思ってしまいもする。

無から始める音作り

演出が何か思いつくたびに、作画、撮影、美術、制作のスタッフ各位に苦労を強いることになる（『アリーテ姫』の編成では、撮影部が仕上も行なってくれていた）。

制作途中からは、これにもう一部門増えてしまう。音響だ。

スタジオ4℃のプロデューサー・田中栄子さんは、日本アニメーションの出身なので、日本アニメの系列会社で同社作品の音響制作を担当している音響映像システムに縁があり、ここにお願いしよう、ということになった。

音響映像の所属で比較的若い録音監督に早瀬博雪君というのがいるので、彼と組んでみて、と栄子さんはいった。大御所の録音監督相手よりも、いいたいことがいえるよい関係になるかもしれない、という配慮をしてもらったのだった。早瀬君もそのあたりのことをよくわかった上で引き受けてくれて、こちらの意図をできるだけ汲もうという姿勢で臨んでくれたのがありがたかった。

音響の仕事としては大きく三つ。すなわち「声の芝居」「効果音」「音楽」。

どれから手をつけたのか、前後関係はよく思い出せないのだが、音響効果は日本アニメーションの世界名作劇場や『ちびまる子ちゃん』などでお世話になっていたフィズサウンドにお願いすることにして、ここでも若い音響マンである西村睦弘君を担当にしてもらった。

西村君に4℃へ来てもらった頃には、ある程度映像がつながってできていたような気もする。それを見てもらった上で、早瀬君とともに説明を試みた。

端的にいうとこういう感じの音づけができるとよいのだけど、といいつつ西村君に見てもらったのは、ビクトル・エリセの『ミツバチのささやき』だった。

「だって……これ……全部同時録音の生音じゃないですか」

監督がまたしても無茶をいったのだった。

撮影現場で発生する音をその場で丸ごとマイクで拾ってしまうのと、音なくしてできあがった映像にいちいち音を作ってははめ込んでゆくのとは、響きも違うし、質感も音の密度もいたしかたなく変わってきてしまう。

それはわかる。それはわかるのだけど……。

「空気の音、ですかね」

西村君は、何か自分なりの了解を得たようだった。

「それぞれの場面で存在する空気の感じ。それが大事なような気がします」

無音に見える場面にも、何か空気音を存在させる――その方向で効果音の設計を考えてもらえないかとお願いする。

声の芝居を考えるには、何よりキャスティングが大事だ。

主人公アリーテの人となりについては、まず最初の時点では、読書好きの少女という線から入っていたのだが、脚本、絵コンテと段階を踏んでいろいろと考えるにつれ、ちょっとブサ可愛い感じに作れないか、と思うようになっていた。

本人はまじめに振る舞うのだけれど、常に愛嬌が忍び込んできてしまうような。たとえば、始終鼻を啜るという(これは作画上の)演技プランも考えてみたりしていたのだが、そういう肉体的な表現をアニメーションで実現するのはかなり込み入ったことになってしまうので、断念した。

思いっきり三枚目的、性格俳優的なキャスティングにしたいのだけれど、と早瀬君に持ちかけてみた。

程度がよくわからないので、こちらで人を集めてサンプルを録音してみます、と早瀬君が返してきた。

「まあ、オーディションですけれど、それと同時に、方向性を狭めてゆくための材料集めというか」と、ここでも、こちらの意向がどの辺にあるのか、池の底探りのために十分な段階を踏もうとしてくれているのだった。

その後、こちらが経験を踏んできて思うのは、このオーディションにこちらも同席して、その場で演技者にいろいろ注文を出したりしていれば、ひょっとしたらブサ可愛いほうのプランで行けていたのかもしれない、ということだったりする。

単に結果としてあがってきた音声をテープで聞くのではなく、ああいう方向はあるのか、こういう方向はあるのかと、その場その場でその演技者の中にある可能性を見つけてゆけるならば、道の取り方も変わる。もちろん、早瀬君としても、第二段階ではそれをするつもりでいてくれたのだが、しかし、この最初に集められた、アリーテの台詞を読んだ声の中に、ひとつどうしてもこちらが逃れられないものが存在してしまっていた。

自分自身への自信が十分でなく心細いアリーテ。それでいて、本を読むことから外界を探ろうとする知的な探究心。それらが同時に実現している演技。つまり、最初に思い浮かべていたアリーテ像にきわめて近く、初段から完成度高くいきなりそこに迫る演技を示してくれていたのが桑島法子君だった。

わずかな台詞を読んで、それを通してこの人物像にたどり着いてくれた人が確実にひとり存在するというのは、実にありがたい。こちらが無から作り出そうと足掻いていたフワフワしたものが、その瞬間、確実に存在するものに変わっていた。

音楽の風向きを定める

前にも述べたように、この映画を作ろう、と踏み切ったときには、監督である自分自身と、プロデューサーである田中栄子さんしかいなかった。その後、栄子さんの働きかけできちんとした製作委員会が組織されるようになり、そのメンバーである小学館、イマジカ、電通、４℃からそれぞれ代表の人たちが出て、ときどき会議をやっていたようだった。こういう局面に監督が呼ばれることもない。中でも、電通の福山亮一さんが現実的な部分の行動力となっていただいているようだということについては、ときどき福山さんもこちらが仕事しているところに来て、いろいろと話してもらうことも増えてきていたこともあり、十分に理解できていった。完成したフィルムでは、福山さんは田中栄子プロデューサーと並んで、アソシエート・プロデューサーとしてクレジットされている。

映画の音楽をどうしよう、という段になって、この福山さんが、

「実は……」

という話を始めた。

「電通で僕の向かいの机に座ってる男がですね、千住明さんの同級生だっていうんですよ。そういうツテがある千住さんですし、この際お声掛けしてみるというのはどうでしょうか？　もちろん引き受けてもらえるかどうかはわかりませんが」

聞けば、千住さんも、自分と同い年の生まれで、どうもこちらと同様、あとから横田正夫先生からそう類別されることになる「中年の危機」期を迎えておられるようであり、仕事の仕方について考えてみたい時期に入っている、そんな話だった。

「そういうときに、アニメーション映画の仕事ってどうなのかしら」

「この映画だったら、ということはあります」

ということで、福山さんの向かいの席の兵頭秀樹さんに仲介してもらって、千住さんと直接お目に

かかり、『アリーテ姫』の音楽の仕事の依頼をお願いすることになった。

たぶん千住さんと最初の顔合わせのためだったと思うのだけれど、こんな感じの音楽を欲しがっている、というこちらサイドの色合いをはっきりさせようと、早瀬君が、

「片っ端からCDを聴きまくりましょう」

と、提案してくれた。普段あまりこちらが踏み込むところではないタクトスタジオの裏のほうに入ってみると、ライブラリーがあって、CDがたくさん蓄積されていた。

「まず、千住さんの音楽です」

と、『高校教師』のBGMだとか、千住さんが編曲してオリガが唄う「ポーリュシカ・ポーレ」から入った。

「その次は、さあ、どっちへ行きましょう?」

早瀬君は、それほど音楽に詳しくないこちらのことを気遣いながらも、意図や気持ちを汲み取ろうとしてくれている。

「アコースティックな感じ、民族的な感じ」

「楽器は弦ですかね? ストリングスの広がりはいいですよね」

「うーん、と。どっちかというと木管とか。交響楽みたいに構えた感じじゃなくて、土俗的な感じ。木管の音って漫画映画的な画面にあうんだよね」

「じゃあ、この辺かな?」

棚からCDを何枚か引っ張り出してくれる。

聴いていると、ギターなんかがいいように思えてくる。

「ああ、ガットのクラシックギター。ほかには?」

さらに聴くうちに、なぜかフォルクローレなんかがよいような気がしてきてしまう。中世ヨーロッパを舞台にしている手前、明らかに場違いなのだけど、土俗的だし、民族的だし、ケーナだとかの木管は魅力的だし。

千住さんと初めて顔合わせする機会に、早瀬君はほかに予定が入ってしまっているとのことで来なかった。なので、自分ひとりの口から、ああしたい、こうしたい、ということをいろいろ喋ってみた。

「それから、歌。ヨーロッパのどこか英語じゃない言語で唄う歌が欲しいです」

「ああ、それなら。このあいだまでに一緒に仕事した歌手で、候補がふたりいます。ノルウェー語とロシア語とどっちがいいですか? まずはノルウェー語からかな?」

事前に兵頭さんあたりからちゃんと話がしてあったらしく、引き受ける/引き受けない、という段階のところはすでに通り過ぎていて、具体的にどのアーティストを使おうか、というところまで千住さんの頭は回り始めているようだった。

「じゃ、監督、次までに音楽を入れる場所のメニュー、作っておいてください」といわれた。

音楽メニューは、本来なら録音監督の職掌のはずと思って、早瀬君にそう伝えたら、

「それは監督がぜひやってください。そのほうが絶対いいですから」といわれた。

ということで、全篇つながりつつある映像を見て、ここにこういう曲、こっちにはこういう曲、という一覧表を作ることになった。

『アリーテ姫』の音楽メニュー

今回は、資料的な意味合いも含めて、『アリーテ姫』の音楽を作っていただくに際して、監督側から作曲者側に手渡した音楽メニューを載録してみる。

あのときの資料を引っ張り出して読んでみると、自分の気持ちもよくわかったりしてしまうのだが、それをこの程度の文言からちゃんと理解してあれらの曲に作り上げた千住さんには、ほんとうに頭が下がる。

○M1（C#1〜3）（01:00:10:00〜01:00:48:00）
ナレーションのスタートにやや遅れて、忍び入るように音楽が聞こえだす。

素朴な口調でゆっくりと昔話を語るナレーションです。昔話といってもメルヘンではなく、グリム兄弟が採集する前の祖形の昔語りのつもりです。

城と町の全景カットになるにしたがって、多少の盛り上がりを見せ、メインタイトルが出る。画面のフェードアウトとともに終る。

○M2（C#5B～12）(01:00:56:00～01:01:46:00)
職人の作るガラス玉の膨らみ受けスタート。

『人の手には、こうしたものを生み出す何か不思議なものが秘められている』

『不思議』

おおよそC#12アリーテ姫の手のUPまで。次カット（熊）には若干の余韻をこぼすぐらい。

○M3（C#33～38）(01:03:43:00～01:04:31:00)
アリーテの灯したカンテラに照らし出された秘密の地下道。

あらためて見れば、アリーテ自身が不思議な少女なのである、というニュアンスも少々。だが、別にアリーテ自身がそんなふうになりたかったわけでもなく、人生そのものが不思議なものなのである。

謎の人物（魔女）が登場し、その足元UPまで。

○M4（C#48～58）(01:05:51:15～01:07:02:00)
C#48（騎士の帰還を歓迎する市民たち）のTOPからスタート。

『雄々しく男らしい騎士たち』

でも近代的なモラルが確立される前の時代ですから、『野蛮』でもある。喩えていえばバグパイプの音色のような。

舞台が城内に移ってからは多少沈潜するように。

魔法の玉を王様の前に差し出すひざまずきまで。

○M５（C＃60～66）（01:07:17:00～01:07:48:00）
現実音。『高度な文明の駄玩具』
この映画でいう「滅び去った魔法使いの文明」は、われわれの現在とさほど遠くありません。理解しがたい原理で作動するこの透明な玉は、われわれの駄菓子屋で売っている電子機器を内蔵した玩具のようなものです。
オルゴールが鳴り出すようにゆっくりと聞こえ始め、次第にテンポを上げ、それにしたがい、玉の中で回る人形の旋舞も高揚したものになっていきます。
C＃66になると、音楽のテンポや、エネルギーを失い（バッテリー切れ）、パタッと途絶える。

○M６（C＃70～75）（01:08:01:00～01:08:20:15）
ひざまずく騎士たちのUPカットのカット尻からスタート。

たくさんの不思議なものが映し出されるが、むしろ、それらを蛮行の末に集めてきた騎士たちの曲として。M４のバリエーション。

老臣の台詞に余韻こぼし。

○M７（C＃１０８～１０９）（01:12:20:00～01:12:27:00）
現実音。M５と同じ魔法の玉のオルゴール。ネジが巻かれていないオルゴールが弾みで鳴りだし、定速回転が出ないうちにぜんまいがなくなってスピードが落ち、とぎれとぎれに終る。

○M８（C＃１１０～１１９）（01:12:34:00～01:13:29:00）

Ｃ＃１１０（本の表紙のＵＰ）カット尻でアリーテが本に向き直ったところから、『不思議さ』がポロン……ポロン……と聞こえだす。

秘密のトンネルを行くアリーテの不思議少女ぶりとつながり、Ｃ＃１１９（たぐられて登っていく本のＵＰ）のカットいっぱい。

○M９（C＃１３０～１３９）（01:14:20:00～01:15:00:00）

暖炉の隠し戸から出てきたアリーテ、本を開き、そのページに目を留める立ち止まりの直前くらいからスタート（ほとんどカット尻ぎりぎりです）。

こんなに『不思議』なものがこの世にあった……。

手を見つめるアリーテ物音に気づきまで。

○M10（C＃１５６～１６５）（02:00:22:15～02:01:14:15）

ダラボアの話の中に『不思議』の香りを感じる。

Ｃ＃１５６得意げなダラボアのＵＰ振り向きまで。

○M11（C＃１８３～１８８）（02:03:53:15～02:04:33:00）

アリーテ跳び退るのをきっかけにスタート。
ある意味、アリーテの壮大な気宇である。それを沈鬱なムードとともに。
ロウソクのＵＰへは余韻をこぼす程度。

○Ｍ12（Ｃ＃１９８〜１９９）(02:05:24:00〜02:05:31:00)
閉じかけた窓の透き間から見える家々へのアリーテの思い。『懐かしさ』をポロン、ポロン……と短く。

○Ｍ13（Ｃ＃２２２〜２４３）(02:07:36:00〜02:10:11:00)
魔女の足元ＵＰ……。ここにも『不思議』が……。魔女の存在そのものがこの世の不思議。

魔女との対話の間を縫うように、とぎれとぎれに不思議な気持ちが、ポロロン……ポロンと、断続的に。

○Ｍ13Ａ（Ｃ＃２５１〜２５８）(02:10:42:05〜02:11:07:15)
いつになく活動的なアリーテ（けっして陽気にまではなりきれない）。Ｃ＃２５６で「はっ」と金表紙の本のことを思い出したところから、『不思議さ』に変わる。

○Ｍ14（Ｃ＃２５８〜２７０）(02:11:08:00〜02:12:29:00)
真っ白な雲から森へのＰＡＮＤＯＷＮからスタート。『壮大な外の世界』かと思いきや、Ｃ＃２５

9でちっぽけな黒点が空に現れたところ（TCR 02:11:25～26付近）から、邪悪な響きに変わる。『圧倒的に押し寄せる邪悪』となって、物体がまだ点にしか見えないうちから鳴り響く。264付近からはやや沈潜していって、270ボックス立ち止まりまで。

○M15（C#284～286）(02:14:26:00～02:14:47:00)

C#284カット尻、大臣たち慌てて歩き出しからスタート。286いっぱい。ボックスの思惑どおりに事が進み、ボックスの思惑が城を支配してゆく。「悪の側から見た小気味よさ」を含み、ややテンポある。

（この曲には録音時のメモがあって、「2タイプkeep　尻の〝ジャン！〟がふたつのとひとつのと」。で、〝ジャン！〟ひとつのがOKになっている）

○M16（C#287～290）(03:00:00:00～03:00:19:00)

現実音。国王入場のファンファーレ。絵合わせ。やや音が外れ気味くらいのほうが、時代色を出せていいかも。

（こういう指定をしたものだから、千住さんにも気を遣わせてしまい、ちょうどよくしばらくトランペットから離れていて久々に吹く、という奏者を選んでいただいた上で、練習なしで本番の収録に臨んでもらっている。練習してしまうと、「上手くなってしまうから」）

○M17（C#294～299）(03:00:35:00～03:01:11:00)

M15同テーマ。「ボックスの思惑どおりに事が進んでゆく」。C#299侍女たちの立ち止まりまで。侍女ノックと、次カットの「侍女慌て走る」は、効果音を効かせて……。

○M17A（C#300～306）（03:01:20:00～03:02:04:00）

走る侍女の途中からM17の曲、再スタートする。306に入ってからは、アリーテの心情のほうへ寄せてゆき、「アリーテがそこへ逃げたはずの外界」で広がって終る。

○M18（C#318～334）（03:02:55:00～03:04:24:15）

回想のアリーテ。『あの、自由だった自分が懐かしい』。あいだに若干の現実シーンを挟み（327、328）、次の回想シーンいっぱいで、C#334の現実のアリーテに余韻こぼし程度。

（M19　欠）

○M20（C#361～364）（03:07:07:15～03:07:43:00）

再び魔女の顔が現れた瞬間、『不思議さ』がポロン……ポロン。それがとぎれとぎれに。その後の展開の中で、今回はどこか憂鬱さを底に秘めているふうに。363指輪をはめる手のUPにも、少し『不思議さ』を引っかけて。364の終りは、少し効果音を効かせますので、音楽は少し早めに終る。

○M21（C#366～372）（03:08:06:00～03:08:51:00）

音。城下の市民たちの祭りの曲。民俗的に。同じフレーズを繰り返したりして、少し長めにください。

（前もって音楽のイメージを伝える際に、「喩えていうなら南米のフォルクローレ」などと、中世ヨーロッパの雰囲気も何もあったものではないことを千住さんに要望してしまっていたのだが、千住さんはこれを無視することなく、ここでちゃんと使ってきた。さすがだ。城下の人々が踊りまくる曲なので、掛け声も必要なのだが、それは片渕、田中栄子以下、このための人海戦術としてその場に動員されてきていた絵作り組のスタッフでやることになった。誰かキュー出しをしなければならないので、自分がヘッドフォンをかけてフロアディレクター兼任となり、サブ調整室にいる千住さんからの合図を受け、みんなに伝えた。みんなで歌いながら手拍子も取ったのだが、なぜか、現代人たちは「裏打ち」で叩いてしまう。「えーとですね、そこは裏打ちじゃなしに」と、トークバックから千住さんの声が聞こえるのだが、一同「裏打ち？」と首を傾げている。仕方がないので、自分が「ンパ、ンパ、ンパじゃなく、パン、パン、パン、パン」と教える立場になってしまった。正直、歌舞音曲からは人一倍遠い自分だと思っていたのだが。サントラＣＤでは、われわれの声や手拍子は入っていないのがちょっと残念）

○Ｍ22（Ｃ＃３７６〜３８４）（03:08:51:00〜03:09:42:00）

深い憂鬱。優しい人々が眼下を歩いているのに、わたしは目を向けられない。猛々しい猟師たちや、戦の光景。こんなに世界は広いのに、わたしは目を向ける自由を奪われている……。魔法使いのヘリコプターのエンジントラブルとともに曲終る。

○M23（C＃411〜417）（03:12:53:15〜03:14:00:00）
魔法使いボックスの支配下にあるアンプル。M15同テーマが、やや沈鬱に流れる。
○M24（C＃439B〜439C）（04:03:07:00〜04:03:16:00）
魔法使いの人工の星に『不思議さ』のポロロンが一回だけ鳴る。ただし、今回はボックスの見た目なので、やや曲想変えて。
○M25（C＃440〜456）（04:03:17:00〜04:05:08:00）
変わり映えしない毎日の退屈な時間が流れる。しかし、曲想は『退屈』ではなく、退屈さの中で貴重な人生が消耗していってしまうことへの緊張感を。だから、途中次第に盛り上がり、今まで最大の分厚い曲となっていくのかも。「なぜこんなシーンでこんなに盛り上がってしまうの?」と思わせるくらい。M23とテーマが共通していてもよい。ボックス自身の人生が『無為』に支配されているのであるから。

（ここで、千住さんは、ロシア古語の歌「クラスノ・ソンツェ」を使ってきた。さすがだ）
○M26（C＃469A〜470）（04:06:27:00〜04:06:29:00）
M24同テーマのポロロロン。あのとき天上を横切っていた星が今、グロベルの手の中にある。『不思議』。470へは余韻こぼし程度。

（「ポロロロン」などと表現してあるのは、要するに、ブリッジめいた短い曲にしてほしいという意味合いと思ってほしい。M26までがダビングロール第4巻で、M27からが第5巻になる）

○M27（C＃537〜552）（05:02:36:00〜05:04:42:00）
アンプルの回想。アンプルの想い。それに嚙み合うことのできない自分に対するアリーテの憂鬱。ふたりの行き場のなさが融合して、ラスト、壁に描かれた窓の絵しかないのだけど、その空へ手を伸ばしてしまうアリーテ、というわずかな高鳴り。グロベルの声でそれもストップ。

○M27A（C＃574B〜586）（05:07:13:15〜05:08:23:00）
M25同テーマ、『無駄に過ぎゆく時間』。今度は盛り上がらず、アンプルの部分では沈鬱に。ハリネズミ以降は淡々と。

（千住さんはM25で大曲「クラスノ・ソンツェ」を使ってしまったので、ここは結局それとは別テーマになっている。ともあれ、これで第5巻終り。次から第6巻なのだが、このロール6は、冒頭のロール1に次いで曲数が多い。前半は山場らしく感情を補強するために、後半は活劇的にBGMを多用することになってしまっている）

○M28（C＃599〜605）（06:00:26:00〜06:01:24:15）
冒頭でかかった『昔話』の曲（M1）がとつとつと始まる。
C＃601（城と町の全景）付近から、少しテンポづいていく。

○M28A（C#610〜623）(06:01:59:00〜06:04:25:00)
アリーテが、窓から見える小さな人影たちに込めた気持ち。「懐かしさ」。語る姫君の口ごもりまで。623へは余韻こぼし程度。

○M29（C#626〜629）(06:04:36:00〜06:04:49:00)
「懐かしさ」を秘めて、底に沈む緊張感が臨界寸前にたまっている感じ。

○M30（C#668〜672）(06:08:10:15〜06:08:29:00)
行動するアリーテM13A同テーマ。

○M30A（C#688〜692）(06:10:15:00〜06:10:38:00)
アリーテ心象として、金色鷲という「不思議」の発見。689でボックスが怒鳴っていようと構わず。

（メモを見ると、曲スタートを「C#688　06:10:14:15〜」に変更してある。どうも、録音のときに千住さんが作ってきた曲がそうなっていたようだ。千住さんに手心加えてもらっている一例）

○M31（C#695〜702）(06:00:00:00〜06:00:00:00)
行動するアリーテ。M13A同テーマのバージョン変え。今度は、先に待つであろうものへの緊張感が強い。
（この曲はタイムコードの指定をし損なっている）

○M32（C＃703〜705）(06:11:56:15〜06:12:21:00)
アリーテのピンチ感を少し表したい。緊張感。

○M33（C＃723〜727）(06:14:09:00〜06:14:46:00)
アリーテ、新たな謎を見つけた。謎めく。724でひとまず鳴りきり、725〜727はその余韻のように。

○M34（C＃750〜755）(07:02:19:15〜07:02:51:00)
アリーテ、謎を見つけた。謎を解きに地下へ、秘密の場所へ下る。

○M35（欠番）
(自分でいったん曲を指定しておいて、千住さんとの打ち合わせの寸前に外してみたのだが、千住さんのほうで「やはり必要」という判断があって、作曲されてきた。「C＃785〜799（07:05:54〜07:06:57)」で再指定されている）

○M36（C＃846〜852）(08:00:26:00〜08:01:33:00)

「地に穏やかさが訪れた」。そんなに「優しさ」は感じられなくてよい。自然な大地の広がり。その穏やかさの中、ひとりなくした水晶玉を探す愚行に勤しむボックスは哀れである。客観的に見えてくる哀れさ。曲は哀れっぽくなく。アリーテがやってくるまで。

○M36A（C#858～861）(08:02:38:00～08:03:03:00)
波のザザーッの中から「優しく暖かだった母の温もりへの懐かしさ」が、静かにこみ上げてくる。861「現実のボックス、まだそれに浸っている顔」までかける。はっと気づいたところで音楽途切れる。

○M37（C#873～881）(08:05:27:15～08:06:59:00)
金色鷲の発見＝「不思議」。これから生きてゆくアリーテの人生も不思議そのものである。881のフェードアウトでいったん区切ってください。

○M37A（ENDING）
（M37Aはこちらの考えではエンディング曲のつもりだったのだが、千住さんのプランでM37BGMから大貫妙子さんのエンディング主題歌までひとつながりに直結するように設計されて上がってきた。M37Aはそのあいだをつなぐイントロという扱いになり、大貫さんの主題歌M38が追加されている）

○M38

（片渕のメニューにはなかったのだが千住さんの側で追加となった曲。大貫主題歌のショートバージョン）

○M39
（同じく、大貫主題歌のCD用フルコーラス）

○M0
（同じく、オリガ主題歌のCD用フルコーラス）

という感じで全曲なのだが、ロールごとにBGMの密度がまるで違っているところなど、あらためて見ておもしろい。

ちょっとだけ解説しておくと、（01:03:43:00〜01:04:31:00）のように記されているのは、タイムコード（TCR）だ。最初の「01」はダビングロールのフィルム第1巻を意味する。そのうしろに続くのは「分」「秒」「フレーム」。映像自体は1秒24コマで作られているのだが、それをテレシネにかけて、1秒30フレームのビデオに落としたものを、尺を計る基準に使っている。

音楽を含む音声の作業は、このダビングロール一巻ごとに行なうので、BGMを入れる位置はこのダビングロールをはみ出さないように指定しなければならない。逆にいえば、音楽がこぼれそうなところでは、初めからロール分けを行なわない。編集時にすでにその辺の目安までは頭に描いた上で、一巻が大体十五分程度になるように割ってある。

音楽の演奏と録音は、大貫妙子さんのボーカルを除いて、二〇〇〇年八月二十九日と九月十一日の二回に分けて行なわれた。

収録の当日、千住さんは髪もボサボサ、ヨレヨレになりきった姿でスタジオに現れた。

「コンポーザーの仕事って、寝ないでひたすら紙（五線紙）を前に、鉛筆と消しゴムを振るいまくる仕事なんですよ。もう、腱鞘炎が痛くって」

不眠、紙、鉛筆、消しゴム、腱鞘炎といえば、われわれアニメ業界のトレードマークみたいに思っていたのだが、そうではなかったのだ。

「いや、その点、まったくおんなじです。同類です」

演奏は映像を流しつつ行なわれるのだが、なにしろ千住さんがギリギリまで机にしがみついて書き上げてきた楽譜であるので、画と音楽が揃った姿をわれわれが見るのは、リハーサルのときが最初ということになる。

一か所、ちょっとこちらの演出的思惑と違っている部分があるように思えたので、千住さんに相談したところ、千住さんはすぐさま理解し、と同時に調整室を飛び出していった。

演奏者のところに飛んでいった千住さんは、譜面台から楽譜を取ると、大胆に床に広げ、その上にひざまずき、集中力を込めて鉛筆を走らせていた。まさに雄姿というにふさわしいものが、そこにはあった。

割り込んできた話

実は、『アリーテ姫』の頃のことは相当すっとばして書いてしまっている。作画のことも、アフレコのことも、ほとんど置き去りにしてしまっている。

けれど音楽の録音のことは十分に書いておかなくては、と思ってしまう。

音楽を録ったら次は、その音素材を組み合わせてトラックダウンすることになる。ここも基本的に千住さんの仕事なのだが、「映画全体の監督」という立場上、この現場ものぞかせてもらい、口も挟ませてもらったりしている。思い出すのは、そうした作業の合間にも千住さんが気遣いや優しさを発散されていたことだ。

「監督、ちょっとここ座ってみません？」

と、モニターする千住さんの席に座らせてもらうと、そこは立体音響の中心だったりした。

仕事の合間に、「長男が通う中学校に至急連絡してくれ」などという物騒なメモが、４℃経由で回ってきたりして、何事かと担任の先生に電話したら、息子が友達とふざけあっているうちに、ふとしたはずみで意識が落ちて病院に連れて行ったという。「……なんていう話でした」とその場の人々に

報告した自分がちょっと安心していない顔をしてしまっていたのかもしれない。すると千住さんが、

「中学生頃には僕らもずいぶんそれやったなあ」

などとニコニコしてみせてくれる。大丈夫、大丈夫、と。

トラックダウンの途中では、大貫妙子さんの歌の録音も行なった。歌のトラックダウンには大貫さんは自前のスタッフを連れてきていて、

「このあいだは僕はすることないんですよ」

といっている千住さんがいたりした。

そうだ、千住さんとコンビを組む音楽録音のミキサーも、ずいぶん年季の入ったベテランの方だったけど、ケース何箱もの自前の機材をスタジオに持ち込んでおられた。これでないといい音が出ない、といって。


音楽ができると、次は画面を完成させ、ダビングすることになるのだが、その前に割り込んできた仕事のことを話さなくてはならない。

正確にどの時期のことだったのか、記憶がゆるい。ただ、画面完成前だったのは間違いないので、残り数カットで画完パケ寸前まで行っていたダビングよりも前の頃の話だ。ひょっとすると、音楽録音よりも前のことだったのかもしれない。

栄子さんが、こういう「次の仕事」の話があるのだけど、とその件を持ってきたのだった。

3DCGの劇場アニメーションの企画で、「黒澤明原作」のものをやりたい、というプロデューサーが相談に来たのだ、という。

「黒澤原作って、そんなあなた、『七人の侍』をモジって『宇宙の七人』を作るみたいなそんな……」

「それがそうじゃなくって、黒澤明で一本未完成のストーリーがあって、それを完成させてほしいというんだけど。あたし、片渕さん以外に思いつかなくって」

「はあ……」

そもそもの企画者の方に来てもらって話を聞くことになった。

「これです。コピーはよろしくないので、読後焼却でお願いします」

と、重々しい口調とともに目の前に出されたのは、一部が「四騎の会」のペラ（原稿用紙）に、また別の一部は、たぶん黒澤さんらしく藁半紙に鉛筆で書いたのだろう、何人か別々の人物の手で書かれた不揃いな一連のもののコピーだった。

「これは、黒澤さんが東宝離れたあと、『トラ・トラ・トラ！』前後……」

「そうです。海外と合作用の企画です」

それは、次のような短い一文から始まっていた。

「私達はドラフトというもの書いたことがありません。いきなりシナリオにとり組み、場面と人物を具体的に書きはじめ、その必然的な動きにしたがって人物を掘り下げながらシチュエーションを組み立てていくのです」

しかしながら、今回はドラフトという様式で書かざるを得なかったのでそうしたのだが、真価はシナリオで確立されるものだと考えている、というようなことが書かれていた。この前文に添えられた執筆者の氏名は、

「黒澤明、小國英雄、橋本忍」

以下に続くのは、物語の冒頭部分のイメージ、時と場所の設定、そして「梗概」が長く続いていた。

「いや、いったい、これをどうしろと？」

「黒澤監督流に仕上げてくれということじゃないんです。片渕さん流に、全然別のものになってくれて構わない。むしろ、そうあってほしいわけです」

「はあ……」

「とりあえず、お考えいただけるようでしたら、この原稿のそもそもの出元は黒澤プロですし、次は黒澤プロで黒澤久雄さんを交えて、お話を」

それからしばらく経った日、いまだ作業中の『アリーテ姫』からその半日だけ離れ、栄子さんの車でふたり、東名高速を一路、横浜郊外の黒澤スタジオに向かうことになってしまっていた。

二週間の時限要塞

不勉強な映画学科の学生もいたもので、黒澤明の映画に注意を払うようになったのは、大学の「映画鑑賞批評」のコマで、『羅生門』を観てから、やっとだった。

その頃は、『影武者』が撮影中だった。黒澤監督の補佐に入っていた本多猪四郎監督が同じ学部の大先輩だった縁から、学生にエキストラの動員がかかったこともあった。同級生たちが撮影現場で陣笠をかぶり、緑の鎧を着て、槍を持って並び立っていたりするときも、加わらずにボーッとしていた。もっともこのときはちょっとした風邪っぴき状態だったので、御殿場に送られたりしたら周囲にえらい迷惑をかけていただろうとも思うのだが。

またある同級生が、砧の東宝スタジオで、本番撮影中に車の通行止めをするアルバイトをしていて、たまたま勝新太郎と黒澤監督のあいだでひと悶着あった日に出勤していて、なにやらピリピリする雰囲気を感じ取った、などと話していた。そんなのも、へーっと聞いているだけだった。

アニメーションの仕事で給金をもらうようになってからは、スロースターターな自分であっても、さすがに演出とか脚本とかで身を立ててゆくのならばきちんと筋道を持っていたほうがよい、と思い始めて、何か方法論が得たくなった。宮崎さんのやり口はだいたいわかったわけだし、別の映画作家のやり方を眺めてみたくなって、そう思うと黒澤明などという人についての書物はたくさん出ていた。中でも『全集　黒澤明』という脚本集は集めやすかった。

黒澤明関係の著作権管理は黒澤プロダクションとその代表である黒澤久雄プロデューサーが行なっていたので、まずはその意向をうかがうために、栄子さんの車で横浜郊外まで来てしまった。

「黒澤監督の遺稿だと思って、それを完成させるつもりにならないでほしい。これを材料に自分なりのものを書くつもりで臨んでほしい」

というような要望、または要求は、前もって今回の企画者の人から聞いていたのだが、そうした意向の出所は、直接お目にかかって話を聞くと、どうも黒澤久雄さんであるらしかった。

そしてまた、黒澤久雄さんは、今回の企画の端緒である「3DCGアニメーションで映画を作る」ということには、疑問を抱いているらしかった。その辺は自分も同じだった。これは今から十年以上前の話なのだ。CGでモデリングされた人物の表情、感情表現がそんなにうまく得られるとは考えにくく、表現の完成度がどれほど得られるのかというあたりで懐疑的にならざるを得ないと思った。やるなら自分にとって手堅いセルアニメか、さもなくば実写ではないか、と思った。

席上、そんなあたりで黒澤久雄さんと同調することになってしまい、ともかくもCGであることはまず前提としないで脚本を書いてみる、ということで方針が立った。

まさに『アリーテ姫』の制作中でもあり、原画の演出チェックはほとんど終っているのだが、まだまだしなければならない仕事が詰まっている。あまり『アリーテ姫』以外のことに時間を奪われたくない。

なればこそ、いっそ二週間と時間を限ることにした。二週間は『アリーテ姫』からすべて離れ、集中して長篇の脚本一本書き切ることにする。結果的にそのほうが早く『アリーテ姫』に戻れると判断した。

その間、『アリーテ姫』のすべてから遮断されるよう、制作には徹底してもらうことにした。スタッフから監督への質問など一切行なわないように念を押してもらう。スタッフ各位のほうからすれば、なんとも迷惑きわまりない話だが、いかんせん生来の不器用者なので、そうでもしなければ、いずれもっと迷惑なことになってしまいかねない。

自分を缶詰にする場所が欲しい。『アリーテ姫』の制作を行なっているひとつ上の階で4℃の別班が別作品を制作していたのだが、これが終ったばかりでフロアが空いていたので、そこにひとつの要塞を作ることにした。

誰も座る人のない動画机を寄せ集めて、自分が作業する机を完全に取り囲み、誰も入れない一角とする。自分も出られないのだが、まあ、朝晩の出退勤とトイレのときには、防壁にしている動画机を、うんしょ、と動かして通路を作る。それ以外は通路もなくしてしまう。

この完全隔離の場所に、ワープロ（パソコンは当時まだ個人的には持っていなかった）とプリンター、問題の「遺稿」と資料若干をもって籠ることにした。

一日の作業時間は八時間で区切る。それ以上は、集中力が下がって能率が落ちるだけだ。

その八時間のあいだは誰も寄せ付けず、ひとりだけで過ごす二週間。毎日、誰とも口をきかない二週間を始める。

スティーブ・マックイーンはどうするのか？

黒澤明監督の事績については、こんなところで述べるより、もっと精緻に書かれているものがたくさんあるので、できればそういうものに当たっていただけるとありがたい。関係ある部分だけかいつまむと、一九六五年の『赤ひげ』まで東宝を舞台に作品制作をしていたのだが、作る映画が大作化する一方なのに対し、テレビ時代が到来して国内映画館人口が減り始めていたことから、その後の黒澤明監督はハリウッドに対して提携制作を打診するようになっていた。

そんなことを書物で読んで思っていたのは、東京ムービーの藤岡豊さんが、国内テレビ番組では仕事がしにくくなった状況を感じて、ハリウッドとの提携制作を望んで『ＮＥＭＯ』に挑んでしまった経緯であったりする。事の大きさは違えども、ハリウッド進出を目論んで挫折してゆくさまにはどこか共通するものがあることを感じてしまう。そこで大きく作用してしまうのは、映画における（作品ではなく、制作過程における）文化性、風土性みたいなことだ。

このとき前にした「遺稿」は、『全集　黒澤明』最終巻に収録されているのだが、ここでは執筆年度が一九六六年とキャプションされている。自分が見たものは一部が四騎の会の原稿用紙に書かれていたので、この会ができた一九七〇年以降にも推敲が行なわれていたのかもしれない。

この「遺稿」の冒頭には、

「私達はドラフトというものを書いたことがありません」

と、この原稿が従来の自分たちの手法、「いきなりシナリオにとり組み、場面と人物を具体的に描きはじめ……」とは違った方法で書かれた梗概であることが前書きされている。こうしたシナリオ以前の段階でプロデュース・サイドに提出し、詳しい判断を請うというプロデューサー主体の映画作りと、あくまで作家である監督・脚本家が主体となって進めていく作品作りの方法論が激突しているのである。

ハリウッド的なプロデューサー中心主義に拘泥するところが少なければ、『ＮＥＭＯ』も宮崎駿作品として、あるいは高畑勲作品としてそれなりのものができあがっていたはずだと思う気持ちが去らない。さらに後進の自分たちさえもストレス少なく前向きな仕事ができるようになっていたのではないかと考えないわけにはいかない。

結局、黒澤明監督作品としては未成に終ってしまった『暴走機関車』や『トラ・トラ・トラ！』も同じような悩みどころを抱えていたものと想像してしまう。

「遺稿」もこうした時期のものであり、ハリウッド進出用の企画であった。だが、内容は日本の戦国時代、天文年間の九州を舞台にしていた。そのどこがハリウッド向けなのかというと、いきなり登場してくる主人公が「金髪、碧眼の武将」なのである。

解説してもらって聞いたところでは、この「ブロンドの武将」にスティーブ・マックイーンの配役を想定していたのだという。

九州に渡来した南蛮の交易船が、その地方の豪族に南蛮女を献上し、献上された殿様は配下の武将にこれを下げ渡し、武将が契ってこの金髪碧眼の若者が生まれた、ということなのである。武将は反乱を起こして殿様を屠り去り、以下ドロドロの下克上模様となってゆく。その先は、のちの『乱』などにもちょっと通底した展開になっていく。そんな中でこの「ブロンドの武将」が、自分の中にも流れる猛々しい父親の血とのあいだで葛藤する。

ふと思ったのだが、この配役がスティーブ・マックイーンにもし本当に決まっていたとして、この主人公は血統の半分こそヨーロッパ渡来だが、「生まれも育ちも日本」なのには間違いない。黒澤明という人は、一体、いかにしてスティーブ・マックイーンに流暢な日本語を喋らせようとしていたのだろうか？

『トラ・トラ・トラ！』では、必然性に迫られれば実物大の戦艦や航空母艦のセットを作ることなどもやっている。しかし、その『トラ・トラ・トラ！』の絵コンテでは、航海する戦艦長門の艦橋から航走する艦隊全体を見渡す場面なども描かれている。さらにこれに対して航空隊が夜間雷撃演習を仕掛けてきたりしてしまうのだ。『トラ・トラ・トラ！』脚本の初期の稿には、雨の中で公試中の戦艦大和すら出てきてしまう。黒澤明といえば、東宝特撮の戦争映画に出てくる模型の軍艦などに苦言めいたことを漏らしていた人だったはずで、いったいどうやって撮るつもりだったのかと考え込んでしまう。とりあえず目標を定めてから、知恵を集めてブレイクスルーをはかるタイプの人だったのだろうか。

今の自分たちのアニメーションにちょっとした地の利があるとしたら、こういうところなのかもしれない。戦艦大和の登場が必要ならばただ描いてしまえばよいわけだし、千年前そこにあったはずの町の姿が必要ならば、多少調べ上げることがあったとしても、描いてしまえばよいのだ。同じように画に描く以上、画面の整合はとれるので、いきなり模型を映した画面が混じりこんでくるような違和感は生じない。

とはいえ、アニメーションで描くに困るものがあるとすれば、戦国時代の甲冑などが実はそうだった。複雑な形の部品が細かく入り組んでいて、一枚動画を描くにも費やす時間が途方もない感じがしてしまう。ひとりやふたりならまだしも、これが軍団単位で合戦を行なうさまなど、想像だにできなかった。

だが、今回の話は３ＤＣＧを前提にした企画なのだった。何千単位の軍勢がぶつかり合う合戦の場面など、ＣＧに任せてしまえばいいや、と考えることができる。黒澤明監督などよりもずっと小心な小者としては、少し安心してスペクタクルな場面を書くことができるというものだ。

なるほど、これはこれでいいのかもしれない。

その先どう展開させていこう

シナリオを書くべく、動画机を寄せ集めて閉ざしたスペースに籠ってみた。

資料も多少は携えている。今なら、シナリオを書くのにパソコンを使ってインターネットにもつながるのだろうけど、当時はワープロが道具だった。ワープロもその最後期たるこの時期になると、モデムを内蔵していて一応インターネットにも接続可能だった。といってもLANではなく、電話線を直接接続しなくてはならないのだが。たしか電話線は動画机の壁の奥に引き込んだように記憶している。まだADSLなどではなかったから、ネットにつなぎっぱなしにもできず、電話代を頭に思い浮かべて使わなければならなかった。自然とインターネット入りびたりになって時間を費やしてしまうようなことは避けられていた。

資料として用意したのは、紙の本。『フロイス　日本史』『日本切支丹宗門史』『どちりな　きりしたん』『ロドリゲス　日本語小文典』など、戦国時代末期から江戸時代初期にかけての切支丹関係のものばかりであり、全部文庫本だった。特に最後の二冊は、その当時日本人が喋っていた言葉、それぞれ文語、口語をローマ字で記録したものなので、生々しい時代感に浸ることができる。こういう感触が発想のトリガーとして大事なような気がする。

というところで、冒頭から一歩ずつ書き進めてゆく。「換骨奪胎」といいつつ、主人公が金髪碧眼の戦国武将であることだけは厳守しなければならないポイントとして与えられている。当然、この人物はヨーロッパ人の母親から生まれさせなければならないのだが、「遺稿」では「南蛮女を献上した」と書かれている。南蛮の交易船が「女」を乗せて走っていたりしたのだろうか、とまず考えた。

そこでこのようにした。まず、最初のシーンは、イベリア半島のどこか海辺の大聖堂から始まる。蠟燭など盛んに焚かれて煙っぽいところに、窓からの光が差し込んでいる。表へ出て、海を見下ろす崖の上の草地を走る若い修道尼。元気な彼女は、マカオだかどこだか遠い東洋に向かう高官の家族につき添う尼僧として選ばれたのだ。緑の草の上にひざをつき、天主に感謝の言葉を捧げる。

こののち彼女は、たどり着いた赴任地からまだ先に、教化されていない非キリスト教の国があることを知って、どうしても行きたくなり、無理やり船に乗り込んで、九州沖で難破した、ということにした。いかにも『アリーテ姫』制作真っ最中の発想らしい。それから十数年後、彼女が生まされた男の子が、武将になっている。

ワンシーンずつ一歩ずつ地歩を築いては、「さあ、それからどうする?」と、その先を考える。これを繰り返す。

しばらくは、昔自分で考えていたストーリーをそのまま導入してみる。まだ二十歳前ながら勇将となった主人公は、合戦の最中にある。彼自身は有能な戦士であり指揮官なのだが、背後にそびえているべき父親が、突然の下克上によって滅ぼされる。後詰をうしなって、彼の部隊は戦場の小さな山の上に孤立する。

どう考えても戦の決着がついてしまった中で、彼は部下たちの生命を守る方法を講じ、次いで自分自身の生命を守る方法を講じる。

ここで、包囲された陣地から脱出させるために、夜闇に紛れさせる必要が生じた。だが、この場面の合戦は昼戦として書いてしまっている。

「さあ、どうするか？」

ままよ。この日、皆既日食が起こることになっていたことにしてしまう。

そんな感じで書き進めると、まことに当たり前なことながら、黒澤テイストからだいぶ離れてしまった。といっても、「遺稿」のテイストは『乱』の頃のものに近くて、だが、望まれているのはもっと以前の『用心棒』とか『隠し砦の三悪人』とか『七人の侍』のようなものなのではないかという気もしてしまう。そのギャップをどう埋めればよいのか。考え考え進める。

途中で書き詰まると、その先の展開案をいくつか箇条書きに書き並べてみる。案はひとつでないほうがよく、いくつか書き並べる。「この場合だったらこう」「こっちのケースではその先こういう展開をたどってしまう」などと煩悶しつつ、道を定めつつ進む。

その昔、学生の身ながらいきなり「『名探偵ホームズ』のストーリーを二週間で書いてこい」といわれたときから、やっている方法は変わらない。思えば、『アリーテ姫』制作中に「二週間だけ」と限ってこの仕事を引き受けたのも、最初の『ホームズ』の期限が二週間だったからなのだった。

途中からは、冒頭がポルトガルだったので、ラストはローマにしたくなってくる。サンピエトロ大聖堂が、竣工間近ですでに概容は建っていることを確かめて、それへ向かって歩く陣羽織に金髪の髷の後ろ姿を書いて、ちょうど二週間目にワープロを打ちやめる。

黒澤久雄さんほかにこれを送ってもらった。次の打ち合わせで顔を合わせると、久雄さんには、「読んだぞ！　大抵のシナリオは途中で眠くなって捨てちゃうんだけど、これは最後まで読んだぞ！」

といわれた。一応、褒められたのだと思うことにした。でなければいたたまれない。こういう映画を3DCGアニメーションで作ることについての是非に問題が戻った。

それから長い時間が経ったが、この脚本はいまだに結実しないでいる。

風のうわさでは、（今は存在しない）ディズニー・ジャパンのプロデューサーが企画として持って歩いていたらしい、とも聞いた。

ずっと経って読んだ黒澤明の研究者である西村雄一郎さんの著書には、黒澤久雄さんが父の遺稿である「そして…」（遺稿にはそんな題名がついていた）を、自身で監督するべく持って歩いていたことがあるらしい旨書かれていたのだが、それも風聞を基にした記述のようだった。どうもそれは自分の書いたものだったのではないか。佐賀にお住まいの西村雄一郎さんには、『マイマイ新子と千年の魔法』の佐賀市での上映の際にたいへんお世話になったのだが、この本を読んだのがお目にかかったよりあとのことだったので、黒澤久雄さんが「そして…」の脚本を持って歩いていたという話の出所を聞くことはできなかった。もう少し早くに気づいていればよかった。

ワープロのテキストデータは、まだフロッピー・ディスクに入っているはず。今でも開いて取り出すことは可能なのだろうか。

寿司以外の食べ物が考えられない

動画机で取り囲んだ場所に陣取っているあいだは誰からも口をきかれなかったので、助かった。ストーリーの作業に没頭しているときは、頭の中がそれだけになってしまう。別のことで話しかけられたら、糸が途切れる。元の作業に戻ろうとしても、一度見失った糸の先は見つからない。

色彩設計の林さんだけは、ときどき「陣地」にやってきては、

「色を見てくれ」

といった。スケジュールのことを心配する彼女はすごく怒った顔をしているので、こればかりは従わざるを得ず、下の階に降りて暗幕で囲まれたマスターモニターの前に戻る。

やがて、約束の二週間が過ぎ、それていた脇道から『アリーテ姫』に復帰することができた。そこから先はあともう一歩。

やがて画完パケが近くなってくると、ダビングの作業も近づく。これまでに別々に作ってきた「台詞音声」「音楽」「効果音」をミキシングする作業だ。単に音だけを組み合わせるのではなく、画面と

シンクロさせて映画的な仕上がりを見極めつつ行なわなければならない。いろいろな音の音量、その出るタイミング、ステレオ空間上の位置、組み合わせ方による演出的な効果などなど。

したがって、ダビングは画面を大きなスクリーンに投射しつつ行なうことになる。『アリーテ姫』では日本橋浜町の東京テレビセンター、通称「テレセン」で行なうことになった。思えば『魔女の宅急便』のダビングもここで行なったし、『あずきちゃん』のアフレコ、ダビングもテレセンだったので、勝手知ったる場所でもあった。ここのスタジオを五日だったか六日間だったか、それくらい借りて行なう（どうも、この日数の記憶があいまいになっている）。

音響監督・早瀬博雪（音響映像システム）、整音・大石幸平（タクトスタジオ）、効果・西村睦弘、テレセンの門倉徹さんたちエンジニアの方々、それに監督である自分というメンバーで、このスタジオに籠ることになる。制作、千住さんが別スケジュールがあって参加できなかったため、音楽に関してはこちらに一任されている。効果の西村君も別の仕事とスケジュールが重なってしまったため、音の仕込みまでやってもらって、現場での出しと調整はフィズサウンドの原田敦社長に行なっていただくことになってしまった。

たしか、作業は、ＤＡＴ（デジタル・オーディオ・テープ）に入って持ち込まれた音楽を、ダビング用に取り込むことから始まったように記憶する。この日は取り込みだけだったので、ダビング用のスタジオではなく、もっと小さな部屋を使った。この夜、音響プロデューサーの会田昌克さん（音響映像システム）から、夕食に寿司を差し入れてもらったことをよく覚えている。そこいら辺の持ち帰り寿司ではなく、銀座あたりのちょっと上等なものだった。トロがたいへん美味しかった。こういうことはきちんと覚えているのだから、現金なものだ。

スケジュールを管理する制作がひとりも来ていないので、自分たちで時間の使い方を決めていかなくてはならない。

この日は素材の取り込みだけで終えて、二日目から大きな部屋を使って、ロール1から画面と音を合わせていこうということになった。

二日目。作業を始めてみて、ちょっとたいへんなことになりそうだとわかった。テレセンのダビングスタジオの調整卓が、デジタル化した新品に換わったばかりで、『アリーテ姫』がこれを使う二作品目ということだったのだが、この機械がひんぱんにダウンを繰り返した。テレセンの名誉のために付け加えるが、新しい調整卓を導入したばかりなので、初期的故障がまだ払拭されていない時期だったのにもかかわらず、こちらがスケジュールを割り込ませてしまっていたせいだった。

今ではどこの音響スタジオでもごく当たり前なものになったデジタル調整卓は、様々な音のレベルを調整するミキサーの指の動きを記憶して、二度目からは全自動で一回目と同じ動きを再現してくれる。初めて目にしたこの頃にはスライダーがするする勝手に動くさまが、なかなか未来的と思われたが、しばらく作業が進むうちに、ミキサーの大石君が「?」という顔をする。テレセンのエンジニアの人たちも「?」「!」となってゆく。このあたりは表情ばかりで進展するので、内容に没頭している自分などは、ちょっと事態から取り残されてしまっていた。気がつくと、周囲のあちこちでため息が起こっている。

「あれ?」

と、ようやく気づくと、

「はい、またダウンしました」

どうにも仕事がはかどらない。三日目くらいからはダビングスタジオへの泊まり込みになることを覚悟していたのだが、それを一日早めることにした。これは監督として自分が決定した。

全員、帰れなくなった。着替えの下着も、歯ブラシも何も持ってきていない。ただ会田さんだけが、夕食の差し入れに来てくれる。

「明日は何がいいですかね？」

と、会田さんがリクエストを取ってくれるのだが、人間、くたびれてくると脂っこいものを受けつけなくなってゆくのだった。

「寿司！　あっさりした寿司！」

「それ以外のものはもう思い浮かべたくもない！」

パンツも穿き替えずに、あがく

前回、『アリーテ姫』ダビングの日程を五、六日と書いたが、どうも八日間くらいだったような気がしてきた。4℃の田中栄子さんから「タクシー代を奮発するから」といわれて、日本橋浜町からはるばる東京を横切って深夜帰宅したことが二、三度あったのは間違いないし、徹夜になってから一度だけ制作デスクの吉田昌央君が車で迎えにきて、吉祥寺の4℃まで運んでもらったこともあった。

この吉田君の運転がなかなか楽しいもので、日本橋浜町から吉祥寺を目指しているにもかかわらず、レインボーブリッジが見えてきたり、かと思えば池袋ＰＡＲＣＯ前を通ったり、深夜の東京見物をあちこち楽しめた。

その夜、そうして4℃まで送ってもらったのは、エンディングの原画チェックをするためだった。もともと『アリーテ姫』は本篇で全精力を使い切ってしまっていたので、エンディングはまったくの黒味にクレジットだけ白文字で出すつもりだった。だが、音楽トラックダウンのときに大貫妙子さんの歌を初めて聴いて、なんとかしなければ、という思いに駆られてしまった。黒味にロールアップではお客さんはそそくさとスクリーンの前を離れてしまうだろう。けれど、今やラストにこの楽曲がつくことでひとつの印象が完成する映画としてできあがってしまっている。せめて「ありもの素材」を組み合わせてでもエンディングを作らせてもらえないだろうか、という話を田中栄子プロデューサーにしたのは、大貫さんの歌を聴いた直後のことだった。

ダビング直前のかなり間際のことだったのだが、こんな感じ、とラフな絵コンテを出してみたら、意外にもＯＫが出た。

本篇は新天地を目指すアリーテが港町にたどり着いたところで終っていたので、エンディングはその先、彼女を乗せた船が別の国に（アリーテがあれほどその五感で味わいたがっていた、言葉の通じない人々の国に）入港する直前までとして考えてみた。ただ1カット、見えてきた陸地を見つけてほかの乗客たちと笑顔で見つめるアリーテのカットだけは、「そこまでの余力なし」と作らせてもらえなかった。

だが、帆船は新作画する必要があって、しかしこれは止メ一枚ですむとして、それ以上にラストカットでアリーテを乗せた船の上空を悠然と飛ぶカモメはかなりの量を作画する必要があった。それから、新作カットの背景も、新たに発注するわけにいかないので、これまでに描いてもらってきた背景を切り貼りしてでもでっち上げなければならない。

作画のことは作画監督の尾崎和孝君に、背景のことはCGI監督の笹川恵介君に全面的にお任せすることにして、監督である自分はダビングのスタジオに詰めっきりということにさせてもらった。その尾崎君の作画が完成したので（原画だけでなく、あるいは、すでに動画完成まで進んでいた状態だったかもしれない）、4℃まで戻って、仕上に回す前にこれをチェックしておかなければならないのだった。

カモメは、いかにも尾崎君らしく、気持ちよく飛んでいた。

笹川君が作った背景は、単にありものを切り貼りした以上のもので、画用紙の紙質の質感なども表現してあって、詩情あふれる感じになっていた。

さらに、色彩設計の林亜揮子さんが、いち早くカモメや帆船の色調を試し塗りしていたので、これもきちんとチェックすることができた。

ダビングの作業に戻る。ダビングでは、エンディングは「黒味」のままで差し換えられることのないまま、進んだ。

効果の西村睦弘君も別仕事から戻ってきて、効果マンが原田社長とダブルになった。

その西村君が、

「このシーンはもう空気感の音を考えつきません」

という場面が現れた。西村君はそれまでの全シーンで、空想力を広げ、その場に立っていたらどこからか忍び寄ってくるだろうはずの音をつけ続けてくれていた。だが、この問題のシーンは石造りのボックスの城の中だった。どんな音が聞こえてくるというのだろう?

「ヤギの鳴き声」

「ヤギ? ですか?」

「この城は壁が落ちてるし。このフレーム内に見えてない、どこかこの近くの壁が穴だらけで、外からの音が入ってきてると思って」

西村君が、さっそく遠くから忍び込んでくるヤギの鳴き声をつけてくれる。

そんな感じで、作業は進んでゆく。

立ち上がりの段階でデジタル調整卓がダウンを繰り返したことが祟って、予定日数内で消化しきれるかどうかがたいへん微妙になっていった。

4℃は4℃で大忙しらしく、制作をダビング現場につけてくれていない。ただ、監督である自分にはPHSがひとつ渡されていた。過ぎる日、六畳一間のアパートを借りてもらって『アリーテ姫』準備室としたときに電話を敷く代わりにと手渡されたあのPHSだった。

今はどうなのか知らないが、当時テレセンのスタジオ内では、PHSの電波が通じなかった。唯一電波が入ってくるのはトイレの窓からだったので、そこから4℃にいる栄子さんに電話した。スケジュール的に危険、と。

「どれくらい?」

「予定日数いっぱいいっぱいで、1ロールこぼれるかもしれない」

栄子さんからの答えは、8ロール中の1ロールがこぼれるのならば残り7ロールに万全を尽くすこと、というものだった。時間がないあまり、ぶっ飛ばした仕事をするな、と。ダビングで形にしたものはそれっきり、いつまでも残るものなってしまうのだから。

「こぼれた1ロールのダビングは予算とか日程とか考えます」

「了解。そこから先はプロデューサーに任せます」

4℃の制作は別作業で手一杯でも、ダビングスタジオに詰めきりのわれわれの面倒は見なければならないと考えられたらしく、毎朝、4℃の新入社員たちが交代で、コンビニで買った朝食などを差し入れにやってきてくれたりもした。

着の身着のまま風呂にも入らないわれわれは、自分たち自身としても相当見苦しい感じになってきたので、ダビングスタッフ男子一同で、テレセンのそばの洋品店までパンツを買い出しに出かけたこともあった。このときは久々に陽光を浴びることができた。それ以外はほぼ同じ真っ暗い部屋に詰めきりだったし、当初の腹積りよりも一日早く徹夜作業を始めてしまったので、一同、着替えも持たないままこの場にいてしまっていたのだ。

テレセンには実はシャワー室があるらしいと聞いたのが、かなりスケジュール末期になってからのことで、今さらもう面倒とこれは使わずにすましてしまった。

最終日の一日前くらいになって、主演声優の桑島法子君が大量のシュークリームを持って差し入れにきてくれた。隣に来てくれた法子君にはもうしわけないくらい自分は臭かったと思う。

そうしてダビングは最後の一日を迎える。もう、仮眠もしていられない。

この朝、われわれはたどり着けないと思われていた8ロール目に、ようやく手がかかりそうになっていた。

スケジュールは尽きたが、なお最後の最後まであがきつづける

『アリーテ姫』ダビングの最終日は、丸々一日全部をつかえないスケジュールになっていた。たしか、十四時頃までしかハコ（ダビングのスタジオ）を借りられないことになっていたのだったと思う。それ以降はもう別の仕事の予定がこの場所には入っていたのだった。

その前日の夜から最終日の朝までは、さすがに仮眠もとっていられなかったはずだ。

朝になると栄子さんが初めてダビングスタジオにやってきた。前に、トイレの窓越しのPHSで「スケジュール内に終えられない可能性あり」と警告しておいたので、終らなかった場合のスケジュールを立てるために、さすがにこの朝だけは現場に来たのだった。

「なんとかこのまま突っ走れば、十四時には終るかも。システムのトラブルもおさまってるし」と、こちらがいうと、栄子さんは安心してソファーで眠ってしまった。

栄子さんが大量に持ってきてくれた差し入れも本来ならありがたいはずのものだったが、こちらは油ものをまるで受けつけない、寿司くらいしか食べられない状態になっていたので持て余した。シュークリームのカスタードすら脂っこく感じられるというのは、このときくらいだった。栄子さんの差し入れは、これがまたカロリー的にボリュームのありそうなものばかりで、その上にきて、スケジュールの尻を切られているダビングスタッフにはもう食事をしている時間的ゆとりもなかった。

「ありがとうございます！」

と感謝の念だけ伝えておいて、差し入れはテーブルに広げられたままになってしまった。

予定時間どおりにダビングが終り、あとは大急ぎで後片づけして撤収する以外にすることがなくなった。こういうときにいつも思うのは、やはりあの黒澤明『七人の侍』。倒すべき敵の野伏の数をひとつひとつ×印で消してゆき、その最後のひとりを倒した瞬間、若侍・勝四郎がうろたえて敵を探し続ける、その姿だった。

「野伏は？　野伏は!?」

と叫ぶ勝四郎を、主将格の勘兵衛が叱りつける。

「野伏はもうおらん！」

敵味方の大多数が倒れ臥して残る空虚感、しかし、体はまだ次の作業を求め、探し続けている。

原田社長と西村君は、効果音の音源の片づけに入っている。

思いがけずも、百時間を超えて同じ部屋の中でいっしょに過ごし続けたスタッフたちをねぎらう暇もなく、部屋を明け渡さなければならない時間に追われて、そそくさとバラバラになってゆく。

ダビングが終った音声を、４℃で映像の上に被せ直してみる。これを「音戻し」という。今度は、エンディングも何もかもすべて映像が揃っている。これをダビングに来られなかった作画やＣＧＩのスタッフたちと観る。

何か違和感を感じてしまった。

映画が終ったとき、アリーテが救われきっていない感じがした。

なんとかしたい。最小限、何かをするとしたらどこか？

ラスト近くのＣｕｔ８７８、８７９では、すべてを終えたアリーテが、まだ魔法の宝探しを続ける騎士ダラボアとすれ違い、いろいろと複雑な感情を込めた目でこれを見送っていた。

この皮肉は要らない。

必要なのは、アリーテへの祝福であるはずだ。

「２カット！　２カット作画をやり直させて」

と、田中栄子プロデューサーに訴えた。

「っていったって、もうダビング終ってるんだし」

「音はいじらない。今ある音に、画だけはめ直す」

ここが最後の「遣り残し」「残念」になってしまっている。そんなことといったってとおるはずのない訴えかけだったのだが、これがまた、寛大にもＯＫになってしまった。

原画のスタッフは解散していたが、まだ作画監督の尾崎君が残っていたので、この２カットをお願いすることにした。

このあたりの背景はカッちゃんこと久村佳津さん（『紅の豚』美術監督など）が描いている。これはもちろんそのまま使う。

ダビングで入れたダラボア主従の馬のひづめの音、鎧などの金物の音も活かす。これは水運びの馬の足音にしたり、大勢の人々の荷物の音だということにする。そうして、たくさんの「人々」のあいだにアリーテが入ってゆくカットに変える。

描き足す群集については、アッシジの聖堂壁画の本を新たに買ってあったので、これを参考に使う。本篇の作業も終りに近づいて、もはや必要もないはずなのに、つい書店で見つけて買い込んでしまっていた、中世の人々のビジュアル資料だ。

その次にくるのは、アリーテが単体でダラボアを見送っていたカットだったのだが、これを、ヒッチハイクした馬車の農夫が前方を指差し、農夫の娘がアリーテの肩をたたくカットに変える。この農夫とその娘は、原作の日本語訳本ではなぜか切られてしまっていたのだが、英語の原作には存在していた登場人物たちだ。原作英語版では、乗せてもらった馬車の農夫の娘からアリーテはリンゴをもらい、食べ終ったあともその種をだいじに育てるのだった。

この2カットを描き直すことで、ストイックに孤高だったアリーテが、庶民たちのあいだに混ざってそのひとりになったこと、人とのあいだの肉体的触れ合い、行く末に「未来」があることを暗示できるようになったと思う（この2カットの変更については、『アリーテ姫』ＤＶＤの特典映像で、変更前・変更後を比較してある）。

これで本当にすることが何もなくなった。一九九二年以来八年間にわたって頭を占め続けてきたこの映画に対して、少なくとも映画本篇に対して、してやれることはもう何も残らない。

このあたりで完成させてやろう。

SF論的『アリーテ姫』、臨床心理学的『アリーテ姫』

一九九二年に出発した『アリーテ姫』は、二〇〇〇年も終りのほうに来て、とうとう完成を見るに至った。この映画の完成年度を「二〇〇一年」とする記事を目にすることもあるのだが、ほんとうは二十世紀最後の年に完成している。

最初のお披露目は、今はなくなってしまった渋谷の映画館、渋谷パンテオンで開催された「東京国際ファンタスティック映画祭2000」（東京国際映画祭の協賛企画）で、（今、日付を調べてみると）十一月二日二十四時からの上映だった。のちにさんざん繰り返すことになる自分の舞台挨拶歴の最初もこの夜だったことになる。

本格的な公開はこの時点では未定。二〇〇一年七月二十一日の恵比寿、池袋を待つことになってしまうのだが、映画を作り上げるまでが自分の仕事だとするならば、『アリーテ姫』に関しては二十世紀中にそれは終ったはずだった。

ひとつだけ、仕事が残っていた。

ポスターを作らなければならない。

「だいたいこういう感じ」

というデザイン案は自分で描いた。

それを尾崎君や浦谷さんに絵にしてもらおうと思うのだが、なかなかうまくいかない。ラフで描いたときに、裸足の足を強調して大きく描いたりして、本篇のキャラクター描写のレベルにそれを持ち込むには無理があった。

「だから、わたしは最初っからこのラフのままでいいっていったじゃないの」

と、田中栄子プロデューサーがいった。栄子さんはたしかに、監督の描いたラフを最初に手に取ったとき、「このままポスターに刷ればいい」といっていた。

結局、ラフのままポスターにすることになった。以来、その絵は、DVDのジャケットになってもなお、ずっと使われ続けている。

とにかく映画を売り出さなくちゃ、と栄子さんは、ちょっと豪華なマスコミ配布用のプレスシートを作った。

これはまた、本公開のときに、新たにプログラム（最近は映画パンフレットというようなのだが、自分は古い人間なので）を作るよりもこのまま使っちゃえ、と同じものが劇場で販売されることになった。映画のプログラムとしてはページ数が少なくて、ちょっと異質な感じのものになってしまった。

このプログラムには後日再会することになる。二〇一〇年六月十九日、『マイマイ新子と千年の魔法』のファンの方々が、渋谷・シアターＴＳＵＴＡＹＡ（この劇場もなくなってしまった）で『マイマイ新子』や『アリーテ姫』を含むオールナイト上映をしてくださったとき、思いがけなくもＳＦ史家の永瀬唯さんが、二〇〇一年の公開時に買ったという『アリーテ姫』のプログラムを持ってきてくださった。

ＳＦということでは、氷川竜介さんがＳＦオンラインに書かれた『アリーテ姫』レビュー原稿への想いが深い。

これは、インターネット上に原稿が残されていて、今も読むことができる。

http://hikawa.cocolog-nifty.com/hyoron/2006/11/post_69b8.html

この文章の上で、氷川さんは『アリーテ姫』のことを「ＳＦ」として認めてくださっている。

「『充分進んだ科学は魔法と見分けがつかない』とはＳＦ作家クラークの発言だ」「片渕監督は、本作品をアニメ化するときに、やはりこの言葉を意識したという」「変身の魔法は遺伝子操作によるもので、水晶球にはプログラムが仕掛けられ、地表に降る星はかつて人が宇宙に暮らしたあかし……だが、おとぎ話のアイテムをＳＦギミックに置き換えたことが重要なのではない。これは『ＳＦ的方法論によるスペキュレイティヴな作品ですよ』というサインなのだ」

こうしたことは、マスコミ試写でこの映画を観て、取材に来られた氷川さんに自分が話したことを、シンクロする部分大なままに受け止めていただいていたのだと思う。

氷川竜介さんからはこんな印象的な言葉もうかがった。

「この映画をもう何か月か前に観られていたら、もっと気が楽でいられたのに！」

押しも押されぬアニメーションの紹介者の重鎮である氷川さんだが、この数か月前までは、一般企業の社員として兼業で執筆活動をされていたとのことだった。身分の保証されたポジションに住まい続けるか、すべてが自らの裁量の上だけに成り立つ世界に飛び出るか。氷川さんとしても相当に考え抜かれた末の決断として、フリーライターへの道を歩まれたのだろうが、『アリーテ姫』はそんなときの心理に「効果」があってしまうようなのだった。

ずっとのちに、大学の先輩でもある横田正夫教授（日本アニメーション学会会長、心理学）からも、『アリーテ姫』は同じような評価をいただくことになる。

横田さんからは「中年の危機」といわれることになった『アリーテ姫』だが、この映画は自分にとって「危機脱出」の手段となってくれたようだった。それにもまして、観客の側にも同じような「効能」を感じてくださった方々があったのだとすれば、これは救いという以外の何ものでもない。

空を飛びわたるものの夏

それこそ『魔女の宅急便』以来の懸案だった『アリーテ姫』が完成して、フィルムの形になりはじめてくると、ずっとずっと頭の中のかなりの部分を占め続けてきたものを片づけるときが来た感じがした。

これからは、それこそアリーテのように「この次には何をしようか」と考えるときだ。

二〇〇一年の中頃になっても、仕事の机はまだ吉祥寺のスタジオ４℃に置き続けていた。

ある日、突然ふたり連れの青年たちがここを訪ねてきた。

プロデューサーの田中栄子さんは、彼らの話を少し聞いて、

「片渕さんをここへ連れてきて」

と、制作のスタッフにいった。どうも、対応するにあたって適任者だと思われたらしい。

訪問者は一柳宏之さんと河野一聡さん。

ふたりはゲームメーカー・ナムコのプロジェクトディレクターとアートディレクター、これから作ろうとしているのは戦闘機のゲームだった。

やってきたナムコのふたりは、

「おもしろそうだったんで、のぞきに行かせてください、と４℃を訪れさせてもらって、おもしろそうだったので仕事もお願いしようかな、とやってきました」

と、フレキシブルな感じも若々しい好青年たちだった。

「僕らが作ろうとしてるのは、戦闘機のゲームなんですが」

ゲームの何面ごとかに、クリアすると画面に現れるムービー・パートについての依頼であるらしい。

といわれても、レーダーとミサイルと超音速で戦う現代的な戦闘機なんてまったく自分のイメージの外のものだし、たいへんそうだし、といいかけると、

「あ、ちょっと待ってください。話の順番が後先になりました。ここ、ビデオ見れますか？」

と、持参したＶＨＳテープを、ここの打ち合わせスペースのビデオデッキに入れた。

「フランスの映画で『ラ・ジュテ』っていうんですけど。短篇で。『12モンキーズ』の元ネタになっ

たやつです」

「『12モンキーズ』の！」

と、田中栄子さんが、ちょっと大きな声を挟んだ。栄子さんはこの頃は『12モンキーズ』に入れあげていて、思わぬ偶然に感嘆したようだった。

「見るとわかるんですが、全部止まっている画でできてます」

一九六二年度作品である『ラ・ジュテ』は、全カット、モノクロのスチール写真をモンタージュして構成されていた。一人称のモノローグらしいナレーションがストーリーを語る。

現実面を考慮したうえで、そのような体裁の映像をゲームに挟み込むのがよいだろうと、そこまでのプランはあらかじめできていたようだった。「全カット止まってる画っていうのは、アニメーションの制作会社さんに持ってくるのは申し訳ないお話なんですが」

「むしろ……」

そのほうがこちらとしても助かるのではないか、と自分と栄子さんは目を合わせた。

だが、彼らは『プライベート・ライアン』みたいなスケール感も捨てがたいし、ともいうのだった。

「『プライベート・ライアン』ですか」

「いえ、まあ」

「『プライベート・ライアン』では描いてなかったけど、『史上最大の作戦』じゃ、上陸作戦中のノルマンディの海岸の上をドイツ軍の戦闘機が飛ぶんですよね。離陸できたのが二機しかいなくって、ものすごい数の上陸部隊の上をたった二機ぽっちで」

プロペラのものでよければ、そうした種類の飛行機に乗っていた人たちのメンタリティとか、具体的なエピソードのいくつかは思い浮かべることができた。

リアルも伝説めいたことも取り混ぜて、ああいうこともある、こういうこともあったと、その場で記憶に任せてかなりいろいろ喋ったらしい。

史上最多の撃墜数を上げたことよりも、自分の編隊列機を一機も失わなかったことのほうを誇りとしたエーリヒ・〝ブービー〟・ハルトマンのことを。

編隊で旋回しつつ、その中でただ一機だけ翼端から飛行機雲を放ったハンス＝ヨアヒム・マルセイユのことを。

そのほか、わずかな失策も許されぬ空を飛んだ人たちのことを。

そうした記憶をひとつにまとめて、一個の人物像として作り上げたなら。

だが、今回のこのゲームをする人は、ゲームの中ではメビウス・ワンというひとつの存在になってゆくのだ、という。

ならば敵だ。メビウス・ワンが戦う敵方に、ものすごい力量の戦闘機パイロットを作る。

「では、そういう方向で」ということになったのだったろうか。最初に話を持ち込まれた日がどんなふうに終ったのか、よく覚えていない。いつの間にかこの仕事をすることになっていた、という感じで覚えてしまっている。

それ以前の日々に『アリーテ姫』を作りつつ考えていたことがあった。『アリーテ姫』とはあきらめない少女の物語である。彼女は何をあきらめないかって？　自分自身のことを、だ。

現実にあまた存在する人生の中には、そうした自己実現への可能性を口にすることも許されなかったようなものも多くあってしまう。自己実現が成し遂げられる側の河の岸辺にいる人は、それだけで幸運である。その対岸にはどんな不遇さが存在していてしまうのだろうか。さまざまな虐待、あるいは、例えば戦争。

もっとのちになって、茨木のり子「わたしが一番きれいだったとき」という詩を読むことになる。詩の中の「わたし」は、彼女の人生でただ一度しかない時期を戦争の只中で迎えてしまう。彼女が一番きれいだったとき、街はがらがら崩れ、人々はたくさん死に、彼女はおしゃれするきっかけを失い、男たちは彼女への贈り物のかわりに挙手の礼ときれいな眼差しだけをくれて、どこかへ発っていってしまった。

しかし、この頃の自分の頭の中にあったのは、アゴタ・クリストフの『悪童日記』だった。この小説は、『アリーテ姫』の長い長い準備期間のあいだに、そのさらにあとで作るものをイメージしようとする中で読んでいた。戦禍の下で、奇妙な悪虐さをもってしか少年期を生きられなかったハンガリー人の双子の話だ。

「黄色の13」の正体

ナムコの河野さんたちからもらった仕事を形にしてゆく作業は、まず、平凡な生活を送る少年を描き、その暮らしを破壊することから始まった。何の悪意もなく、呆気なくそれは破壊されてしまう。というようなことを、雨だれ式のタイプで、ワープロに打ち込んでゆく。

少年の恨みを買うのは、かつて存在した撃墜王の集成ともいうべきひとりの人物。ここでは、映画『撃墜王　アフリカの星』のモデルともなったハンス・ヨアヒム・マルセイユの機体コード「黄色の14」に倣って、より不吉な「黄色の13」を彼の機体に描くことにする。

撃墜王である彼にも少年にも名前はつけない。アゴタ・クリストフ『悪童日記』の簡潔きわまる文章は「白い文体」とまで呼ばれていた。ぎりぎりまで具象を削ぎ落とし、しかし抽象には踏み込まず、現実の側に留まったように見せて描写する。アゴタ・クリストフはスイスのフランス語圏に亡命したハンガリー人だったので、生得の母国語ではないフランス語を使ってこの小説を書いている。だが、それ以上に、固有名詞を極限まで排除していることこそ、この文体の「白さ」なのだと思った。それに倣う。

いったんつづり始めると速い。

いくつかの章にわかれた映像のひとつひとつが超短篇だということもあるのだが、白くて速い。国の名前はゲーム自体の設定で決まっているのだが、それ以外は徹底的に無名化してゆく。ゲーム・プレイヤーは「メビウス・ワン」というTACネームを与えられることになるのだが、「黄色の13」をつけた機体に乗る者は、個人としてもあくまで「黄色の13」だ。必定、彼の部下は「黄色の4」になる。

少年がかすかな恋心を寄せる少女も、ただの「酒場の少女」だ。しかし、彼女には魂を与える。たましい。「黄色の13」に魂はあるのだろうか。わからない。しかし、「少年」が心寄せることになる成分を彼に帯びさせなければならない。『アリーテ姫』の劇伴音楽にギターを取り入れたときに、心地よさを感じた。爪弾いている人の存在を感じた。「黄色の13」にはギターを弾いてもらおう。彼の人間性が現れるのはそれだけでいい。

のちに映像が完成して、それに音楽を被せる段になって、「ギターの弦が指で鳴るキュッ、キュッ！　という音は、かならず残しておいてください」と指定したのだが、気を利かせた音響スタッフがノイズとして抜いてきてしまった。お願いして、その指のすべりの音を全部蘇らせてもらった。この弦を鳴らす指だけが、「黄色の13」の正体なのだから。

いったい何章分の映像を作ればよいのか。ゲーム自体の構成ができあがりきっていないこの状態ではそれも未知なままになっている。

最初の最初から始まって、最後の終りにいたる筋道は、河野さん、一柳さんと打ち合わせた翌週の月曜日から書き始めて水曜日にはもうできていた。大まかな段取りが、ではなく、個々のブロックのシナリオが。

これをナムコに送り、ゲーム全体とすり合わせてもらう。

第何面の次にこれ、第何面と何面のあいだにこれ。

横浜のナムコのビルまで赴いて、打ち合わせをする。サイドストーリーの各章の意味合いがはっきりしてくると、もう少し作り足したほうがよい部分も生まれてきた。あるいは、ゲーム本篇とサイドストーリーのあいだでクロスオーバーできる余地まで見えてくる。

「こういうことって、システム上できますか?」

などと投げてみる。

「いや、それは」
と彼らの顔が青く、硬くなるのがわかる。だが、できないかもしれないけれど、できるぎりぎりまでは挑んでみます、と返答された。やってみる価値はある、と思ってもらえたのが嬉しい。共同作業は楽しい。

ところで、大手の作るゲームの仕事というのは、国内市場だけを最初から相手にしていない。こちらは日本語で台詞を書いたりしているのだが、海外マーケット向けの基本として英語版を作らなければならない。いっそ、『エースコンバット04』の幕間映像は最初から全部英語で作ってしまえ、と思っていた。

自分の脚本はもちろん日本語で書いてあるのだが、これをナムコのほうで発注してもらって英語訳してもらい、できあがったものを最終版の台本として、英語のネイティブ・スピーカーである役者に演じてもらおうというのである。

表現としてきわめて重要な要素である「台詞」に関して、自分の書いたものが残らずすべて一度他人の手を通過したものに置き換わってしまう。これには神経を使わなければならなかった。翻訳をチェックさせてほしいと要望を出してOKしてもらうことはできたが、とはいえ生成物が英語なのだから、自分にチェックしきれるのだろうか。

上がってきた英語訳を見て、なるほどこうなってしまうのはある種の必然なのだなあ、と思った。そもそもシューティング・ゲームは高揚感と快感を得るところに傾斜したものなのだから、ストイックな切実さなどとはそもそも縁遠いところにある。自動的に、ゲームとしてこうあるべきだ、という華々しい英語になって上がってきていた。

これを自分の手で直す、ということはできないから、適切な言葉で翻訳者の方にこちらの方針を伝えなくてはならない。

小洒落た巧みな言い回しも何もかも忘れてもらって、関係代名詞節みたいなものも全部取っ払って、ぶつぶつした短文の羅列である「白い文体」にしてもらわなければならない。

そういうことを、ナムコのメインスタッフを通じてアメリカにいる翻訳者の方に戻してもらうことを繰り返す。自分の言葉よりも、河野さんたちの説得力があったのに違いなく、ある時点から急にこちらが望むものになった。

この幕間についても、録音の演出も自分ですることができた。演者はただひとり、台詞でありナレーションであるものを発する男性がただひとりいるだけ。日本在住のアメリカ人声優の音声サンプルを何人分かもらって、その中から演じてもらう人を決めた。

録音は、ナムコ社内の録音ブースを使った。

マイク前でテストしてもらうと、何かが違う。そんなに朗々としてもらっては困るのだった。

少し考えた。考えた末に、マイク前に机と椅子を出して、役者には座ってもらうことにした。通常やっているマイク前に立って演じる体の姿勢を捨ててもらったのである。

椅子に腰かけ、机の上の台本を見下ろすために彼が背中を丸めたとき、望むべき「切実な」ニュアンスが声の上に生まれた。

笑わず、背を丸める

完成した『アリーテ姫』の上映をいかにして確保してゆくかというプロデューサー・サイドの営業の戦いの中で、試写を見てもらった小屋主さんから、

「あの主人公がまるで笑わないことについて、もっと真剣に考え直すべきだ」

というようなことをいわれた局面もあってしまったらしい。

実際には『アリーテ姫』は制作の中期頃までは片方で『ちびまる子ちゃん』をやりつつ並行して作っていたわけで、そのひとつ前の時期には『ちびまる子ちゃん』と『あずきちゃん』を並べて仕事していたこともあり、「観客をいかにくすぐって笑いを得るか」という仕事上のテーマは自分の上ではちゃんと掲げっぱなしのものだった。

けれど、くすっと思わず笑ってしまうというわずかなゆとりすら忍び込む余地も見いだせない沈んだ心の谷間も存在してしまうわけで、『アリーテ姫』の上での表現とは、そうした谷間に落ち込んでしまった人に、より切実に寄りそおうとした結果なのだった。自分の属する世の中はその上に住まう人々全員を乗せたまま、鬱勃とした谷間に向けて沈下しているものであるようにも思えていた。だか

らこそ『アリーテ姫』というこの作品は「必要」なものだと繰り返して思い直してもいた。

『エースコンバット04』に自分が携わった部分について述べれば、その立ち位置は『アリーテ姫』の場合とは少し違うのかもしれないが、「はしゃがない」ということでは共通している。

なんとなれば、自分たちがサイドストーリー的に付け加えている映像は、ゲーム全体から見れば、いわゆるラスボスに徹底して感情移入させるためのものなのであり、「それを倒す」ことをゲームをする人に強いるものなのであるのだから。最終局面では、発射ボタンを押すことに快感が伴われず、ある種の切実さをもってそれに代えるということになってしまうのかもしれない。その先に待っているものがあるとしたら、いったいなんなのだろう。

まったく笑わない主人公を筋として創りとおすということでは、この幕間映像は『アリーテ姫』と通底していた。

このゲームが完成してしばらくしてから、アメリカの人から、

「クールなストーリーだった」

といわれた、という話を伝え聞き、主人公が笑顔なんか見せなくとも結局通じるところはあるのだ、という思いが脳裏をよぎったりした。

何より、この頃には、自分自身が「切実さ」を必要とする谷間の住人のひとりだったのだから、自分が望むものは知っていた。

『アリーテ姫』の劇場での観客動員は散々だった。

『エースコンバット5』の場合

もう一度『エースコンバット』にはお世話になる。

その頃は、次回作の企画が何も動かず膠着状態に入ってしまった4℃を引き上げて、自宅で仕事をしていた時期だった。そこへ、ナムコから電話をもらった。また『エースコンバット04』のときのような幕間映像をひっそり作るのだったら楽しいな、などと思いつつ電話に出てみると、少し勝手が変わっているようだった。

今度の幕間映像は3DCGで作る。その演出も映像制作もナムコ社内でやりたい。片渕さんにお願いしたいのは——

それは、ゲーム全体のシナリオの作成だった。ストーリーの根本を組むところからそれは始まるのだが、ゲームの中でのストーリーの進行はほぼ台詞で表現されることになる。必要に応じて、ムービーで展開するパートも作れることは作れる。だが、全長何時間になるのかわからない、その膨大な時間で展開される物語をつむぎだすのは、台詞表現に相当部分を担わせることになる。

新しいゲーム『エースコンバット5』では、ゲームをプレイする人はゲーム中に登場する戦闘機の一パイロットとなる。彼には編隊僚機がいて、絶えず無線で話しかけてくる。あるいは、僚機同士が会話したり、基地だとかほかの編隊と話し合う声が無線の声として聞こえてくる。その流れの中で物語を形作ってゆく。そういうことなのだった。

要領がわからない。ゲームがどう作られるのかわからないのに、こちらの勝手でストーリーを書き進めてゆくわけにもいかない。

横浜のナムコへ、初段のすり合わせに出かけることにした。考証面で力になってくれるだろう、友人の艦船研究家・大塚好古氏にも同行してもらうことにした。

海を見下ろして眺望のよいナムコの会議室で話を聞く。敵がいて味方がいて、その中間に主人公たちがいる。

「島？」

頭に浮かんだことをそのまま口に出してみる。ハワイと日本の真ん中に浮かぶミッドウェー島が思い浮かんだので、ミッドウェー環礁の中の島の名前を取って、「サンド島」ということにしてみる。最初の打ち合わせの会議室のその場でふと口にしてしまったことが、そのまま固定化されてゆく。

最初は戦争は起こっておらず、たまたま取材に来ていたカメラマンがこの島の周辺で起こる戦争の勃発を目にしてしまう。機密保持のため、そのまま島に幽閉され、搭乗員たちの仲間内にはいってゆく、というあたりはナムコ側から出てきた粗筋だったと思う。その先も大まかにイメージされているものがすでに存在していることだけはうかがった。

構成というか、起こすべき出来事の大まかな配置を決めなければならない。何面になるゲームなのか、この時点ではまだ定まっていない。それぞれの面で行なわれるゲームには、様々なバリエーションがつくはずなのだけれど、その配置も、どうバリエーションを作るのかもまだふわふわしている。

家に帰り、とりあえずの構成表をエクセルで作り、今回はディレクターに回ったナムコの河野さんにメールで送る。

それは、このあと何度も何度も改訂を繰り返される構成表の一番最初のものであった。河野さんへのメールは最終的には、こちらから送ったものだけで六百八十五通に及ぶことになる。


繰り返しになるが、『エースコンバット5』のゲームとしてのミソは、ロールプレイングゲーム的に道連れとなってくれる編隊僚機が存在していることだ。そのキャラクターを作らなければならない。これに対して、河野さんたちから指定を受けたのはひとつだけ。このゲームのシリーズに共通して必ず出てくる「ケイ・ナガセ」という名の女性パイロットを配置してほしい、ということだけだった。

主人公であるゲームのプレイヤーは、導入部では何も知っていないほうがよい、というのが河野さんのポリシーだ。ゲームする人自身が知らないことを、その分身であるゲーム内の主人公が知っているようでは興を削ぐ。これは正しいと思う。

だとすれば、主人公たちは辺境の訓練空域に置かれた練習生だ。

構成表の確定を待たず、書けるところから書いてゆく。冒頭、取材に訪れたカメラマンを後席に乗せたままいきなり始まる空中戦。前席で操縦桿を握るのは超ベテランの編隊長。酸いも甘いもかみ分けていってほしいし、かといって中央を大きく離れた島で、ひな鳥たちの面倒を見ているわけなので、はっきりいって出世コースから外れた人物だ。彼のことは「万年大尉」と置く。

若侍を束ねたベテランの武士ということでは、黒澤明の『椿三十郎』みたいな感じがするので、この万年大尉には、自分の頭の中では三船敏郎演ずる三十郎の口調で喋ってもらうことにする。ついでに、『椿三十郎』の若侍の中でひとりクセのあった青大将・田中邦衛も作りたい。ただし、こいつは頭の中で田中邦衛的に喋ってもらっては困る。もうちょっとB級なアメリカ映画の翻訳っぽい感じに喋らせることにする。

紅一点のナガセは、相当に腕の立つ戦闘機乗りになっていってくれなくてはおもしろくない。『エースコンバット04』の「黄色の4」の若い頃みたいな感じであり、感性的な「考えるより感じろ」タイプ。つまり、口数が少ないのだろう。

そんな感じで口調からキャラクターを作ってゆく。彼らと自分とはこの先に密度感たっぷりの関係になってゆく。

そしてここへ至る道のり

『エースコンバット5』の脚本の仕事が、完全に自宅での作業となったのは、いくつか考えた『アリーテ姫』の次回作企画が軒並み座礁してしまっていたからだった。実は結構な数の企画を出していたのだが、どうしたことかその全部がうまく実らなかった。

ものづくりするものの道にはいろいろあるのだが、自分はどちらかといえば寡作なのだから、これから作るものもこれまでと同じひと色の中なのだろうと見られてしまいがちなところがあった。次に作るものは明らかに『アリーテ姫』とは違った色合いを目指したいと思っていたし、ここで描く『エースコンバット5』ではことさらに『アリーテ姫』とも『エースコンバット04』とも違う道を辿ってみたかったし、そうするべきだと思っていた。

こちらで構成表を書いては、メールでナムコの取りまとめ役である河野さんに送り、それに対してナムコのスタッフたちの意見が投げ込まれたものが送り返されてくる。それを眺めながら、それならばああいうことができるな、こういうこともできるな、と脳裏に膨らます。膨らませては文字に打ち、また河野さんに送る。

ナムコのほうからも、こんな要素を盛り込んでほしいというものがやってくる。そういうものを取り入れようとするうちに、ナガセ・ケイは、失われた彼女の子ども時代を取り戻そうと、失くしてしまった本を思い出しては、そこに書かれていたはずの物語を書き綴る人になってゆく。

行方不明になった万年大尉を救出するという段では、彼を乗せて地上を走る車がゲーム内に登場するゲーム面にしたいといわれ、といいつつ、無線から聞こえてくるセリフ運びだけで物語らなくてはならないので、ここぞとばかりちょっと謎の女〝少佐〟を司じ車に乗せて、ちょっと妖艶にしゃべる声を聴かせてみたりする。

登場人物はどんどんと増え、そのたびごとに自分の中に住む人物のバリエーションをまたひとつ増やせた気分を得てゆく。それは自分にとってはかけがいのないことなのだ。

ときに内容だけでなく、なぜ自分がストーリーのその時点でそんな展開をとったかを説明するものも書いて送る。それは両者で別々に進んでいる作業を摺り合わせるために必要なことだったので、それだけでも相当な回数のメールになったはずだ。

その多くは、午前三時、四時に送られていた。こちらは早寝してしまって、夜中を過ぎて起きだしては、夢を見るうちに整理された記憶を使って、何ごとかを書く。それを送ると、ナムコの側ではちょうど夜中まで続いていた作業に一段落ついた時間帯にあたる。くたびれきって家に帰ろうとしている人をつかまえて論争を仕掛けたりするのだから、自分の厚顔にはまったく恐れ入る。けれど、河野さんには辛抱強く相手してもらうことができた。ありがたい。

関係する国境線の地理的な位置関係を確認しなければならなくなったときなど、即席にアスキーアート的な地図をメール上に直接描いて、送りつけたりもした。

河野さんは、これら一連のメールのやり取りを全部データ化して今でも持っておられるという。前回にも書いたが、こちらからのメールは六百八十五通、河野さんからのメールを合わせれば、合計千三百通、データ量にして11ギガバイトを超えてるという。それは少なくともこのふたりのあいだでは、かけがえのない豊かな時間として記憶されたものになっている。

『アリーテ姫』の次回作が定まらなくともへこたれずにすんだのは、こんなふうだった『エースコンバット5』の共同作業を経験できたことが大きい。

『エースコンバット5』は二〇〇四年秋に完成して発売となる。この年の夏には、マッドハウスのプロデューサーの丸山正雄さんに「何か仕事はないでしょうか?」と相談している。

丸山さんは、いつでも三つくらいは仕事の候補を並べてくれる人だ。

このときは二、三の原作本を与えられ、さらにその後にいくつか追加になった。中には、絵本をもとに短篇アニメーションを作る、というものまであった。この時期に丸山さんのほうから示された企画の中に『BLACK　LAGOON』や『マイマイ新子』があった。

「こっちとしての本命は別にあったのに、まさか片渕君が『BLACK　LAGOON』を選ぶとは思わなかった」

と、あとでいわれた。あまりにもこれまで見せていたカラーと違いすぎるので、「いっそ今回はペンネームを使ってもらったほうがよいのじゃないか」という議論まで丸山さんたちのあいだであったという。だが、『エースコンバット5』の〝アナスタシア少佐〟から、『BLACK　LAGOON』のバラライカ大尉までの距離感は、こちらにしてみれば案外小さいのだった。

『BLACK　LAGOON』では最初は、エピソードごとに監督を立てて好き放題やらせる、片渕君はシナリオのとりまとめだけやってほしい、といわれていたのだが、結局、全部自分でやることになった。

二〇〇四年の十一月だったと思うのだが、『BLACK　LAGOON』の原作者・広江礼威さんと小学館近くの中国料理屋で初めての顔合わせをもった。このとき、

「『エースコンバット04』のインサイドストーリーの脚本をやった者です」

と、自己紹介したら、どんな奴に自分のマンガをイジられてしまうのだろうかと警戒していた広江さんの疑念が払拭されたらしく、

「あ。じゃあ、お任せして大丈夫です」

と、なった。広江さんはこのゲームをすでに経験していたのだった。実は、この時点で潜水艦の話まではもうこっそりと絵コンテにしてしまっていたので、ここで駄目だといわれたら相当困っていた

はずだったのだが、『エースコンバット』をやっていて本当によかったと思う。『ＢＬＡＣＫ　ＬＡＧＯＯＮ』は久々のテレビシリーズとなったが、時間とスタッフをかなり与えてもらったので、まっとうすることができた。放映自体をあいだで三か月停めてもらって、後半戦の時間を稼いでもらったりもした。なので、第一期、第二期といわれているものは、自分たちにとっては本来ひとつながりのものなのだった。そうして時間を作ってもらっても、それでも最後の最後はもうくたびれきってヘロヘロになっていたのだが、けれど、その時点ではもう、次回作『マイマイ新子』のおおまかなプランができていた。

二〇〇六年十二月に『ＢＬＡＣＫ　ＬＡＧＯＯＮ』の最後のエピソードは完成し、編集スタジオで完成したその場から各地の放送局へビデオテープが発送（実はスタッフが自分たちで、あるいは飛行機に乗り、あるいは新幹線を使ってハンドキャリーした）されるのを見送った。

数日だけ休んで、翌二〇〇七年一月から、のちに『マイマイ新子と千年の魔法』と名づけられる仕事に本格的に着手する。『マイマイ新子と千年の魔法』は二〇〇八年十二月にいったん完成し、翌年夏にエンディングの曲と映像を追加し、完成する。

『ＢＬＡＣＫ　ＬＡＧＯＯＮ』二十四本には少しばかりやり残した感じがあったので、こちらから提案して、ＯＶＡとしてもう数本作り足させてもらった。このための広江さんとの連絡や、プランニングは『マイマイ新子と千年の魔法』と並行して行なっていた。このＯＶＡの仕事は二〇一一年六月に終った。もちろん、ＯＶＡ『ＢＬＡＣＫ　ＬＡＧＯＯＮ』と並行して、次の何かは仕掛け始めている。それが『この世界の片隅に』だった。

そして、今に至る。

物語は終らない。

あとがき——まだまだ終らない

WEBアニメスタイルに『β運動の岸辺で』と題して連載したものに手を加えて、本の形にしてもらった。

連載の開始時点では、「人の目は、なぜ、一枚一枚は止まった絵の集合体であるアニメーションを動いたものとして捉えるのか」ということに対して、自分なりに再勉強しながら、その過程を書いていったりするのもよいか、と思っていた。それで、このような題名をつけていた。「β運動」とは、知覚心理学で語られる「仮現運動」の一種であり、映像はこの現象によって動いたものとして知覚されるのだと、映画学科の学生だったことに習っていた。

とはいえ、仕事をしながら毎週毎週の連載をこなす中では、そんな再勉強をこなすゆとりなどまったく見つけられず、結果的に自分自身がこれまでに歩んだ道のりを書くことになってしまった。

そうしたこともあって、今回の単行本化にあたっては、思い切って改題することにした。

「終らない物語」という新しい題名をつけながら、自分にとっての初監督作品である『名犬ラッシー』の同じ題名の主題歌のことを思い出していた。この楽曲のことは、最初にデモテープで聴いたときに心に響くものがあったのをよく覚えている。なんて適切に、こちらの作品意図を汲み取ってもらえているのだろう、と。だが、残念なことに、『名犬ラッシー』は、当初の制作予定本数が途中で短縮されて終ってしまった。「終らない物語」のはずなのに、道半ばで終ってしまった。

振り返ってみれば、アニメーションを職業として最初に手がけた『名探偵ホームズ』も、その次についた『NEMO』も、さらにその後の作品たちのいくつかも、完成まで全うできないうちに自分たちの手から離れてしまっている。抱いた想いが、理不尽にも行き場を失ってしまったという経験の数々。

だが、そうした道のりの末、ついに『アリーテ姫』という一本の映画を得た。さらにその先にも道は続いていて、その後の作品の数々を作り出しながら、今に至っている。そして、まだ歩き続けているのだから、やはりこれは「終らない物語」だったのだ、と思いたい。

ゲラを読み直していて、たくさんの人の名を文中に書き記していたことに、あらためて気づかされた。教え示してくださった先輩方、道連れになってくれた同僚たち、そうした名前の数々。もう会えないところに行ってしまわれた名前もある。

ひとりでは歩き続けられない道を、ここまで歩ませてくださったたくさんの方々に、敬意と感謝をささげたい。

二〇一九年七月　　片渕須直

初出——「ＷＥＢアニメスタイル」（http://animestyle.jp/）にて、
「β運動の岸辺で」として二〇〇九年九月七日～二〇一二年八月十三日に連載

片渕須直・作品リスト

1981～1984

『名探偵ホームズ』（1981～1982）

第3話「青い紅玉《ルビー》」脚本・演出助手
（『風の谷のナウシカ』の併映作品として1984年3月に公開）

第8話「海底の財宝」脚本・演出助手
（『風の谷のナウシカ』の併映作品として1984年3月に公開）

第2話「ソベリン金貨の行方」演出助手
（「ねらわれた巨大貯金箱」として1984年1月22日放送）

第5話「ミセス・ハドソン人質事件」脚本・演出助手（1984年11月27日放送）

第6話「ドーバーの白い崖」脚本・演出助手（「ドーバー海峡の大空中戦！」として1985年1月15日放送）

映画『LITTLE　NEMO（高畑勲監督版）』演出助手（1982）

『リトルズ』

第1話「Beware of Hunter!」演出助手
（1983年9月10日アメリカ放送）

第2話「Lost City of the Littles」演出助手（1983年9月17日アメリカ放送）

映画『LITTLE　NEMO（近藤喜文・友永和秀共同監督版）』演出補佐
（1983～1984）

『MIGHTY　ORBOTS』

第8話「The Phoenix Factor」演出
（1984年10月27日アメリカ放送）

1985

『おねがい！サミアどん』

第12話B「僕の飛行機だドーン」絵コンテ・演出（7月2日放送）

第16話A「サミアどんの誕生日だドーン」絵コンテ・演出（7月23日放送）

『The Adventures of the Galaxy Rangers』
絵コンテ・演出

『Jayce and the Wheeled Warriors』絵コンテ

映画『LITTLE　NEMO（大塚康生監督版）』共同監督

1986

『プリンキンズ』第1話　絵コンテ・演出

『愛少女ポリアンナ物語』
第29話「さよなら！ベルディングスビル」絵コンテ（7月20日放送）
第33話「チップマックはどこ？」絵コンテ（8月24日放送）

『ワンダービートS』演出チーフ
第21話「嵐を呼ぶ新入隊員」（10月29日放送）
第22話「謎の移動実験基地」（11月5日放送）
第23話「ビジュラ姫地上へ」（11月12日放送）
第24話「解明されるか？生命元素の謎!!」（11月19日放送）
第25話「海底基地の対決」絵コンテ
第26話「永遠に輝け！宇宙の彼方に!!」（11月19日放送）
＊出崎哲監督降板の後を受けた吉川惣司監督降板により、演出チーフの有原誠治氏が監督になり、空席となった演出チーフとして16〜26話にクレジットされているが、実際は第21話以降で参加。

1987

『Beverly Hills Teens』演出

OVA『のたり松太郎』（1990年11月22日発売）
第1話「松太郎上京！」絵コンテ・演出
第2話「風雲雷神部屋！」演出
第3話「相撲教習所」絵コンテ
第5話「初土俵！」絵コンテ
第6話「失恋！」絵コンテ

1989

映画『魔女の宅急便』演出補佐（7月29日公開）

『The Karate Kid』演出

1990

『私のあしながおじさん』
第6話「嘘つきは嫌いですか？」絵コンテ（関戸始名義）（2月25日放送）
第11話「おもいがけない人の名」絵コンテ（関戸始名義）（4月15日放送）
第15話「ホットドッグと壁の花」絵コンテ（関戸始名義）（5月27日放送）
第19話「友よ、ともに歌わん」絵コンテ（関戸始名義）（6月24日放送）
第21話「美しさとかなしみと」絵コンテ（関戸始名義）（7月8日放送）

1991

『うしろの正面だあれ』画面構成（3月9日公開）

『トラップ一家物語』
第4話「26人目の家庭教師」絵コンテ（関戸始名義）（2月3日放送）

『チエちゃん奮戦記　じゃりン子チエ』
第2話「顔が悪いッ！」絵コンテ（10月26日放送）
第6話「マサルの宿替い」絵コンテ（11

月30日放送）

1992

『チエちゃん奮戦記　じゃりン子チエ』
第13話「地獄のバースディ」絵コンテ（2月18日放送）
第14話「周旋屋シャッター事件」絵コンテ（2月25日放送）
第16話「かたぎ屋厄除け騒動」絵コンテ（4月21日放送）
第19話「黒シャツ騒動お忘れ会」絵コンテ（5月12日放送）
第23話「ガマンにガマンのテツ」絵コンテ
第24話「ヤーさんが消えた、また消えた」絵コンテ（6月16日放送）
第26話「気になるお化け屋敷」絵コンテ・演出（6月30日放送）
第27話「生き残りお化け合戦」絵コンテ（7月7日放送）
第28話「借金取りのソロバン」絵コンテ
第29話「転職!?レイモンド飛田余話」絵コンテ・演出
第34話「マサル男の生還」絵コンテ・演出（9月8日放送）
第37話「季節はずれの花火」絵コンテ・演出（9月29日放送）
第39話「アントニオが盗まれた」絵コンテ（10月13日放送）

『燃えろ!トップストライカー』
第29話「鉄壁のゴールを打ち破れ!」絵コンテ（5月14日放送）
第35話「大激戦!ヨーロッパ大会」（6月25日放送）絵コンテ

『快傑ゾロ』
第26話「嘘つき少女ペピータ」絵コンテ・演出（日本での放送は1996年10月11日）
第31話「南インド貿易の悪だくみ」監修（日本での放送は1996年12月6日）
第51話「レイモン・崩壊への序曲」絵コンテ・演出（日本での放送は1997年3月21日）

1993

『若草物語　ナンとジョー先生』
第5話「小さなバイオリン弾き」絵コンテ（2月14日放送）
第8話「はじめてのパンプキンパイ」絵コンテ（3月7日放送）
第12話「プラムフィールドの嵐」絵コンテ（4月25日放送）
第15話「バタカップ大騒動」絵コンテ（5月23日放送）
第18話「ママがやって来た」絵コンテ（6月13日放送）
第20話「大きくなったら何になる?」絵コンテ（6月27日放送）
第22話「ページさんからの手紙」絵コンテ（8月1日放送）
第26話「泥棒は僕じゃない!」絵コンテ（8月29日放送）
第29話「男の子には負けない!」絵コンテ（9月19日放送）
第31話「素敵な5ドルの使い方」絵コンテ（10月17日放送）
第34話「雪の日の使者」絵コンテ（11月7日放送）
第36話「ダンの荒馬ならし」絵コンテ（11月21日放送）

『クレヨンしんちゃん』
SPECIAL5（第263話）

「冬の国の冒険だゾ」絵コンテ（12月20日放送）

1994

『七つの海のティコ』
第2話「カリブの海賊は子供をねらう!?」絵コンテ（1月30日放送）
第14話「豪快！シチリア島のアル婆ちゃん」絵コンテ（5月15日放送）
第15話「素晴らしき団結！空に舞うナナミ」絵コンテ（5月22日放送）
第21話「光る氷山！北極海のオーロラ伝説」絵コンテ（7月3日放送）
第27話「霧の怪談！セントエルモの幽霊船」絵コンテ（9月4日放送）
第32話「シーラカンスの海へ　光る怪物の謎」絵コンテ（10月30日放送）
第33話「スコット応答せず!!悪魔の棲む海」絵コンテ（11月6日放送）
第36話「ヒカリクジラが危ない　悪魔の襲撃！」絵コンテ（11月27日放送）

1995

映画『MEMORIES／大砲の街』技術設計（12月23日公開）
『あずきちゃん』
第17話「女の意地!?決闘タコ公園」絵コンテ・演出（7月25日放送）
第27話「ガーン！勇之助くんなんか大きらーい」絵コンテ・演出（10月3日放送）
第33話「初公開♥かおるちゃんの恋物語」絵コンテ（11月14日放送）
第35話「ナイショ！赤ちゃんはどこからくるの」絵コンテ・演出（11月28日放送）
『ちびまる子ちゃん』（第2期）
第36話「まる子の長電話にみんな迷惑する」の巻　絵コンテ・演出（9月10日放送）
第42話「まる子　ドラマのロケを見に行く」の巻　絵コンテ・演出（10月22日放送）
第48話「青春って何だろう」の巻　絵コンテ・演出（12月3日放送）

1996

『ちびまる子ちゃん』
第55話「まる子　カブトムシの幼虫を飼う」の巻　絵コンテ（1月21日放送）
『名犬ラッシー』監督
第1話「ひとりじゃない」絵コンテ・演出（1月14日放送）
第2話「大さわぎの留守番」絵コンテ・演出（1月21日放送）
第3話「さよならラッシー」絵コンテ・演出（1月28日放送）
第4話「父さんの給料日」絵コンテ（青山弘と共同）・演出（2月4日放送）
第5話「ごちそう求めて6マイル」演出（2月11日放送）
第6話「嵐の中をかけぬけろ」演出（2月18日放送）
第7話「マフラー泥棒を捕まえろ」絵コンテ・演出（2月25日放送）
第8話「ラッシーなんか大嫌い」絵コンテ・演出（藤本次朗と共同）（3月3日放送）
第9話「空から来たおてんばお嬢様」絵コンテ・演出（藤本次朗と共同）（3月10日放送）
第10話「はじめてのケーキ作り」演出

（藤本次朗と共同）（3月17日放送）
第11話「プリシラ・最後のわがまま」
第12話「火事をおこしたのは誰だ」演出（4月28日放送）
第13話「サンディは牛どろぼう?」絵コンテ（5月5日放送）
第14話「怪しい大男を追跡しろ!」（5月12日放送）
第15話「アイアンの無実をはらせ!」（5月19日放送）
第16話「急げ!ホッパー先生を助けろ」（6月2日放送）
第17話「カリー先生の結婚」（6月9日放送）
第18話「大騒動!サーカスの象が逃げた」（6月16日放送）
第19話「コリンの初恋とたからもの」（6月23日放送）
第20話「大変だ!母さんが倒れた」（6月30日放送）
第21話「おばあちゃんに会いたい」絵コンテ（7月7日放送）
第22話「ジョンの決意・鉱山を救え!」（7月28日放送）
第23話「頑張れジョン・ラッシーを守れ!」絵コンテ（8月4日放送）
第24話「消息不明・ラッシーを探せ!」絵コンテ（8月11日放送）
第25話「お帰りラッシー」演出（8月18日放送）
第26話「夢に向かって走れ!」絵コンテ・演出（未放送）

『あずきちゃん』
第72話「どっちを選ぶ?モギ店とモギテスト」絵コンテ・演出（12月3日放送）

『ちびまる子ちゃん』
第98話「まる子 いしやきいもを買う」の巻 絵コンテ・演出（12月8日放送）

1997

『ちびまる子ちゃん』
第102話「まる子初もうでに行く」の巻 絵コンテ・演出（1月5日放送）
第108話「マラソン大会の練習」の巻 絵コンテ・演出（2月16日放送）
第114話「いちご狩りに行こう」の巻 絵コンテ・演出（3月30日放送）
第119「こいのぼりを作ろう」の巻 絵コンテ・演出（5月4日放送）
第124話「みぎわさん、ダイエットをする」の巻 絵コンテ・演出（6月8日放送）
第129話「停電の夜」の巻 絵コンテ・演出（7月13日放送）
第135話「野口さんの家に行く」の巻 絵コンテ・演出（8月24日放送）
第139話「交通指導」の巻 絵コンテ・演出（9月21日放送）
第144話「カメラマンになりたい」の巻 絵コンテ・演出（10月26日放送）
第149話「山下選手のサイン会に行く」の巻 絵コンテ・演出（11月30日放送）

『あずきちゃん』
第79話「さくら満開!ドッキリお花見大会」（4月1日放送）
第81話「気をつけて!ねらわれた勇之助くん」絵コンテ・演出（4月15日放送）
第84話「風と友だち!母の日のプレゼント」（5月6日放送）
第85話「いつも迷子!テレビ局大ツアー」絵コンテ・演出（5月13日放送）

第89話「再会！お父さんの恋人」（6月17日放送）
第92話「大スクープ！ヨーコちゃんの学級新聞」絵コンテ・演出（9月9日放送）
第101話「大ピンチ！赤ちゃんネットワーク」絵コンテ・演出（11月11日放送）
第103話「本命登場?満塁軒のピンチヒッター」絵コンテ（12月2日放送）
第106話「どうなるの?かおるちゃんのクリスマス」絵コンテ・演出（12月23日放送）

1998

『この星の上に』監督（2月完成）

『ちびまる子ちゃん』
第154話「家族でのんきなお正月」の巻　絵コンテ・演出（1月4日放送）
第159話「コートの思い出」の巻　絵コンテ・演出（2月8日放送）
第164話「川田さんのくらし」の巻　絵コンテ・演出（3月15日放送）
第169話「小杉君の食欲」の巻　絵コンテ・演出（4月19日放送）
第179話「今日は夏至」の巻　絵コンテ・演出（6月28日放送）
SPECIAL「なんかいいことをしよう」の巻　絵コンテ・演出（7月19日放送）
第183話「いつもとちがうメンバー」の巻　絵コンテ（8月2日放送）
第189話「町内の秋祭り」の巻　絵コンテ・演出（9月13日放送）
第194話「小杉　みんなによけいな心配をかける」の巻（10月18日放送）絵コンテ・演出
第199話「まる子　おりヅルに感動する」の巻　絵コンテ・演出（11月22日放送）
第204話「今年の反省」の巻　絵コンテ・演出（12月27日放送）

『あずきちゃん』
第108話「つかまえて?乙女心のシャッターチャンス」絵コンテ（1月13日放送）
第112話「ガーン！バレンタインデー禁止令」絵コンテ・演出（2月10日放送）

『Bビーダマン爆外伝』
第6話「撃て！ブルースナイパー」絵コンテ（3月21日放送）

『カードキャプターさくら』
第3話「さくらのドキドキ初デート」絵コンテ・演出（4月21日放送）
第8話「さくらのライバル、登場！」絵コンテ・演出（6月2日放送）
第15話「さくらとケロの大げんか」絵コンテ（7月21日放送）

1999

『ちびまる子ちゃん』
第206話「おかあさん　カゼで寝込む」の巻　絵コンテ（1月10日放送）
第209話「カゼの予防をしよう」の巻　絵コンテ・演出（1月31日放送）
第215話「まる子　春休みの計画をたてる」の巻　絵コンテ・演出（3月14日放送）
第219話「春の巴川の一日」の巻　絵コンテ・演出（4月11日放送）

２０００

『題未定』脚本

『ちびまる子ちゃん』
第２９６話「まぼろしのツチノコ株式会社」の巻　絵コンテ（11月10日放送）
第３０１話「まる子 自分の部屋が欲しくなる」の巻　絵コンテ（11月17日放送）

２００１

映画『アリーテ姫』監督（7月21日公開）

ゲーム『エースコンバット04 shattered skies』（9月13日発売）

『モチモチの木』監督

『地球少女アルジュナ』
第6話「はじめの一人」絵コンテ（清水保行と共同）（2月13日放送）

２００２

ＣＭ「ロックマンゼロ」監督・絵コンテ・演出（4月26日発売）

『アベノ橋魔法☆商店街』
第６話「夜霧の！アベノ橋☆ハードボイルド商店街」絵コンテ

『ちょびっツ』
第8話「ちぃ　とまどう」絵コンテ

『忍たま乱太郎』
第８４８話「一年ろ組の暗さ」絵コンテ（5月27日放送）
第８４９話「おりんの腰痛」絵コンテ（5月28日放送）
第８５３話「釣れた男」絵コンテ（6月3日放送）

２００３

ＣＭ「ロックマンゼロ２」監督・絵コンテ・演出（5月2日発売）

『GUNSLINGER GIRL』
第5話「約束 - promessa -」絵コンテ（11月19日放送）
第6話「報酬 - gelato -」絵コンテ（11月26日放送）

２００４

ゲーム『エースコンバット5 THE UNSUNG WAR』（10月21日発売）

『ごくせん』
第7話「ミンゲンヒ〜ナ〜って何じゃ!?」絵コンテ（2月17日放送）
第10話「ねらわれた学院！」絵コンテ（3月9日放送）
第12話「白金学院が閉校…!?」絵コンテ（3月23日放送）

ＣＭ「Panasonic　３ＣＣＤ愛情サイズ　桜の入学編」

ＣＭ「ロックマンゼロ３」監督・絵コンテ・演出（4月23日発売）

『かいけつゾロリ』
第10話「大きょうりゅう」絵コンテ（4月4日放送）
第26話「なぞなぞ大さくせん」絵コンテ（8月1日放送）

第35話「にんじゃ大さくせん」絵コンテ（10月3日放送）
第44話「きょうふの大ジャンプ」絵コンテ（12月5日放送）
『MONSTER』
第9話「老兵と少女」絵コンテ（6月1日放送）
第11話「511キンダーハイム」絵コンテ（6月15日放送）
第20話「フライハムへの旅」絵コンテ（8月17日放送）
『魔法少女隊アルス』
第12話「ハッピーバースデー」脚本・絵コンテ（6月25日放送）
『天上天下』
第7話「撃破」絵コンテ（5月13日放送）
第13話「魔刀」絵コンテ（6月24日放送）
第20話「謀略」絵コンテ（8月19日放送）
CM「Panasonic 3CCD愛情サイズ あれから半年編」（アニメーション）

2005

ゲーム『シャイニング・フォース ネオ』（3月24日発売）
『かいけつゾロリ』
第50話「じごくりょこう」絵コンテ（1月23日放送）
『First Squad Пе_рвый отря_д』
準備のみ

2006

『BLACK LAGOON』監督
第1話「The Black Lagoon」（4月9日放送）
第2話「Mangrove Heaven」（4月15日放送）
第3話「Ring-Ding Ship Chase」絵コンテ・演出（荒木哲郎と共同）（4月22日放送）
第4話「Die R_ckkehr des Adlers」絵コンテ（4月29日放送）
第5話「Eagle Hunting and Hunting Eagles」絵コンテ（5月6日放送）
第6話「Moonlit Hunting Grounds」（5月13日放送）
第7話「Calm Down, Two Men」絵コンテ（駒井一也と共同）（5月20日放送）
第8話「Rasta Blasta」（5月27日放送）
第9話「Maid to Kill」（6月4日放送）
第10話「The Unstoppable Chamber-maid」（6月11日放送）
第11話「Lock'n Load Revolution」（6月18日放送）
第12話「Guerrillas in the Jungle」（6月25日放送）
第13話「The Vampire Twins Comen」絵コンテ（10月2日放送）
第14話「Bloodsport Fairytale」絵コンテ（10月9日放送）
第15話「Swan Song at Dawn」絵コンテ（10月16日放送）
第16話「Greenback Jane」絵コンテ（中村亮介と共同）（10月23日放送）
第17話「The Roanapur Freakshow Circus」絵コンテ（10月30日放送）
第18話「Mr. Benny's Good Fortune」絵

コンテ（11月6日放送）

第19話「Fujiyama Gangsta Paradise」絵コンテ（11月13日放送）

第20話「The Succession」（11月20日放送）

第21話「Two Father's Little Soldier Girls」絵コンテ（香月邦夫と共同）（11月27日放送）

第22話「The Dark Tower」（12月4日放送）

第23話「Snow White's Payback」絵コンテ・演出（12月11日放送）

第24話「The Gunslingers」絵コンテ・演出（12月18日放送）

2009

映画『マイマイ新子と千年の魔法』監督（11月21日公開）

「BLACK　LAGOON　おまけ集」（全七話）監督（BD特典映像）

2010

OVA『BLACK　LAGOON　Roberta's Blood Trail』監督

第25話「Collateral Massacre」絵コンテ（7月17日発売）

第26話「An Office Man's Tactics」（9月30日発売）

2011

OVA『BLACK　LAGOON　Roberta's Blood Trail』監督

第27話「Angels in the Crosshairs」絵コンテ（1月7日発売）

第28話「Oversaturation Kill Box」絵コンテ（3月11日発売）

第29話「Codename Paradise,Status MIA」絵コンテ（6月22日発売）

2012

トヨタ自動車_ITS Ha:mo（ハーモ）コンセプト映像『約束への道』監督

2013

PV『花は咲く』（アニメ版）監督

2015

MV『これから先、何度あなたと。』監督

2016

映画『この世界の片隅に』監督（11月21日公開）

2019

映画『この世界の（さらにいくつもの）片隅に』監督（12月20日公開予定）

ユ

ヨ

ラ

リ

ル

ワ

人名・グループ名
索引

ル

レ

ロ

ワ

マ

ミ

メ

モ

ヤ

ユ

ヨ

ラ

リ

書名・雑誌・映画・番組名索引

著者について

片渕須直（かたぶち・すなお）

一九六〇年大阪府枚方市生れ。日本大学芸術学部映画学科卒。アニメーション映画監督。在学中に、のちに『風の谷のナウシカ』の併映作品として公開されることになる『名探偵ホームズ／青い紅玉の巻』『同／海底の財宝の巻』の脚本を書く。大学三年の冬休みから演出助手・脚本としてテレコム・アニメーションフィルムに通うことに。『魔女の宅急便』の監督予定だったが、最終的に宮崎駿が監督となり、演出補となる。監督デビュー作は『名犬ラッシー』（「世界名作劇場」）。その他の主な監督作品に『BLACK LAGOON』、劇場公開作品に『アリーテ姫』『マイマイ新子と千年の魔法』『この世界の片隅に』。『この世界の（さらにいくつもの）片隅に』が二〇一九年十二月公開予定。

終らない物語

二〇一九年七月二十日印刷
二〇一九年八月 十 日発行
著 者 片渕須直
発行者 吉田保
発行所 株式会社フリースタイル
東京都世田谷区北沢二-十-十八
電話 （〇三）六四一六-八五一八
振替 〇〇一五〇-〇-一八一一〇七
印刷・製本 株式会社シナノ

定価はカヴァーに表記してあります。
乱丁・落丁本は本社またはお買い求めの書店にてお取替えいたします。
ISBN978-4-939138-97-3

フリースタイルの本

極東セレナーデ　小林信彦コレクション

短大卒・20歳・失業中・アパート暮らし。ごく普通の女の子に、ある日、突然、ニューヨーク行きの話が舞こんできた――。現代日本に対する鋭い批評精神が生み出した新しいシンデレラ・ストーリー。

唐獅子株式会社　小林信彦コレクション

社内報の発刊、放送局、映画製作、音楽祭……。大親分の思いつきで、今日も始まる新・任侠道。「スター・ウォーズ」から「源氏物語」まで、ギャグとナンセンスとパロディの一大狂宴！　『唐獅子源氏物語』も含む初の全作収録版。

大統領の密使／大統領の晩餐　小林信彦コレクション

「奇想天外　痛快無比　抱腹絶倒　珍無類　奇妙　珍妙　奇天連教　ビバビバ！　オヨヨ！　ビバ！　オヨヨ！」　オヨヨ大統領シリーズの傑作二作をカップリング。単行本の際に収録されていた、挿絵（小林泰彦）も収録。

ずっとこの雑誌のことを書こうと思っていた　鏡明

この雑誌がなかったら、いまのぼくはなかった。一冊の雑誌が人生を変えることだってある。少年のときに出会った雑誌「マンハント」を通して、ポピュラー・カルチャーとは何かについて考えてみる。

黄色い部屋はいかに改装されたか？［増補版］　都筑道夫

本格ミステリの「おもしろさ」とは何か？　各界のクリエイターに多大な影響を与えた画期的名著の大幅増補版！　解説＝法月綸太郎　編集＝小森収

大阪弁の犬　山上たつひこ

大阪で過ごした少年期のこと、貸本出版終焉の時代に日の丸文庫で出会った漫画家たち、『喜劇新思想大系』を旗印に集まった双葉社の編集者たちとの日々、そして、『がきデカ』が生まれたその瞬間――『がきデカ』を生んだ天才漫画家・山上たつひこ初の自伝！